Book Reviews: From Words to Buildings

Christophe Van Gerrewey and Hans Teerds

At the end of the last century, plans were made in California for a magazine filled with criticism of architecture books: *Architectural Book Review*. They led, in the winter of 1983, to the publication of the first issue of *Design Book Review* – the title change is explained in the editorial: the books reviewed are 'of wider interest than to architects alone', and 'design' is an activity that transcends architecture.[1] The reviews in the very first issue are diverse, divided into nine categories that reflect specialisations: 'History', 'Designers and Contemporary Design', 'Regional and Vernacular Architecture', 'Interiors', 'Cities', 'Landscape', 'Professional Reading', 'Environment' and 'Energy'.

Design Book Review was founded in the 1980s, in a period in which the book industry was flourishing, and in which publishing houses were emerging that concentrated on architecture, such as Éditions de la Villette in Paris, Princeton Architectural Press in New York or 010 Publishers in Rotterdam, founded in 1980, 1981 and 1983 respectively. In a conversation in *Design Book Review* in 1986, Richard Ingersoll analyses this boom together with Kenneth Frampton, at the time a consultant for the Rizzoli publishing house in New York. 'The last ten years,' says Ingersoll, 'have seen a glut of architectural publishing, one of megaton proportions compared to earlier periods. What does this spree of publishing mean? Is there really a market for all of this?' Frampton is critical, as usual: 'How can one not sometimes see this profuse publication as some kind of consensus "compensation" for the increasing brutalization of the actual physical environment; the revenge and triumph of the processal media, so to speak, over the stoic and static mistress art!' Yet he sees a task for magazines, which must determine a position regarding 'the repetitious and insubstantial quality of much that is produced'. He also has advice for *Design Book Review*: 'I suppose this would mean that

1
John Parman, 'Design Book Review', *Design Book Review* 1 (1983), 1. All issues of *Design Book Review* are available online: https://usmodernist.org/index-dbr.htm.

Boekbesprekingen: Van woorden naar gebouwen

Christophe Van Gerrewey en Hans Teerds

Eind vorige eeuw werden in California plannen gemaakt voor een tijdschrift, bedoeld voor besprekingen van architectuurboeken: *Architectural Book Review*. Het leidde, in de winter van 1983, tot de publicatie van het eerste nummer van *Design Book Review* – de titelwijziging wordt in het redactioneel uitgelegd: de besproken boeken zijn 'van breder belang dan alleen voor architecten', en 'ontwerpen' is een activiteit die de architectuur overstijgt.[1] De recensies in het allereerste nummer zijn divers, onderverdeeld in negen categorieën die specialisaties weerspiegelen: 'Geschiedenis', 'Designers en hedendaags design', 'Regionale en vernaculaire architectuur', 'Interieurs', 'Steden', 'Landschap', 'Professionele lectuur', 'Omgeving' en 'Energie'.

Dat *Design Book Review* in de jaren 1980 ontstaat, is geen toeval. Het is een periode waarin de boekindustrie floreert, en waarin uitgeverijen ontstaan die zich op architectuur concentreren, zoals Éditions de la Villette in Parijs, Princeton Architectural Press in New York of Uitgeverij 010 in Rotterdam, respectievelijk opgericht in 1980, 1981 en 1983. In een gesprek in *Design Book Review* in 1986 analyseert Richard Ingersoll deze hoogconjunctuur samen met Kenneth Frampton, op dat moment adviseur voor uitgeverij Rizzoli in New York. 'De laatste tien jaar,' zegt Ingersoll, 'hebben we een overvloed gekend aan architecturale publicaties, van een massale omvang in vergelijking met vorige perioden. Wat betekent dit pretpakket aan publicaties? Is er echt een markt voor?' Frampton is zoals gebruikelijk kritisch: 'Hoe kan men deze overvloed bij tijd en wijle *niet* zien als een soort "compensatie" voor de toenemende brutaliteit van de feitelijke fysieke omgeving; de wraak en triomf van de media, als het ware, over de stoïcijnse en statische meesteres van de kunst!' Toch ziet hij een taak weggelegd voor tijdschriften, die een positie moeten bepalen ten opzichte van 'de repetitieve en weinig substantiële kwaliteit van veel dat wordt geproduceerd'.

1
John Parman, 'Design Book Review', *Design Book Review* 1 (1983), 1. Alle nummers van *Design Book Review* zijn digitaal te consulteren: https://usmodernist.org/index-dbr.htm.

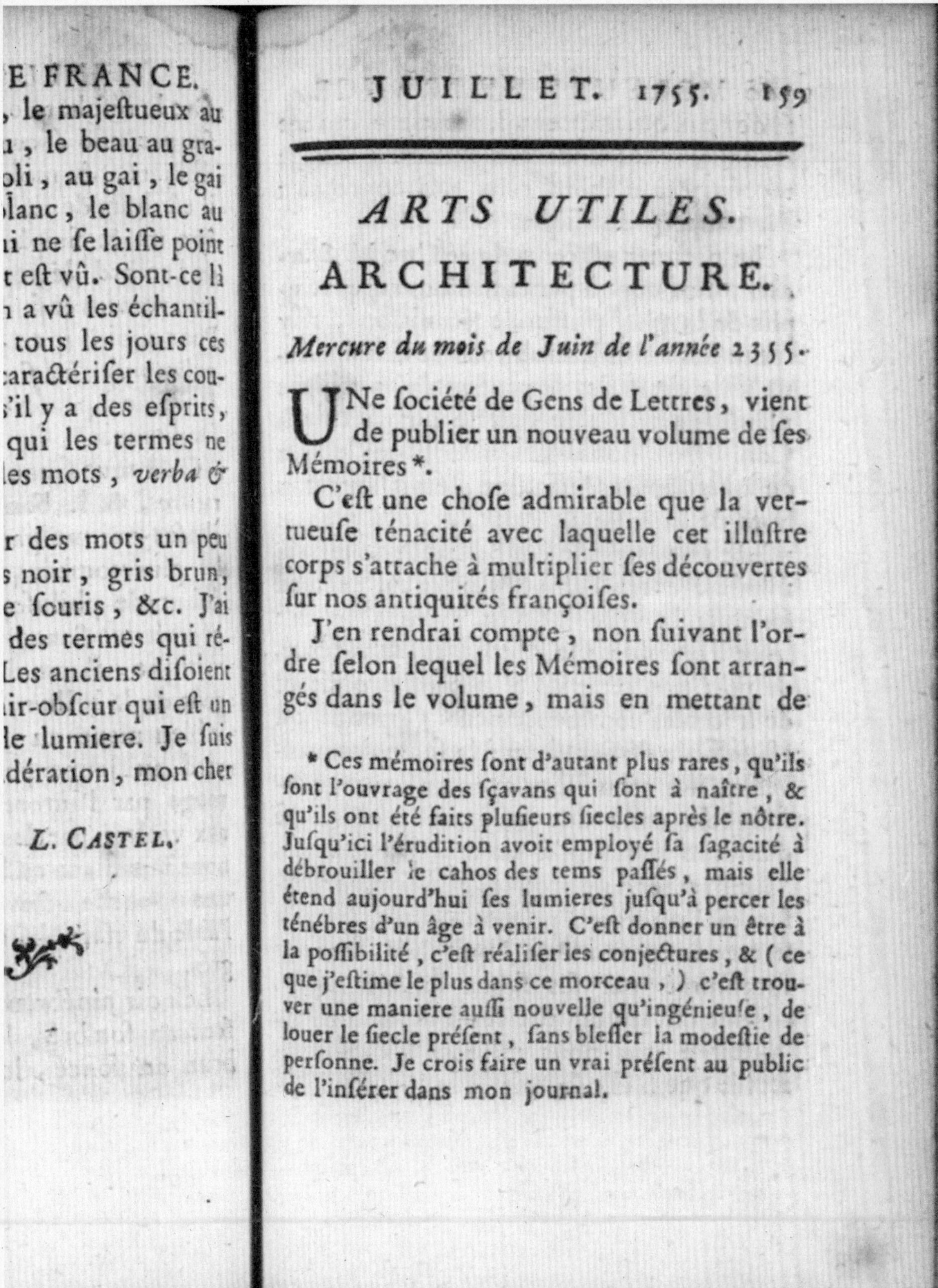

E FRANCE.
, le majestueux au
u, le beau au gra-
oli, au gai, le gai
lanc, le blanc au
ui ne se laisse point
t est vû. Sont-ce là
n a vû les échantil-
tous les jours ces
caractériser les cou-
s'il y a des esprits,
qui les termes ne
les mots, *verba &*

r des mots un peu
s noir, gris brun,
e souris, &c. J'ai
des termes qui ré-
Les anciens disoient
air-obscur qui est un
le lumiere. Je suis
dération, mon cher

L. Castel.

JUILLET. 1755. 159

ARTS UTILES.

ARCHITECTURE.

Mercure du mois de Juin de l'année 2355.

UNe société de Gens de Lettres, vient de publier un nouveau volume de ses Mémoires *.

C'est une chose admirable que la vertueuse ténacité avec laquelle cet illustre corps s'attache à multiplier ses découvertes sur nos antiquités françoises.

J'en rendrai compte, non suivant l'ordre selon lequel les Mémoires sont arrangés dans le volume, mais en mettant de

* Ces mémoires sont d'autant plus rares, qu'ils sont l'ouvrage des sçavans qui sont à naître, & qu'ils ont été faits plusieurs siecles après le nôtre. Jusqu'ici l'érudition avoit employé sa sagacité à débrouiller le cahos des tems passés, mais elle étend aujourd'hui ses lumieres jusqu'à percer les ténébres d'un âge à venir. C'est donner un être à la possibilité, c'est réaliser les conjectures, & (ce que j'estime le plus dans ce morceau,) c'est trouver une maniere aussi nouvelle qu'ingénieuse, de louer le siecle présent, sans blesser la modestie de personne. Je crois faire un vrai présent au public de l'insérer dans mon journal.

3

Charles-Nicolas Cochin, 'Architecture, Mercure du mois de Juin de l'année 2355', *Mercure de France*, July/juli 1755 (II), 159

werden, daß Herr von Keeß schon durch diesen ersten Band bewiesen habe, daß es ihm weder an Sachkenntniß, noch an beharrlichem Fleiße zur Lösung dieser schwierigen Aufgabe fehle. Mit froher Erwartung wird daher der Fortsetzung dieses Werkes entgegen gesehen, in welcher man eben sowohl die dankbare Anerkennung dessen, was die Staatsverwaltung zur Emporbringung einzelner Industriezweige wirkte, und fortwährend wirkt, als die anständig freymüthige Bezeichnung dessen zu finden hofft, was in dieser Hinsicht noch zu leisten erübrigt.

Art. XI. Essay on the origin, history, and principles of *Gothic Architecture*. By Sir James *Hall*, Bart. P. R. S. Edin.

> Est enim omnium in Anglia Ecclesiarum prima et vetustissima, primo ex virgis torquatis facta, ex qua virtus divine sanctitatis jam inde a principio redolevit spiravitque in omnem patriam. Hist. Ms. Glastoriensis Eccles. in Bib. Cott.

London: Printed by W. *Bulmer* and Co. Cleveland-Row, St. *James*: for John *Murray*, Albemarle-Street; J. *Taylor*, High-Holborn; and W. *Blackwood*, *Edinburgh*. 1813. gr. 4. 150 p. 60 Engr.

Je mehr wir in Deutschland bemüht sind, die Grundzüge unserer alten Baukunst zu entdecken und kennen zu lernen, um so mehr muß sich auch unser Blick auf die benachbarten Lande wenden, die eine gleiche Art der Baukunst mit uns theilen, sie von uns ursprünglich erhielten, und nach ihrer eigenen Art im Laufe der Zeit ausbildeten. Die Betrachtung des vorliegenden Werkes wird uns dazu leiten, und wir hoffen ziemlich erschöpfend diesen Kunstabschnitt unsern deutschen Landsleuten vorzulegen, wenn wir sie nächstdem mit zwey andern Werken bekannt machen, welche gleichfalls schon in unsern Händen sind, den border Antiquities von William Scott, in zwey Bänden, und dem Antiquarian Itinerary in sieben Bändchen, wodurch wohl so ziemlich alle hauptsächlichen Bauwerke Englands erschöpft seyn mögen, wenn uns die beyden letztgenannten auch nur die Umrisse im Ganzen, nicht den Schmuck im Einzelnen liefern, der für jeden Forscher der alten Baukunst von so hoher Wichtigkeit ist, und ihn eigentlich am meisten leiten muß. Dazu trägt indessen das vorliegende Werk viel bey, in welchem, wie wir sehen werden, manche einzelne Zieraten betrachtet und ausgedeutet sind.

Wir werden wohl nicht glauben, daß wir die altdeutsche Baukunst im Fremdlande besser vermögen kennen zu lernen, als im Vaterlande wo sie entstand, und in den trefflichsten Werken

the reviews would become longer and fewer in number and with this the house line would grow necessarily more tendentious.'[2]

The last issue of *Design Book Review* was published in 2001, at the beginning of a century in which another medium became dominant: the Internet – the online hybrid of text, sound and image that reflects the 'real world', and that therefore also reproduces, comments and influences architecture. Nevertheless, architecture books continue to be published today; they continue to be the subject of criticism and discussion, while their relationship with both the practice of architecture and the spatial environment remains undeniable. The subject of this issue of *OASE* is the review of the architecture book – the usually short text, in magazines or newspapers, in which someone responds to a longer text, recently published in book form. The history of the 'architecture book review' is outlined in 25 case studies: several authors analyse how one reviewer, over the past three centuries, has read and reviewed one book. Each time, as an illustration, an architectural design or a spatial phenomenon is also selected, to indicate how reviews build bridges between words and buildings, and between theory and practice. The first review from the chronological list dates from 1755 and appeared in the magazine *Mercure de France*; the most recent piece was published online in 2021 in *The Avery Review*.

The Invention of the Book Review

The book review has a longer history than the nearly 300 years that are represented by this selection.[3] Books were discussed before they were printed, and even before the invention of the printing press the review already had characteristics that remain valid today. According to historians, a Byzantine scholar from the ninth century – the very first book reviewer – invented the genre.[4] Photius I of Constantinople organised reading clubs at the imperial court to discuss books from his library. When he was 35, he was sent on a diplomatic mission to Baghdad. That prospect saddened and frightened Tarasius, his younger brother: it was possible that Photius would never return and that his knowledge would be lost. Moreover, Tarasius had missed several meetings of the literary conclave. That is why Photius decided to have a book written with 280 book reviews, which would be entitled *Bibliotheca* or *Myriobiblos* ('the ten thousand books').

2
Richard Ingersoll, 'Architecture in Print: A Dialogue with Kenneth Frampton', *Design Book Review* 8 (1986), 8-9.

3
See also: Christophe Van Gerrewey, 'Kleine geschiedenis van de boekbespreking', *De Witte Raaf* 226 (2023), 31-33.

4
L.D. Reynolds and N.G. Wilson, *Scribes & Scholars: A Guide to the Transmission of Greek & Latin Literature* (Oxford: Clarendon Press, 1991), 61-65. See also: Samuel A. Ives, 'Photius of Constantinople, the First Book-Reviewer', *The Library Quarterly* 4 (1951), 285-289.

Ook voor *Design Book Review* heeft hij advies: 'Ik vermoed dat dit betekent dat de boekbesprekingen langer moeten worden en minder talrijk, en daardoor wordt de huislijn onvermijdelijk meer sturend.'[2]

Het laatste nummer van *Design Book Review* verscheen in 2001, aan het begin van een eeuw waarin een ander medium dominant werd: het internet – de online mengvorm van tekst, geluid en beeld die de 'echte wereld', en dus ook de architectuur, weerspiegelt, reproduceert, becommentarieert en beïnvloedt. Toch blijven er vandaag architectuurboeken gepubliceerd worden, blijven ze het onderwerp van kritiek en besprekingen, en blijft hun relatie met zowel de architectuurpraktijk als met de ruimtelijke omgeving onmiskenbaar. Het onderwerp van dit nummer van *OASE* is de recensie van het architectuurboek – de meestal korte tekst, in tijdschriften of kranten, waarin iemand reageert op een langere tekst, even daarvoor in boekvorm verschenen. Met 25 casestudies wordt de geschiedenis van de 'architectuurboekbespreking' geschetst: eenzelfde aantal auteurs analyseren hoe één recensent, in de voorbije drie eeuwen, één boek heeft gelezen en gerecenseerd. Telkens wordt, als illustratie, ook een architectuurontwerp of een ruimtelijk fenomeen geselecteerd, om aan te geven hoe recensies bruggen slaan tussen woorden en gebouwen, en tussen theorie en praktijk. De eerste recensie uit de chronologische lijst dateert uit 1755 en verscheen in het tijdschrift *Mercure de France*; de recentste bespreking werd in 2021 online gepubliceerd in *The Avery Review*.

De uitvinding van de boekbespreking

De boekrecensie heeft een langere geschiedenis dan de bijna 300 jaar die in deze selectie wordt vertegenwoordigd.[3] Boeken werden besproken nog voordat ze gedrukt werden, en al vóór de uitvinding van de boekdrukkunst had de recensie bepaalde eigenschappen die vandaag nog waardevol zijn. Volgens historici is een Byzantijnse geleerde uit de negende eeuw de uitvinder van het genre – de allereerste recensent.[4] Photius I van Constantinopel organiseerde aan het keizerlijke hof leesclubs waar boeken uit zijn bibliotheek besproken werden. Toen hij 35 was, werd hij op diplomatieke missie gestuurd naar Bagdad. Dat vooruitzicht maakte Tarasius, zijn jongere broer, bedroefd en bang: het was mogelijk dat Photius nooit zou terugkeren en dat zijn kennis verloren zou gaan. Bovendien had Tarasius verschillende bijeenkomsten van het literaire conclaaf gemist. Daarom besloot Photius een boek

2
Richard Ingersoll, 'Architecture in Print: A Dialogue with Kenneth Frampton', *Design Book Review* 8 (1986), 8-9.

3
Zie ook: Christophe Van Gerrewey, 'Kleine geschiedenis van de boekbespreking', *De Witte Raaf* 226 (2023), 31-33.

4
L.D. Reynolds en N.G. Wilson, *Scribes & Scholars. A Guide to the Transmisson of Greek & Latin Literature* (Oxford: Clarendon Press, 1991), 61-65. Zie ook: Samuel A. Ives, 'Photius of Constantinople, the First Book-Reviewer', *The Library Quarterly* 4 (1951), 285-289.

Photius's reviews vary in length, from one sentence to several pages, and are based on reading notes. The selection is diverse: it concerns historical and religious books, but also worldly texts such as dictionaries and novels *avant la lettre*. Poetry and theatre are absent, just like 'classical' texts by Plato, Aristotle, Xenophon or Hippocrates. Because attention is paid to lesser-known texts, the *Bibliotheca* has historical importance: more than half of the books discussed have been lost, and what Photius wrote is often the only remaining reference to them. Architecture or design are not discussed, but attention is paid to the *Christian Topography* of Cosmas Indicopleustes, a sixth-century book of illustrations and maps positing that the world is flat and shaped like a parallelogram.

'It was your idea,' the Byzantine book reviewer said to his brother in the introduction to the *Bibliotheca*, 'to have something to console you for our painful separation, and at the same time to acquire some knowledge, however vague and imperfect, of those works that you had not yet read in our company.'[5] It is a main function of the book review, characteristic of the pieces discussed in this *OASE*: making the contents of a book available to those who have not (yet) read it. The reviewer gains power and prestige based on an advantage in knowledge; the critic is like an admired brother whose authority is appealed to.

Anyone who reviews a book has a great responsibility. Photius is aware of this, and in the introduction he seems to guard against possible mistakes. He also experienced that other tension inherent in book reviews, namely between summary and commentary. On the one hand, it seems desirable to summarise the contents of a book as neutrally as possible; on the other, it is impossible to do so, since the reduction of information inevitably means a loss of depth, while the reviewer more often than not likes to give his opinion.

An important difference with today is that until the fifteenth century, the review – like more or less everything else about books – remained a transaction between two people. Books were like letters, and sharing them was difficult because they usually only existed in one copy. The review attempted to remedy this, but remained tied to the medium of the book, which in turn limited its scope.

5
A modern edition of the *Bibliotheca*, edited by David Hoeschel in Augsburg, dates from 1601. A few years ago, the original Greek version appeared together with an Italian translation: Nunzio Bianchi and Claudio Schiano (eds.), *Biblioteca/Fozio* (Pisa: Edizioni della Normale, 2019).

но все решения можно свести к трем основным приемам: а) с одним большим замкнутым двором и застройкою по границам участка, дававшими хорошее освещение, но с натяжкою разрешавшие сообщение трестов с помещениями общего пользования, как-то зал и т. п. (II, V прем.); б) с двумя замкнутыми дворами, хорошо разрешавшие сообщение и с затруднениями освещаемости некоторых помещений (IV пр.); в) без замкнутых дворов при хорошей освещаемости не справлявшиеся, за исключением III премии, с задачею удобных сообщений. При общем высоком уровне представленных проектов, конкурс дал ряд законченных и удачно разрешенных проектов, которые могут быть положены в основу при составлении окончательного проекта для постройки.

Конкурс на здание Телеграфа, об'явленный 14 сентября со сроком представления 30 декабря и 6 премиями, несмотря на очень трудную программу, привлек достаточное число участников и дал 21 проект, из которых премии присуждены за проекты: 1—А. З. Гринберга, 2—А. А. и Л. А. Весниных, 3—Б. А. Коршунова и А. А. Зубина, 4—О. А. Вутке, А. И. Ефимова и Г. М. Бобова, 5—П. М. Давидова, А. С. Никольского при участии В. М. Гальперина, 6—Г. Я. Вольфензон и С. П. Леонтовича и рекомендован к приобретению проект И. А. Голосова.

Плановая задача, усложненная требованием быстрой смены дежурств, кратчайших сообщений к местам отдыха служащих, будущим расширением аппаратных и рядом других обязательств, получила разнообразные решения в проектах конкурентов, которые могут быть сведены к приемам: а) с одним замкнутым двором и расположением лестниц по углам (III, VI прем.); б) с одним замкнутым двором и расположением вынесенных лестниц в центре дворовых сторон. Оба приема не полностью разрешают задачу сообщений, не дают хорошую освещаемость помещений. Удобство сообщений во втором приеме достигнуто некоторыми авторами устройством среди дворовых переходов, несколько усложняющими план (II пр.); в) с двумя замкнутыми дворами, разрешающие задачу сообщений, но недающие полной освещаемости всех помещений; г) без замкнутых дворов, полностью не разрешивших задачи сообщений (IV пр.).

Конкурс выделил несколько серьезных, хорошо проработанных проектов, дающих ценный материал к разработке окончательного проекта и определил относительную ценность возможных приемов.

На выставку конкурса Телеграфа были доставлены 2 проекта, исполнявшиеся по заказу ПОЧТЕЛ'я, по той же программе конкурса, но с корректурою представителей ПОЧТЕЛ'я: акад. архитек. А. В. Щусевым и инж. И. И. Рербергом. Их сходство по приемам и разработке с лучшими проектами конкурса внушает уверенность, что конкурс правильно решил поставленные пред ним задачи.

Заказной проект А. В. Щусева с двухдворовым приемом дал красиво разрешенный план, с удобными внутренними сообщениями, очень хорошею освещенностью и был признан жюри лучшим (см. рисунок обложки).

Необходимо отметить, что обычные на предыдущих конкурсах любительские и неумело-выполненные проекты почти отсутствовали, и в этих двух конкурсах, видимо, выступали только испытанные, уверенные в своих силах проектировщики, так что эти конкурсы явились самым крупным соревнованием наших лучших, выступающих на конкурсах, архитектурных сил за последние два года.

С получением материала по этим конкурсам МАО приступило к изданию сборника конкурсов МАО, в который входят все премированные проекты по конкурсам за последние 3 года. Так как все крупные и наболее интересные конкурсы в РСФСР проходили чрез МАО и они являлись лабораторией архитектурной мысли, разрешавшей вопросы организации жилища и общественных зданий в новых социальных условиях,—опубликование их, можно думать, встретит большой интерес не только в одних архитектурных и инженерных кругах. При отсутствии в СССР изданий по архитектуре, заграничные журналы не могут пополнить пробела, т. к. многие актуальные задачи нашего строительства заграницею не ставятся, появляющиеся-же в русских изданиях некоторые конкурсные проекты (изд. Моссовета) только перспективами и фасадами, без планов, служить серьезным целям не могли.

Сборник ожидается к выходу в средине апреля и по выяснении стоимости в первых числах марта МАО открывает предварительную запись на него, в виду того, что издание количественно ограничено.

Глаз архитектора.

Erich Mendelsohn. *Amerika.* Bilderbuch eines Architekten.

Этот только что вышедший в Берлине «Альбом архитектора»—конечно, неизмеримо острей тех фотографий и открыток, по которым мы до сих пор знакомились с Америкой. Первое же перелистывание захватывает нас, как драматический фильм. Перед нашими глазами движутся совершенно необычные картины. Книгу нужно поднимать над головой и вращать, чтобы понять некоторые фотографии. Архитектор показывает нам Америку не издали, а изнутри, вводя в ущелье ее улиц.

Альбом несет подчеркнутое название *Америка*, но не подумайте, что вы здесь увидите материк обоих Америк, от Аляски через Панаму до Огненной земли и от Атлантического до Тихого океана. Конечно, такого охвата от архитектора, пробывшего всего 10 недель, и требовать нельзя. Его Америка всего лишь Нью-Иорк и Чикаго, Детройт, элеваторы Буффало. Но это тот американский экстракт, который владеет теперь Европой. Из этого экстракта Мендельсон выжал экстракт архитектурный, показав в своем альбоме архитектуру, созданную финансовым капиталом Америки Очень жаль, что он оставил в стороне созданное ее индустриальным капиталом.

В самом расположении материалов альбома видно архитектора. Вслед за предисловием начинают разворачиваться отделы, носящие заостренные заглавия:

1) Типично-американское, 2) Утрированная цивилизация, 3) Центр денег — центр мира, 4) Гигантская, 5) Гротеск, 6) Новое—грядущее.

В предисловии Мендельсон определяет в коротких сентенциях свое отношение к Америке. Этот человек с европейскими нервами признается, что хотя он и об'ективный наблюдатель и умеет разбираться в этих громадах, в этом мощном размахе жизненной энергии, в необычайном масштабе пространственных отношений и темпе уличного движения, но все же первое впечатление — это удар по черепу. Но затем, придя в себя от первого толчка, европеец начинает прикидывать Америку на весы своей культуры, он ищет «душу» в ней и тут наступает разочарование. «Америка, богатейшая страна в мире, только теперь нагребла

свое золото. За это она измучила свои широкие поля, колесовала свое население на маховике эксплуатационной машины и создала совершенно бескультурное существование,— эту истину не могут прикрыть ни горизонтали подземной дороги, ни вертикали небоскребов».

Следующий контраст: готическая церковь, завезенная еще первыми морскими пиратами, на фоне банковских небоскребов, церквей последних сухопутных пиратов.

И вдруг, улица ночью, взрывы световых снопов прожекторов, светящейся рекламы, беспрерывных полос осве-

Нью-Иорк. Улица Бродвей.

Чикаго. Улица ночью.

Что же показывает глаз архитектора, который видит лучше, чем его разум? Этот глаз не ослепляется эксцентризмом окружающих его городских сенсаций; он видит и констатирует, что действительного прогресса, действительно глубоких изменений в самих принципах и формах пространственного членения, еще очень мало. Но зато имеется много энергии и очень большие размеры. Все растет еще стихийно, как тропический лес, отнимая свет и воздух друг у друга, поедая друг друга.

Типично-американское. Под'езжая к Нью-Иорку—к гавани мира—к острову небоскребов и Бруклинского моста, разочаровываешься (по крайней мере, по фотографии). В действительности, наверное, после недельного пустого горизонта океана—эти безмасштабные вертикали небоскребов производят другое впечатление. Но когда мы входим в Бродвей, 23-х километровый Нью-Иоркский проспект, и стоим около такого гиганта, то, чтоб увидеть его целиком, нам нужно высоко задрать голову. И это придется еще очень часто проделывать в этой Америке. И вот в этом и заключается основная заслуга Мендельсона, что он своим аппаратом эту точку зрения зафиксировал (см. фотографии небоскреба в № 1 «Стр. Пром.»).

Дальше следует: Чикаго, хлебные элеваторы. Специальные поезда привозят изнутри страны зерно, пароходы с зерном идут по большим озерам, все это зерно ссыпается в подземные мельницы и мукой подымается в батареи силосов.

щенных окон. А за поворотом 5-ая Авеню, — скопление всех стилей, пышных и богатых, взятых на прокат со всех исторических площадей Европы. И затем небоскреб банка с античным храмом для народного входа и беспросветным рядом стандартизованных этажей—бюро над его фронтоном.

Утрированная цивилизация. Чикаго. Мичиган Авеню 20 километров. Застроена с одной стороны, с открытым видом на набережные. Нью-Иорк. Мэдисон Авеню. Беспрерывный ряд небоскребов—гостиниц. Все по одному плану. Вариация лишь цели и комфорта. Все соединяется непосредственно под землей центральным вокзалом. Прямо из пульмановского вагона – в пальмовый вестибюль. Опять Чикаго. Надземная электрическая дорога. Улица перекрыта, затемнена железными фермами, наверху станция, к ним движущиеся лестницы. Все это гремит и грохочет. Эхо ударяется о 25-этажные стены улиц. Европеец слепнет от грохота, американец ничего особого не слышит.

Детройт. Город, который живет автомобилем. Он сам называет себя «динамическим». Последние 4 года он вырос вчетверо. Торговые дома, гаражи, фабрики и небоскребы. Здесь архитектурное бюро, где работает по 300 архитекторов, инженеров, коммерческих организаторов и механиков. 100 для одного лишь Форда.

Центр денег — центр мира. Нью-Иорк. Уолл Стрит. Улица банков, золотой мешок мира. Узкая улица, как в старом Франкфурте, лишь в десять, в тридцать раз выше. Чикаго. Спокойней. Проще. Но в этих растущих стальных

и терракотовых массах уже проглядывает жажда к биллионам долларов. Улица на высоте 3-го этажа специально для автомобилей. Гостиница, где снимают себе номер за 10—20 тысяч долларов в год.

Гигантское. Начало огромных улиц. Издали они еще сверкают в свету. Вблизи это ущелья, темные внизу и с альпийскими контрастами света и тени вверху. Максимальное скопление на минимальном участке. В каждом доме от 5—15.000 человек. 600.000 человек на 150.000 кв. метров. Еще одна страница и вдруг невероятное и непонятное. Это крутой снимок вверх 53 этажей фасада самого высокого небоскреба (Вульворт). Все украшения из чеканной меди, их поддержка обходится в 200.000 долларов ежегодно. Это первый период небоскребов. Второй—освобождение от лишних орнаментов, высота говорит сама за себя. Третий—Щельтон Отель, гостиница холостяков, убывающие кверху массы (новый строительный закон) и пространственные пересечения. 35-этажный небоскреб-башня Чикагской газеты. Еще не совсем готов, хотя уже 8 месяцев строится; таковы американские требования.

Буфалло. Элеватор.

Буффало. Хлебные элеваторы. 100-цилиндровые вертикали, беспорядочно, в спешке сваленные. Это детские формы, полные земляной силы, но еще не приведенные в систему. Еще примитивны своей элементарной функцией всасывания и выплевывания. Там, где выступает организующая воля, там толчея превращается в смелость и беспорядок в гармонию. Впечатление от таких рядов цилиндров 30 метров высоты, покрытых буро-красной глазурью, соединенными с железными черными башнями под'емников и распределительных мостов, должно быть в натуре замечательно! Здесь перед нами проходит ряд отличных снимков отдельных деталей.

Гротеск. Нью-Иорк, Бродвей ночью. Световая реклама превращает улицу в жуткий театр. Вспышки и бег огней. Это же днем. Полный беспорядок. Последнее деревцо без листьев в этом каменном ущелье. Рядом с центром—улицы, еще сохранившиеся в своем старом провинциализме—с 2-х этажными домами и развешанным по улицам бельем для просушки. А за ними головы небоскребов, которые их завтра с'едят.

Переулочки в 5 метров ширины между 100 метровыми стенами. Оборотная сторона блестящих фасадов в Авеню. Темные, серые канавы переулочков, — сюда сбегают все противопожарные лестницы.

Детройт. Полицейская башня вроде голубятни, с которой регулируется движение 5 миллионов автомобилей и 4 миллионов обывателей. Там же церковь, все стены заарендованы для рекламы, а сама в свободное от богослужения время сдается под кинематограф.

Новое—грядущее. Стальные скелеты небоскребов, мощные в своей обнаженности и правдивости, но лишь голые скелеты, они ждут равноценного оформления их мясом (см. фотограф. в № 1 «Стр. Пром.»).

Несколько работ одного из лучших художников Америки, архитектора Франка Лойда-Урайта. Новые ступенчатые небоскребы, где уже не орнамент и не плоскость стены, а движение масс стоит на первом плане. И самое характерное: фасады ко двору в новых постройках. Здесь парад не нужен, и поэтому никаких лишних жестов. Окна лишь там, где они необходимы; противопожарные лестницы, каналы лифтов, трубы вентиляций. Поражающе просто и монументально в своей выразительности. Внизу заборы с современной фреской — плакатом и автомобилем, что сразу дает всему масштаб и жизнь. Это архитектура труда, контраст к архитектуре паразита, создающего за чужой счет. Она уже завладевает и передним фасадом и улицей. Когда отдельные такие дома соединяются в комплексы, в группы, тогда начинает устанавливаться тип. Это то. что не только Америке, но и нам предстоит создать.

Альбом перелистан. Мы вспоминаем путевые альбомы различных архитекторов, которые нам приходилось просматривать. Обыкновенно они отправлялись в путь вооружившись карандашами, кистями, акварелью; и этот материал отнимал у них столько энергии, что от самого зарисованного об'екта фиксировались лишь отрывки. Современный архитектор вооружился и более современным инструментом—маленькой фотографической камерой. Он должен лишь хорошенько смотреть, а уметь видеть — ведь в этом и заключается все искусство. И затем он должен владеть аппаратом, а не аппарат им; он находит точку зрения и нажимает затвор. Он отлично чувствует свето-тень, правда, прием несколько однообразен: передний план (кулисы) в густой тени, задний—в полном свету. Точка зрения снизу в ракурсе на высокие здания очень остра, но жаль, что совершенно не использована обратная возможность, тем более, что на небоскребах крыши плоские и попасть туда просто; там обыкновенно—ресторан.

В альбоме поражает одна странность: нет людей. На улицах почти безлюдно, пропала масса. Архитектор старается как бы оставаться глаз на глаз с самой архитектурой, они оба движутся друг вокруг друга и это превращает живую пульсирующую жизнь в музей. Так изображают старые города старого света, а ведь тут новый свет, еще не ушедший в историю. Движение людских масс среди этих архитектурных масс не показано, например, когда на работу и обратно течет многосотентысячный поток у Бруклинского моста на фоне небоскребов. Отдельный дом, тем более улица, целый город,—без человека мертвы. И все же в целом эту книгу следует приветствовать, следует приветствовать глаз архитектора, который показывает нам ряд знакомых вещей так, что это заставляет нас глубже над ними задуматься.

Арх. Э. Лисицкий.

10

The Appearance of the Book

The next question is: *Who* is it that reads a book review? This didn't change until centuries after Photius. The printed book 'appeared' slowly during the fifteenth and sixteenth centuries, a process summed up in the title of the classic 1958 study by Lucien Febvre and Henri-Jean Martin: *L'Apparition du livre*. Precious manuscripts were kept in monasteries and universities. Before they could be reproduced, letters had to be made and set, rather than working with a solid printing block. And, of course, the production of paper and ink had to be started and facilitated.[6]

Once a book was available in multiple copies, the problems only began: books had to be distributed, but it was not easy to communicate their existence. Febvre and Martin outline a chain reaction that was also set in motion for commercial reasons: books gave rise to fairs, catalogues were printed in order to organise fairs and to be able to see what was on offer afterwards, and these catalogues then became magazines. The periodical press was not created primarily to communicate news. Magazines – 'loose' publications, often one or two sheets of paper – became more important as books proliferated, as sources of knowledge to be channelled, but also as products to be sold – humanism was capitalism from the start. The fact that reviews, like books, could be read more widely made the book review a public affair, which made a huge difference. The review balances the public character of the book, with all its consequences.

In the seventeenth century, there was a growing awareness that all these books presented both risks and opportunities. Jean-Baptiste Colbert, Louis XIV's minister of finance, not only designed architectural projects for Paris, but also took an interest in intellectual life.

> [He] instructed a very erudite adviser to Parliament, Denis de Sallo, to publish a monthly magazine to provide information on scientific discoveries and to disseminate a critical accounts of recently published works – a report clearly intended to, if necessary, 'direct' the opinion of the learned and literate world.[7]

This 'report' became known as the *Journal des savants*, but it was first published in Paris on 5 January 1665 under the name *Le Journal des sçavans*. According to Roberto Calasso, the very first modern review was published in this periodical on 9 March 1665: a review

6
Martyn Lyons, *Books: A Living History* (London: Thames & Hudson, 2011), 57.

7
Lucien Febvre and Henri-Jean Martin, *L'Apparition du livre* (Paris: Éditions Albin Michel, 1958), 359. See also: Georges Weill, *Le Journal: Origines, évolution et rôle de la presse périodique* (Paris: La Renaissance du Livre, 1934), 35-38.

te laten schrijven met 280 boekbesprekingen, dat betiteld zou worden als *Bibliotheca* of *Myriobiblos* ('de 10.000 boeken').

Photius' besprekingen variëren in lengte, van één zin tot meerdere pagina's, en zijn gebaseerd op leesnotities. De selectie is divers: het gaat om geschiedkundige en religieuze boeken, maar ook om wereldse teksten zoals woordenboeken en romans *avant la lettre*. Poëzie en theater zijn afwezig, net als reeds 'klassieke' teksten van Plato, Aristoteles, Xenophon of Hippocrates. Omdat er aandacht wordt besteed aan minder bekende teksten, heeft de *Bibliotheca* historisch belang: meer dan de helft van de besproken boeken is verloren gegaan, en wat Photius neerschreef is vaak de enige referentie. Architectuur of ontwerp komen niet aan bod, maar er wordt wel aandacht besteed aan de *Christelijke Topografie* van Cosmas Indicopleustes, een boek uit de zesde eeuw met illustraties en kaarten, waarin wordt geponeerd dat de wereld plat is, en de vorm heeft van een parallellogram.

'Het was jouw idee,' zo zei de Byzantijnse boekbespreker in de inleiding van de *Bibliotheca* tegen zijn broer, 'iets te hebben om je te troosten voor onze pijnlijke scheiding, en tegelijkertijd om enige kennis te verwerven, hoe vaag en imperfect ook, van die werken die je nog niet in ons gezelschap had gelezen.'[5] Het is de hoofdfunctie van de boekbespreking, die ook de stukken kenmerkt die in deze *OASE* aan bod komen: de inhoud van een boek beschikbaar stellen voor wie het (nog) niet heeft gelezen. De recensent verkrijgt macht en aanzien, gebaseerd op kennisvoorsprong; de criticus is als een bewonderde broer op wiens autoriteit beroep wordt gedaan.

Wie een boek bespreekt heeft grote verantwoordelijkheid. Daar is Photius zich van bewust, en hij lijkt zich in de inleiding in te dekken voor eventuele fouten. Ook die andere spanning, eigen aan de boekbespreking – tussen samenvatting en commentaar – werd al door hem ervaren. Het lijkt enerzijds wenselijk om zo neutraal mogelijk de inhoud van een boek beknopt weer te geven, terwijl dat anderzijds onmogelijk is, omdat er bij een reductie dingen verloren gaan, en de recensent graag zijn mening geeft.

Een belangrijk verschil met tegenwoordig is dat de recensie – zoals min of meer alles omtrent boeken tot in de vijftiende eeuw – een transactie bleef tussen twee mensen. Boeken waren als brieven, en ze delen was moeilijk, omdat er meestal maar één exemplaar van bestond. De recensie probeerde dat recht te trekken, maar bleef gebonden aan het medium van het boek, wat haar reikwijdte opnieuw beperkte.

5
Een moderne editie van de *Bibliotheca*, uitgegeven door David Hoeschel in Augsburg, dateert uit 1601. Een paar jaar geleden verscheen de originele Griekse versie samen met een Italiaanse vertaling: Nunzio Bianchi en Claudio Schiano (red.), *Biblioteca/Fozio* (Pisa: Edizioni della Normale, 2019).

Waiting For Utopia

COMPLEXITY AND CONTRADICTION IN ARCHITECTURE. By Robert Venturi. Introduction by Vincent Scully. Illustrated. 135 pp. New York: The Museum of Modern Art, distributed by Doubleday & Co. $4.95.

THE NEW BRUTALISM. Ethic or Aesthetic? By Reyner Banham. Illustrated. 196 pp. New York: Reinhold Publishing Corporation. $15.

By COLIN ROWE

NOT so many years ago, when modern architecture was allegedly no more than an objective approach to building, implicitly it was much more. Implicitly it was a prophetic illustration of the shape of things to come, the revelation of a world in which difficulties would vanish and conflicts be resolved. The modern building was both a polemic and a model, a call for action and an assertion of those ends to which action should lead; and therefore it is not surprising that the architect should have often conceived of his buildings, not only as the *images* of a regenerated society, but also as the *agents* which were destined to bring that society about.

This future of yesterday, one might suggest, is the present which we now occupy; and, evidently, it is not quite the anticipated future. Modern architecture now exists in abundance; but the hoped-for utopia has scarcely ensued. Nor is it clear that mankind is so very much further ahead on the road to its redemption; and hence, with the prophetic tone of modern architecture that much diminished, there has followed a certain deflation of optimism.

Such is one interpretation of today's situation. It is the predicament which anyone wishing to understand recent architecture must accept as some sort of base line; and further, it is an issue that links together and somewhat explains the two books that are the subject of this review—the one American, the other English.

In "Complexity and Contradiction in Architecture," the first of a new Museum of Modern Art series on the ideas and opinions of practicing architects, Robert Venturi presents a critical essay which is also, as he stipulates, a personal apologia. Venturi, like some other architects—and many literary critics—is preoccupied with the uses of paradox, re-

(Continued on Page 20)

MR. ROWE is professor of architecture at Cornell University.

18 THE NEW YORK TIMES BOOK REVIEW

Colin Rowe, 'Waiting for Utopia', *The New York Times Book Review*, 10 September/ september 1967

A BUNCH OF WHITE GUYS (AND THREE JAPANESE) SITTING AROUND TALKING or THE THREE PPP

(A PARODY)

BY MICHAEL SORKIN

Prologue:

P. Eisenman:

I've an idea to make an impression
I'll get all the boys to come to a session
The Whites and the Greys (but no women or blacks)
Just the usual stars (and the usual hacks)
But how shall I name it? Of course! After me!
Let's have a conference and call it P. 3!
You'll note I've deployed deft conceptual notation
A 3's just an E awaiting rotation.
Plus P connotes mystery, fascist, Masonic
What a marvelous joke, never mind it's moronic.

First (and only) scene: Twenty-six men are seated arour a table. Twenty-five of them are architects. They sho slides. The twenty-sixth holds a tape recorder. From time time there is a knock at the door. The twenty-six pay attention to this. As the scene begins, an old man rises speak.

Philip:

Bonjour, I'm a whore.

The Others:

Bonjour! Bonjour!

Philip:

Here's a new building that should make a buck.

The Others:

It's ugly as sin!

Philip:

I don't give a fuck!

Rem K. (*from the side*):

This work is pathetic
Creatively bare
And all you can say
Is that you don't care?

Philip:

I yam what I yam
I build what must be
I don't give a damn
Don't you all envy me!

Leon:

At least this guy's honest,
For the rest, go to hell!
You've totally missed
What we Kriers know so well.
Build like the ancients
Divvy towns into quarters!
Or I'll have you lot shot
For not following orders
And to teach you a lesson
I'm not going to smile
Nor will I build (at least for a while)
And now I'll sit down.

Rob:

Sieg Heil! Sieg Heil!

Stern:

What this man says
Has a lot of attraction
Death to the modern!
Death to abstraction!
We need columns and lintels
I always employ 'em
I copy the past
Just the same as these goyim!

Isozaki:

Well done little Bob
You make a nice palace
But I prefer buildings
That look like a phallus.

Tigerman:

Very droll Iso
I love it to pieces
Look what I've done for Knoll—
It's just like one of Mies's!

Ungers:

And here's one of mine
That's totally gridded
It's also enormous
No missing I did it.

Leon:

Better you'd hid it
It's nothing but kitsch.

Ungers:

Shut up you puerile son of a bitch!

Robertson (*moderating, as usual*):

Calm yourselves, boys,
No need for alarm
Look at this building
I built on a farm!

Roche:

Rot! Humbug and Bah!
Why didn't you say
Na, Na, Na to the Shah?

Aymonino:

The imperial mode!
That's one I feel at home in
What say we vote
To rebuild all that is Roman.

Half the Gathering:

What a splendid idea!

The Other Half:

Completely hare-brained!

Harry Cobb (*sotto voce*):

Would anyone know if I quietly abstained?

The 26th Man:

It will not escape note
I've taped everything wholly:
Do you mind if I vote?
I'm the man from Rizzoli.

All:

The man from Rizzoli has got it all down!
Who here was pithy and who was a clown.
Vote with us please (history won't blame us)
If this man weren't here, we wouldn't be famous!
Let's give three cheers for all we hold holy
The first for ourselves, number two for Rizzoli
And a third for the thing that unites all our nations
Our outstanding sense of public relations
So let's meet anon (excluding the rest)
To prove once again that we are the best
And no one will care how many buildings we flub
They'll know we're important 'cause we belong to the club.

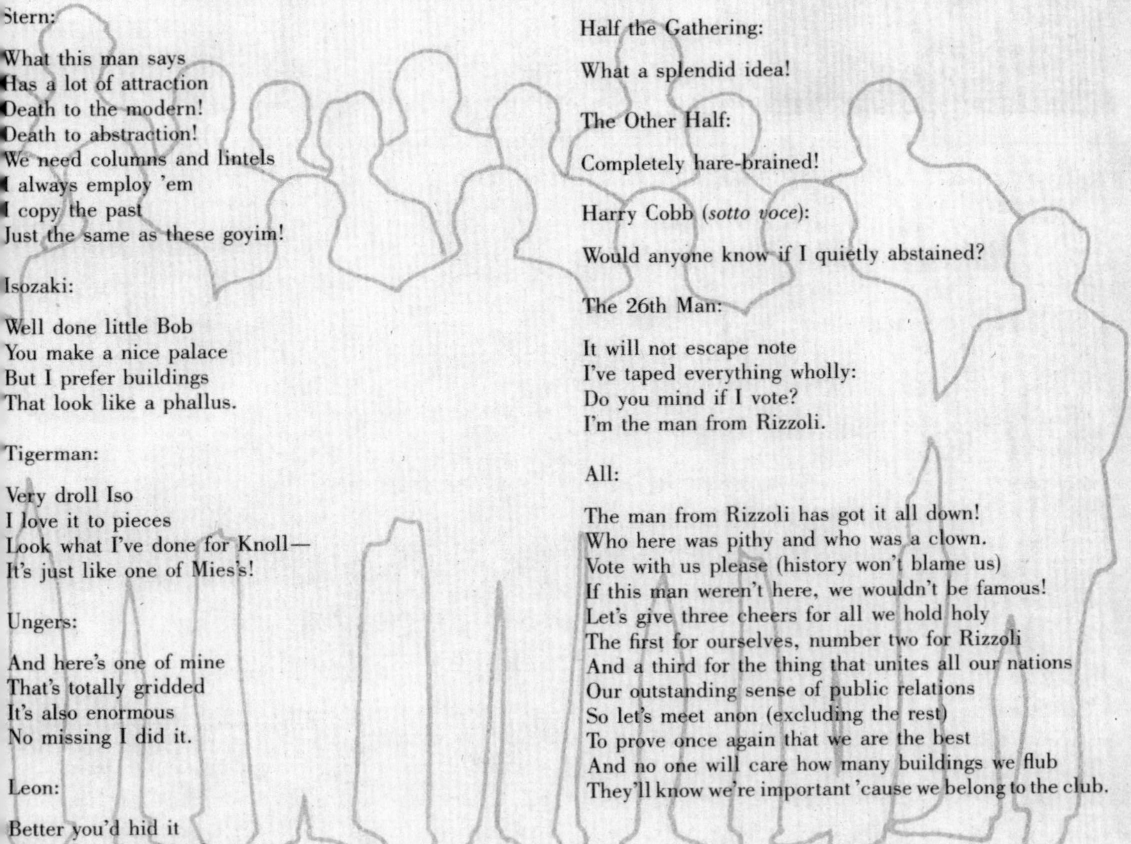

The Charlottesville Tapes, Rizzoli, 1985, 224 pp., illus., $25.00 pb.

Michael Sorkin, 'A Bunch of White Guys (and Three Japanese) Sitting Around Talking, or the Three PPP', *Design Book Review* 9 (1986), 34-35

La città rovesciata

di Manfredo Tafuri

James S. Ackerman, *La villa. Forma e ideologia*, Einaudi, Torino 1992, ed. orig. 1990, trad. dall'inglese di Piera Giovanna Tordella, pp. 398, 206 foto n.t., Lit 55.000.

Come talvolta accade alla produzione dei grandi storici, anche la successione dei libri di James S. Ackerman si presenta come lo sviluppo di un pensiero unitario: quasi capitoli di un romanzo autobiografico, le cui svolte coincidono con quelle della vita intellettuale e personale del suo autore. Il quale, sin dall'opera che lo ha imposto all'attenzione degli specialisti — il volume sul cortile bramantesco del Belvedere (1954) —, è stato considerato un innovatore nel campo della storiografia architettonica. L'interazione fra critica delle fonti, analisi testuale e lettura diretta appariva inedita e feconda: un metodo che ha condotto Ackerman, attraverso le monografie su Michelangelo architetto e Palladio (tradotte da Einaudi, rispettivamente, nel 1968 e nel 1972), a essere internazionalmente considerato un maestro da più generazioni di studiosi dell'arte e dell'architettura del tardo medioevo e del Rinascimento. Tipica della sua ricerca è la fusione dell'empirismo anglosassone con la severa tradizione filologica tedesca e il "costruttivismo" storiografico europeo: gli storici futuri potranno forse valutare quanto, nell'interesse dello studioso per l'Umanesimo italiano, abbia giocato il suo primo incontro con la realtà della nostra penisola, avvenuto — per lui, nato a San Francisco nel 1919 — come membro dell'esercito americano durante il secondo conflitto mondiale. Spunto, quest'ultimo, che potrebbe apparire secondario; eppure, esso potrebbe essere messo in parallelo con le frustrate attese di Jacob Burckhardt nei confronti degli ideali del Risorgimento italiano, sapientemente ricostruite di recente da Raffaele Ghelardi (*La scoperta del Rinascimento*, Einaudi, 1991). Pertanto, la traduzione del recente libro dello studioso americano, edito da Einaudi con l'icastico titolo *La villa*, va salutata come un felice evento[1]. Specie tenendo conto che è prossima anche la traduzione del ponderoso volume antologico dello stesso Ackerman, che raccoglie, con l'ironico titolo *Distance Points*, la maggior parte della sua produzione saggistica (ed. orig. Mit Press, 1991).

La vicenda narrata in *La villa* è una vera e propria storia di *longue durée*. Il debito nei confronti della scuola delle "Annales" — di Marc Bloch e Fernand Braudel, in particolare — è riconosciuto sin dal primo capitolo (p. 16). E proprio in quanto narrazione tesa a individuare costanti, discontinuità, strutture, la storia tracciata dall'autore evita inutili completezze. I frammenti prescelti rispondono agli interrogativi che da tempo si impongono all'attenzione di Ackerman. Alle origini del presente lavoro sono infatti i suoi saggi sulle *Sources of the Renaissance Villa* (1963), sulle ville di Andrea Palladio (New York 1967), sulla villa medicea di Fiesole, sull'attività architettonica di Thomas Jefferson ("Bollettino del Centro A. Palladio", VI, 1964). In altre parole, il lungo periodo trattato dall'autore — dall'antichità ai giorni nostri — è ben fondato, tanto da far apparire pregevole le omissioni: che rendono, fra l'altro, perfettamente fruibile il volume. Il quale, già per le sue caratteristiche di sintesi di ampio respiro, costituisce una lezione nei confronti del clima stagnante che pervade — con poche eccezioni — la storiografia architettonica italiana. All'insegna della mediocrità, gli studiosi nostrani sembrano infatti concordare sulla necessità di un letargo. La caccia ai casi marginali ricchi di inediti, la catalogazione (spesso inesperta), l'agiografia e l'ermetismo — nel caso dell'architettura contemporanea — l'ottusità disciplinare (o, al contrario, l'interpretazione selvaggia) hanno creato un clima soffocante da cui gli studiosi degni di questo nome sono obbligati a difendersi quotidianamente.

Ed è probabile che il libro di Ackerman corra il pericolo di essere sottovalutato, o di non essere colto nel suo valore provocatorio dal dilettantismo imperante. Le ipotesi di fondo sono esplicitate dall'autore sin dal primo capitolo (*La tipologia della villa*). Da un lato, egli constata che nessun altro tema edilizio è stato tanto ideologizzato e circondato da celebrazioni poetiche e letterarie; dall'altro, egli osserva che è proprio della villa un programma capace di sfidare il tempo. Il che — egli afferma — è dovuto a una mentalità operante già nell'antico patriziato romano: la villa asseconda bisogni e valori inesaudibili, rivelandosi frutto di una tensione in qualche modo utopica. Ma è anche un simulacro che cela in sé un sostanziale conservatorismo. Dalla sesta Satira del libro II di Orazio alla *Vita solitaria* di Francesco Petrarca, agli scritti cinquecenteschi di Anton Francesco Doni, Antonio Gallo, Giuseppe Falcone e Alberto Lollio, alle scelte antiurbane di Jefferson, alle revisioni ottocentesche, la vita in villa è salutata come rifugio etico, alternativo al "male urbano". La *virtus*, identificata con l'isolamento salutifero e aristocratico nella madre natura, è contrapposta agli odii, ai teatri di miseria, alla depravazione morale, all'*avaritia* dissacrante, che pervadono la città dei *negotia*. Ma la pace degli *otia* è tutt'altro che condizione di riposo. Ad essa è affidato l'arduo compito di sviluppare l'*humanitas* attraverso il severo autocontrollo intellettuale, in vista di un'autorealizzazione antistoica. E le ville concepite come luoghi di esemplare conduzione dell'amministrazione agricola e familiare — ci riferiamo all'idealizzazione di Leon Battista Alberti — o, alternativamente, come centri di raffinati scambi culturali — quelle medicee di Careggi o di Fiesole — portano al limite le indicazioni petrarchesche.

L'autentica caratteristica della villa è tuttavia quella di costituire una sintomatica contraddizione. I programmi letterari — spesso tradotti in immagini dipinte all'interno degli edifici — non riescono a convincere circa la totale sincerità di tali fondamenti idealizzati. Ciò che essi non possono nascondere è la stretta complementarietà dell'edificio di villa con l'"innaturale" città. In tal senso, la prima illustrazione del libro di Ackerman — il calco di un rilievo romano proveniente da Avezzano, raffigurante una villa suburbana prossima ad una città murata — è quanto mai espressiva. L'alternativa al "luogo d'ira" identificato con l'ambiente urbano si rivela frutto di una concezione eminentemente cittadina; l'estetica del "naturale", che pervade l'Inghilterra settecentesca, non è scindibile dall'etica aristocratica del ceto *whig* che se ne appropria.

Ackerman dimostra che l'ideologia degli *otia* bucolici è meglio comprensibile prendendo in considerazione le feroci critiche che essa solleva in chi vede nella villa, principalmente o esclusivamente, una "virtuosa" azienda agricola. Il diarista veneziano Girolamo Priuli constata, in modo melanconico e sprezzante, l'allontanarsi del patriziato della Serenissima — nei primi decenni del XVI secolo — dalle imprese marittime, "per atendere a darsi a piacere et delectatione et verdure in la terraferma". Il che ha un significato parallelo nella letteratura antica. Varrone, nel suo *De re rustica* (I.XIII.6-7), rimpiange i tempi in cui le fattorie erano adibite esclusivamente a funzioni produttive, secondo una concezione comune a Catone e a Velleio Patercolo. Gli strali lanciati al lusso, all'architettura fastosa, ai banchetti, ai dispositivi idraulici che animano i giardini delle "nuove ville", esplicitano un radicale conflitto di idee. La vita di villa è vista come "innaturale", a dispetto degli appelli all'informalità e alla *sancta simplicitas* che la giustificano: tale è il punto di vista degli agronomi antichi che registrano, con rabbia, la devastazione delle campagne e delle aziende a conduzione familiare, conseguenti alle trasformazioni economiche posteriori alle guerre puniche.

Così, il mito di un possibile ritorno ai severi piaceri rustici propri dall'età dell'oro è contestato da Patercolo, ricordando gli *artificia* prediletti da Lucullo, eletto a simbolo di depravazione morale. Esattamente quel Lucullo che, "per le dighe addentrantesi nel mare, e per le acque marine portate in terraferma attraverso gallerie, Pompeo Magno, non senza arguzia, *Xerxen togatum vocare adsueverat*" (Velleius Paterculus, *Res gestae Divi Augusti*, II. XXIII. 4). Forzando di poco le opinioni di Ackerman, si potrebbe affermare che la storia da lui trattata ha per soggetto la straordinaria continuità di una dissimulazione mentale, coinvolgente in profondità i suoi protagonisti. Infatti, lo storico americano dà poco credito alle dichiarazioni tramandate dai *Quattro Libri* palladiani relative alla ricerca di una sintesi di funzionalità agricola e velleità rappresentative. Un tale sincretismo — egli suppone (p. 142) — poteva ormai essere perseguito soltanto (o prevalentemente) a livello simbolico, così come è evidente nella villa dei fratelli Barbaro a Maser o nella Rotonda di Paolo Almerico presso Vicenza. E per quanto l'autore non insista sul parallelo storiografico, dalle sue pagine è facile evincere la corrispondenza istituita fra espropri e centralizzazioni delle terre in età augustea e gli effetti delle *enclosures* nella Gran Bretagna del XVIII e del XIX secolo. Un fenomeno, quest'ultimo, che accompagna il fiorire dello pseudopalladianesimo favorito dal circolo di Lord Burlington e dell'estetica paesaggistica definita "artinatural" da Batty Langley. In fondo, la psicologia lockiana e l'allegorizzazione del giardino propugnata da Alexander Pope, da William Kent o da Lord Cobham, portano alle loro estreme conseguenze sia il mito naturalistico che quello della "artificiosa semplicità".

Il ragionamento torna a sondare il carattere di alter ego della villa nei confronti della città. Un fenomeno che non è affatto contestato dalle vicende lette da Ackerman come frutto di una vera e propria rivoluzione nella storia della villa: la "democratizza- ▷

of the *Maximes* of La Rochefoucauld by Madame de Sablé.[8] A few decades later, this type of periodical became an instrument in the struggle for the laicisation of France that would lead to the French Revolution – a struggle that was fought with the book review as a weapon.

The Architecture Debate

It is in magazines such as the *Journal des savants* that the architecture book also became the subject of reviewing. Editors were assisted by collaborators to report on publications, but also on scientific discoveries. Architecture became a part of all that and turned into the subject of debate. As Richard Wittman has shown in *Architecture, Print Culture and The Public Sphere in Eighteenth-Century France*, the book review became a tool for discussing buildings and monuments in Paris – and for making architecture a public theme. In his contribution to this *OASE* – concerning the first case study in the list – Wittman looks back on a review in the journal *Mercure de France* from 1755, by situating it in the debate on the reconstruction of the church of the old abbey of Sainte-Geneviève, the later Panthéon.

In the late eighteenth and nineteenth centuries, book reviews became even more important, also due to the ubiquity of the newspaper and other 'ephemeral' printed matter. The review takes on 'a new role as a forum for the discussion of architecture as a public matter', often finding 'a new home in the popular press', as Wallis Miller wrote in *The Printed and the Built: Architecture, Print and Public Debate in the Nineteenth Century*, compiled and edited by Mari Hvattum and Anne Hultzsch.[9]

The very first architecture journal dates, as Marc Saboya has suggested, from 1789: the *Allgemeines Magazin für die bürgerliche Baukunst*, launched by Johann Gottfried Huth, professor of physics and mathematics in Frankfurt.[10] It led to another watershed, namely that between newspaper or cultural magazine on the one hand, and literary, academic, or scientific periodical on the other. It involved, in other words, a division of labour, and periodicals or newspapers, and reviewers as well, were forced to 'focus' on a subdiscipline. At the same time, the audience diversified, mainly thanks to the

8
Roberto Calasso, 'Nascita della recensione', in: Roberto Calasso, *Come ordinare una biblioteca* (Milan: Adelphi, 2020), 106-110.

9
Wallis Miller, 'Review', in: Mari Hvattum and Anne Hultzsch (eds.), *The Printed and the Built: Architecture, Print and Public Debate in the Nineteenth Century* (London/New York: Bloomsbury , 2018), 269.

10
Marc Saboya, *Presse et architecture au XIXe siècle: César Daly et la Revue générale de l'architecture et des travaux publics* (Paris: Picard, 1991), 60.

De verschijning van het boek

De vraag is vervolgens *wie* een boekbespreking leest. Daar kwam pas eeuwen na Photius verandering in. Het gedrukte boek is langzaam 'verschenen' tijdens de vijftiende en zestiende eeuw, wat in de titel *L'Apparition du livre* van Lucien Febvre en Henri-Jean Martin's standaardwerk uit 1958 wordt samengevat. Kostbare manuscripten werden bewaard in kloosters en aan universiteiten. Alvorens reproductie van start kon gaan, was het nodig letters te vervaardigen en te zetten, in plaats van te werken met één massief drukblok. En ook de vervaardiging van papier en inkt moest worden opgestart en vergemakkelijkt.[6]

Als het boek er was, in meerdere exemplaren, begonnen de problemen pas: ze moesten verspreid worden, maar het bestaan ervan kon niet zomaar worden gecommuniceerd. Febvre en Martin schetsen een kettingreactie, die ook om commerciële redenen in gang werd gezet: boeken riepen beurzen in het leven; om beurzen overzichtelijk te houden, en om het aanbod na afloop te consulteren, werden catalogi gedrukt; en deze catalogi versmolten tot tijdschriften. De periodieke pers is niet in de eerste plaats ontstaan om nieuwsberichten te delen. Tijdschriften – 'losse' publicaties, vaak één of twee vellen papier – werden belangrijker, omdat er steeds meer boeken bestonden, als bron van kennis waarvan de stroom gekanaliseerd moest worden, maar ook als te verkopen producten – humanisme staat vanaf het begin gelijk aan kapitalisme. Dat recensies, net als boeken, breder gelezen konden worden, maakte van de boekbespreking een publieke zaak, wat een gigantisch verschil maakte. De recensie is de kwadratuur van het publieke karakter van het boek, met alle gevolgen van dien.

In de zeventiende eeuw groeide het besef dat al die boeken zowel risico's als mogelijkheden met zich meebrachten. Jean-Baptiste Colbert, minister van Financiën onder Louis XIV, bedacht niet alleen architectuurprojecten voor Parijs, hij was ook begaan met het geestesleven.

> [Hij] gaf de opdracht aan een zeer erudiete adviseur van het parlement, Denis de Sallo, om een maandelijks tijdschrift te publiceren om informatie te geven over wetenschappelijke ontdekkingen en een kritisch verslag te verspreiden van recent gepubliceerde werken – een verslag dat duidelijk bedoeld was om, indien nodig, de mening te 'sturen' van de geleerde en geletterde wereld.[7]

6
Martyn Lyons, *Books. A Living History* (Londen: Thames & Hudson, 2011), 57.

7
Lucien Febvre en Henri-Jean Martin, *L'Apparition du livre* (Parijs: Éditions Albin Michel, 1958), 359. Zie ook: Georges Weill, *Le Journal. Origines, évolution et rôle de la presse périodique* (Parijs: La Renaissance du Livre, 1934), 35-38.

met de ondertitel het ontwerpproces documenteert. Dit gebeurt royaal en op goed verzorgde wijze, geheel zoals men mag verwachten van dit kapitaalkrachtige en gerenommeerde instituut. Het beschrijft hoe de architectenkeuze niet door middel van een prijsvraag maar via consultaties tot stand kwam en hoe het definitieve programma pas daarna werd ontwikkeld. De lezer kan volgen hoe Meier zijn houding tegenover deze gigantische opdracht bepaalt en via verschillende stadia en ontwerpstudies bij het definitief ontwerp van mei 1991 uitkomt. Een echt studieboek voor liefhebbers, die het voorlopig hiermee moeten doen. Over de vermoedelijke datum van realisering blijft de lezer in het ongewisse, maar gezien het voortraject zal bij Getty steeds zorgvuldigheid boven haast worden gesteld.

Hans van Dijk

L'Allégorie du patrimoine

Françoise Choay
Parijs, Editions du Seuil, 1992, 278 blz., prijs: *f* 58,05, ISBN 2.02.014392-5

Dédale le héros

Jean-Pierre Le Dantec
Parijs, Balland, 1992, 262 blz., prijs: *f* 55,45, ISBN 2-7158-0907-7

Het boek van ingenieur, hoogleraar in de bouwconstructie, romancier en architectuurhistoricus Jean-Pierre Le Dantec *Dédale le héros* en van de historica, hoogleraar in de theorie en de geschiedenis van de stedebouwkundige en architectonische vormen Françoise Choay *L'Allégorie du Patrimoine*, beide op hetzelfde moment in januari 1992 in Parijs verschenen, horen, hoe verschillend ze ook zijn, op een verrassende wijze bij elkaar. Niet alleen omdat ze beide Daidalos met zijn labyrint als patroon van de architectuur opvoeren en hem als een voorganger zien in een mogelijke overwinning van wat ze als de actuele impasse van de architectuur beschouwen, ook niet alleen omdat ze beide hetzelfde materiaal van de Westerse architectuurgeschiedenis en de actuele Franse denkwereld erbij betrekken, maar vooral omdat ze geen van beide rustige wetenschappelijke vertogen willen zijn, maar zoals Baudelaire het wenste, partijdige, kritische pleidooien, 'die nieuwe horizonten openen'.
Beide auteurs geven toe aan de huidige trend de stille en geduldige studeerkamer te verlaten om op de agora het debat aan te gaan. Voor de temperamentvolle ingenieur is dat misschien vanzelfsprekend, voor de historicus die het van feitelijke nauwgezetheid en intellectuele nuancering moet hebben is dat een beetje jammer. We hebben vandaag de dag waarschijnlijk grotere behoefte aan bedachtzame reflexie en nauwkeurige argumentatie dan aan bevlogen standpunten. De keuze voor deze laatste levert ons echter wel twee teksten op die met hun indrukwekkende eruditie toch bijzonder vlot, zelfs meeslepend zijn geschreven en in vele opzichten inspirerend kunnen werken. Ze kunnen de Nederlandse lezer ook even jaloers maken als hij ze vergelijkt met de produkten van eigen bodem, die meestal noch naar de studeerkamer noch naar de agora ruiken, maar naar het klaslokaal.
Het boek van Françoise Choay houdt de wetenschappelijke codes in ere. Er is een uitvoerig notenapparaat, een belangrijke bibliografie, bijlagen en een personenregister. Wetenschappelijk is ook de behoefte tot systematiek, zij het dan in de vorm van te bewijzen hypothesen. In een brede historische schets, waarin haar vroegere publikaties als het ware worden samengevat, van haar inleiding op *L'Urbanisme. Utopies et réalités* (Parijs, 1965) over haar standaardwerk *La Règle et le Modèle* (Parijs, 1980) tot haar recente bijdragen in de *Dictionnaire de l'Urbanisme et de l'aménagement* (Parijs, 1988), beschrijft Choay in drie fasen de ontwikkeling van het begrip historisch monument in het Europese denken vanaf het humanisme tot zijn 'consecratie' als historisch patrimonium in de negentiende en twintigste eeuw. In de industriële revolutie ziet ze een definitieve breuk: de architectuurbenadering zoals die zich in het monument en het stedelijke patrimonium manifesteert is dan tot een einde gekomen. Objecten van de industriële archeologie bij de monumentenzorg betrekken betekent alle waarden door elkaar halen en het echte monument van zijn betekenis ontdoen. De grootste bedreiging ligt echter in de 'cultuurindustrie', die het monument heeft ontdekt maar ook genadeloos exploiteert. Het monument gaat aan zijn cultus ten onder.
'In de spiegel van de oudheden hebben de humanisten en nadien de antiquairs geleerd hun anders-zijn te ontdekken en langs die weg bijgedragen om de identiteit van de Westerse samenleving te funderen in haar originele omgang met de tijd, de wetenschap en de kunst. In de spiegel van de historische monumenten hebben de romantici de waardigheid van de oude ambachten ontdekt en de essentie van de techniek aangevoeld. Tegenwoordig heeft deze oorspronkelijke en vruchtbare narcistische structuur zich geprononceerd en vastgezet. De spiegel van het patrimonium waarnaar we met zoveel passie kijken heeft zijn creatieve rol verloren als verdediger en bewaarder van een idee van onszelf.'
De historische schets, die tussendoor heel wat nieuwe interpretaties voorstelt maar ook heel wat vragen openlaat, staat, zoals uit bovenstaand citaat al blijkt, in het teken van de vraag naar de toekomst niet alleen van het monument, maar van onze *compétence d'édifier*, onze bekwaamheid tot bouwen, bouwen hier dan ook begrepen in de betekenis van stichten, vestigen in ruimte en tijd. Een antwoord hierop heeft Françoise Choay niet. Wel doet ze haar best om, vooral aan de hand van de minder bekende theoretisch beschouwingen van Gustavo Giovannoni, een denkmodel voor te stellen en zelfs praktische maatregelen te suggereren. In tegenstelling tot Sitte of Viollet-le-Duc, die uit de geschiedenis de principes voor een hedendaagse bouwkunst haalden zonder dat het monument daarin nog een actieve rol werd toegekend, integreert Giovannoni het historische patrimonium als een specifiek, maar volwaardig actueel element in de ruimtelijke ordening, dat er zijn eigen voorwaarden aan oplegt.

Jean-Pierre Le Dantec bekent van meet af aan kleur: zijn boek heeft hij met passie geschreven, 'passie voor de stedelijke beschaving die ons lot bepaalt, passie voor de architectuur waarvan ik houd – en zelfs voor die waarvan ik niet zo houd –, passie voor onze tijd, soms zo teleurstellend, en passie tenslotte voor alles wat ik voor waar aanzie en voor wat me ontroert'.
Ook zijn analyse begint, nadat hij het einde van het modernisme heeft geconstateerd en de verschillende reacties hierop heeft beschreven, bij Brunelleschi en het ontstaan van het perspectief, die start van een ontwikkeling naar een zuiver intellectuele en geometrische benadering van de architectuur, die zich steeds verder verwijdert van een *médiation du corps* zoals Choay het uitdrukt en van de *métis*, de slimme en veelvormige, pragmatische aanpak van Daidalos, de held van Le Dantec. Voor deze laatste ligt de breuk dus niet bij de industriële revolutie, maar bij de renaissance. Hoogtepunten van de *métis* zijn de gotische kathedraal en de middeleeuwse stad. De invloed van Henri Gaudins *La cabane et le labyrinthe* (Brussel, 1984) (dat overigens verkeerd geciteerd wordt) is duidelijk. De neo-modernen, met hun aanhangers van high tech en deconstructivisme, kunnen de leegte die de rationele architectuur heeft nagelaten niet vullen.
Een tweede meer theoretische ontwikkelingslijn vertrekt van Descartes en laat de onmacht zien van het Cartesiaans *mathème* om het zintuigelijke, imaginaire, symbolische karakter van de architectuur en haar herinneringswaarde te onderkennen. Het kan het objectieve karakter van het architectonische werk niet overwinnen en het zijn topologische rijkdom niet terugschenken. Toch ziet Le Dantec een weg uit die impasse van de praktijk en de theorie van de architectuur. Die noemt hij het '*baroquisme*, met een expliciete verwijzing naar *Le pli* (Parijs, 1988, zie *Archis* nr 4, 1989), de studie waarin Gilles Deleuze Leibniz' benadering van de barok analyseert. Dit *baroquisme* is niet te vereenzelvigen met de historische verschijning van de barok. Het is geen formeel dogmatisme, maar een aanpak, 'een ethiek gebaseerd op de erkenning van het andere (*l'altérité*, een begrip dat ook Choay herhaaldelijk naar voren schuift).'
Geen van beide boeken laat zich echter tot een thesis herleiden. Hun rijkdom ligt in de vaak briljante ontplooiing van een gedachte, die het lezen, meedenken en reageren, tot een plezier maakt, ook al is noch het pessimisme van Choay, noch het optimisme van Le Dantec, tenslotte overtuigend. Men krijgt de indruk dat geen van beiden helemaal in geslaagd is om zelf te breken met het denkpatroon dat ze afwijzen. Maar de poging daartoe is meer dan stimulerend.

Geert Bekaert

Architecture and the after-life

Howard Colvin
New Haven/Londen, Yale University Press, 1991, XI + 418 blz., prijs: *f* 169,65, ISBN 0-300-05098-4

Soms verschijnt er een boek met alle uiterlijke kenmerken die het geschikt maken voor de koffietafel, terwijl bij lezing dat vooroordeel geheel misplaatst blijkt te zijn. Zo'n boek heeft Howard Colvin geschreven over de funeraire architectuur in

Geert Bekaert, untitled/ zonder titel, *Archis* 9 (1992), 53

Het tijdschrift werd bekend als het *Journal des savants*, maar het werd voor het eerst uitgegeven in Parijs op 5 januari 1665 onder de naam *Le Journal des sçavans*. Volgens Roberto Calasso werd hier de allereerste moderne recensie gepubliceerd, op 9 maart 1665: een bespreking van de *Maximes* van La Rochefoucauld door madame de Sablé.[8] Enkele decennia later werden dergelijke periodieken instrumenten in de strijd om de laïcisering van Frankrijk die tot de Franse Revolutie zou leiden, een strijd die met de boekbespreking als wapen werd uitgevochten.

Het architectuurdebat

Het is in tijdschriften als het *Journal des savants* dat ook het architectuurboek onderwerp van recensies werd. Hoofdredacteuren lieten zich bijstaan door medewerkers om verslag uit te brengen over publicaties, maar ook over wetenschappelijke ontdekkingen. De architectuur maakte daar deel van uit, en werd het onderwerp van een debat. Zoals Richard Wittman heeft aangetoond in *Architecture, Print Culture and the Public Sphere in Eighteenth-Century France*, werd de boekbespreking een instrument om te discussiëren over bouwwerken en monumenten in Parijs – en om van architectuur een publiek thema te maken. Ook in zijn bijdrage aan deze *OASE* (de eerste casestudy in de lijst) blikt Wittman terug op een recensie in het tijdschrift *Mercure de France* uit 1755, die gesitueerd moet worden in het debat over de reconstructie van de kerk van de oude abdij van Sainte-Geneviève, het latere Panthéon.

In de late achttiende en in de negentiende eeuw wordt de boekbespreking nog belangrijker, ook door de alomtegenwoordigheid van de krant en ander 'vluchtig' drukwerk. De recensie krijgt 'een nieuwe rol als een forum voor de discussie over architectuur als een publieke zaak', vaak met een 'nieuw thuis in de populaire pers', zoals Wallis Miller schreef in het door Mari Hvattum en Anne Hultzsch samengestelde boek *The Printed and the Built: Architecture, Print and Public Debate in the Nineteenth Century*.[9]

Het allereerste architectuurtijdschrift dateert, zoals Marc Saboya heeft gesuggereerd, uit 1789: het *Allgemeines Magazin für die bürgerliche Baukunst*, gelanceerd door Johann Gottfried Huth, hoogleraar fysica en wiskunde in Frankfurt.[10] Het leidde tot een andere water scheiding, namelijk die tussen krant of cultureel magazine enerzijds,

8
Roberto Calasso, 'Nascita della recensione', in: Roberto Calasso, *Come ordinare una biblioteca* (Milaan: Adelphi, 2020), 106-110.

9
Wallis Miller, 'Review', in: Mari Hvattum en Anne Hultzsch (red.), *The Printed and the Built. Architecture, Print and Public Debate in the Nineteenth Century* (Londen/New York: Bloomsbury, 2018), 269.

10
Marc Saboya, *Presse et architecture au XIXe siècle. César Daly et la Revue générale de l'architecture et des travaux publics* (Parijs: Picard, 1991), 60.

introduction of 'free time'. The book democratised; reading became a form of entertainment. The architecture book review obtained two extreme poles: the text that architects read in order to perform their activities as best as possible, and the review that is intended for everyone, to stay informed, to develop intellectually, and to know what is going on in the field of architecture, urban planning and the environment.

Of the reviews reviewed in this *OASE*, approximately half were published in architecture or (technical) construction magazines: *Gaceta de Caminos de Hierro*, *Das Werk*, *Stroiel'naia promyshlennost'* [The Building Industry], *RIBA Journal*, *Oppositions*, *Journal of the Society of Architectural Historians*, *Plan*, *AA Files*, *Design Book Review*, *Arkitekten*, *Archis*, *ARCH+*, *L'Architecture d'Aujourd'hui* and *The Avery Review*. Two reviews appeared in art history journals (*The British Journal of Aesthetics* and *Art History*), three in newspapers (the *Frankfurter Zeitung*, *The New York Times*, and *NRC Handelsblad*) and six in culture and book magazines (*Journal de Savants*, *Jahrbücher für Literatur*, *The Nation*, *Folha da Mana*, *The New York Review of Books* and *L'indice dei libri del mese*).

Besides the audience and the place of publication, there is also the author of the review – the reviewer. In some cases, this is the critic *tout court*: a more or less autonomous intellectual who, as an intermediary between the public and the world of architecture, points out, interprets, and criticises books – not primarily as an architect, but as a reader and a 'citizen'. Well-known names that are discussed, mainly from the twentieth century, are Walter Benjamin, Douglas Haskell, Ada Louise Huxtable, Janet Malcolm or (in the Dutch language area) Geert Bekaert and Bernard Hulsman. In most cases – if only for financial reasons – these critics held an academic position, obtained a PhD, and can be regarded as historians or theorists: Colin Rowe for example, Kenneth Frampton, Nikolaus Pevsner, Manfredo Tafuri, Adrian Forty or Angelika Schnell. Finally, there are architects who discuss the books of colleagues: El Lissitzky, Alan Colquhoun, Joost Meuwissen, Michael Sorkin or Peter Eisenman, who – as Alan Cohl writes in his contribution – shows that the review can be used to position one's own oeuvre.

It is, as a connection, one of the ways in which the book review can be linked to the practice of architecture, or to built reality in general. Sometimes the review becomes a form of architectural criticism. When Joost Meuwissen discusses the *Writings* of Philip Johnson in 1981 (the subject of Maarten Janszen's contribution), it is also a detour made to weigh Johnson's architecture, and to analyse the International Style in depth, in the light of recent developments.

schiedenis een rol konden spelen bij de politieke bewustwording en emancipatie van de mensen aan de onderkant van de samenleving. Daarnaast is de *Ästhetik* het verhaal van het tragisch mislukkende verzet van Duitse communisten tegen het Hitler-regime.

Toen Weiss de duizend dichtbeschreven foliovellen af had, overleed hij, alsof het werk hem had leeggezogen. *De esthetica van het verzet*, zoals het onlangs door Peter Kaaij kundig voor de Historische Uitgeverij vertaalde boek heet, is inderdaad een aanslag op de gezondheid. Niet alleen op die van de schrijver, maar ook op die van de lezer.

De schrijver, schilderij van Peter Weiss uit 1946

Veel moderner kan het niet m

Het onwaarschijnlijke succes van de Nederlandse architectuur

Bart Lootsma: *Superdutch*. *De tweede moderniteit van de Nederlandse architectuur.* SUN, 264 blz. *f* 79,50
Een Engelstalige editie is verschenen bij Thames and Hudson, 256 blz. *f* 121,05

WoZoCo's in Amsterdam Foto Christian Richters uit besproken boek

Nog nooit is de reputatie van Nederlandse architectuur in het buitenland zo groot geweest. De laatste jaren volgen de buitenlandse tijdschriften Nederlandse architecten op de voet. Geen wonder dus dat onlangs maar liefst twee Nederlandse boeken over hedendaagse Nederlandse architectuur verschenen: *Het Kunstmatig Landschap* van Hans Ibelings, dat ook in het Spaans, Duits en Engels werd uitgegeven, en *Superdutch* van Bart Lootsma, dat naast een Nederlandse ook een Engelse editie kent.

Van deze twee boeken is *Superdutch* het bescheidenst maar paradoxaal genoeg ook het meest pretentieus. Bescheiden omdat het rijk geïllustreerde boek werk presenteert van slechts twaalf architecten, onder wie Wiel Arets, Ben van Berkel en Rem Koolhaas, terwijl *Het Kunstmatig Landschap* ontwerpen van meer dan zeventig bureaus bevat. En het meest pretentieus, omdat Lootsma niet wil volstaan met een simpel overzicht van de Nederlandse architectuur, maar deze in een inleidend essay een theoretisch kader wil geven.

Overigens geeft geen van beide boeken een goed compleet overzicht van de Nederlandse architectuur. Zowel *Het Kunstmatig Landschap* als *Superdutch* besteedt uitsluitend aandacht aan werk dat op een of andere manier aansluit op de modernistische architectuurtraditie. In beide boeken wordt Nederland voorgesteld als een 'hypermodern' architectuurland waar de eenentwintigste eeuw al in de jaren negentig van de vorige eeuw is begonnen. Van de postmoderne revolutie, die ook in Nederland inmiddels heeft plaats gevonden en heeft gezorgd voor nieuwe 'historiserende' binnensteden, neotraditionele Vinex-wijken en nieuwbouwwijken vol nostalgische 'jarendertig'-woningen is geen spoor te bekennen. Maar daar is het buitenland dan ook niet in geïnteresseerd.

Handelsnatie

Anders dan Ibelings beperkt Lootsma zich niet tot het noemen van min of meer toevallige oorzaken voor het succes van de hedendaagse Nederlandse architectuur, zoals de lange traditie van planmatig werken in dit kunstmatige land, de ruimhartige subsidies voor beginnende architecten en de guru-status van Nederlands beroemdste architect, Rem Koolhaas. Als belangrijkste verklaring geeft Lootsma de 'tweede moderniteit', een begrip dat hij heeft overgenomen van sociologen als Anthony Giddens en Ulrich Beck. Die tweede moderniteit wordt gekenmerkt door 'mondiale economische en politieke ontwikkelingen, de opkomst van internationale n
vormen van d
systemen van
heid van de
niet in de laa
tie'. Met zij
handelsnatie
lig voor derge
wikkelingen,
daarom ged
meer aan te
den. Nederla
op in het 'twe
ces' en daaro
tectuur van d
nergens ande

Zoals wel
architectuurh
logen, is dez
een verwarre
nis van de ar
gemeen gea
dernisme', d
die in de jare
den door arc
als voorbeel
Maar dit mo
van vandaag
tuur, is niet v
'de eerste m
van de socic
gevolgen van
begonnen in
'eerste mode
de hele neg
eeuwse arch
voorbeeld he
genpool de
de 'bouwkun
teit' moet w
de 'eerste mo
vattend begr
bruikbaar i
schiedenis.

Ook bij d
land als lan
'tweede mod
kens worden
se poldermo
uitstrevend
geloven of g
oude, vertro
legeconomi
jasje? Met a

een nieuwe kijk op de kunstgeschiede-nis. Net als ten tijde van de kwakkeldemocratie van Weimar gaan schoolklassen na 1933 op studiebezoek in het Pergamonmuseum in Berlijn. Alleen gaat het niet meer om aanlering van zogenaamde klassiek humanistische waarden en deugden, maar om herkenning van de grootsheid en de macht die klassieke kunst en nazikunst met elkaar verbindt. Meer dan ooit is kunst weer bezit van de heersende klasse en met meer overtuiging dan voorheen wordt kunst voor indoctrinatie en manipulatie gebruikt.

Met beelden, friezen en bijna com-

beschermer van de Freedonia driven en verdrukten. Dit gesprek typeert de stijl waarin Weiss zijn verhaal voordraagt. In feite smijt hij een geboekstaafd college oudheidkunde op tafel. Wellicht peuren oogkleppenclassici of fanatieke literatuurwetenschappers er leespret uit, maar verder kan ik mij niet voorstellen dat iemand een boodschap heeft aan zoveel dor geblaat.

De Nederlandse uitgever zag af van vermoeiende arbeid als een notenapparaat, een inleiding of zelfs maar een flaptekst. Dus zit de koper opgescheept met een product zonder ge-

uit te maken of de kamer waarin wij ons bevonden deel was van een droom of dat de droom je kamer overviel, en in deze tussentoestand, overmand door zware vermoeidheid, maar nog wel in staat iets te zien, te horen, zoekend naar gedachten, om wat opdook, voelbaar was, gestalte te geven, zette hij letters op papier.'

Omwille van de esthetica was het heilzaam geweest wanneer Weiss minder letters op papier had gezet, maar in de kunst van het weglaten was dit boegbeeld van de protestgeneratie niet al te bedreven.

---

er

erken, nieuwe
gebaseerd op
n de mondig-
e burgers, en
door conges-
onomie is de
extra gevoe-
nationale ont-
ootsma, en is
zich hieraan
n andere lan-
kortom, voor-
rniseringspro-
aier de 'archi-
oderniteit' als

theorieën die
nen van socio-
moderniteit'
De geschiede-
kent al het al-
begrip 'mo-
e bouwkunst
verd uitgevon-
ie de machine
or gebouwen.
dat tot de dag
in de architec-
a bedoelt met
. In navolging
chouwt hij de
chttiende eeuw
evolutie als de
t betekent dat
en twintigste-
lus zowel bij-
sme als zijn te-
kelijkheid, als
erste moderni-
chouwd. Zo is
een zo veelom-
en, dat het on-
rchitectuurge-

tie van Neder-
roploopt in de
oeten vraagte-
et Nederland-
kelijk zo voor-
a ons wil laten
slechts om de
erlandse over-
s ander, nieuw
den: is het hui-

dige succes van de Nederlandse economie werkelijk te danken aan allerlei technische innovaties of loopt Nederland hierin helemaal niet zo voorop en is de economische groei vooral te danken aan langdurige loonmatiging en een leger vrouwen dat eindelijk aan de slag gaat?

Een ander bezwaar tegen Lootsma's 'tweede moderniteit' geldt de fasering. Als de 'moderniteit' dan per se in verschillende fasen moet worden onderverdeeld, dan is het zinniger om nu te spreken van de *derde* in plaats van de tweede moderniteit. De eerste moderniteit omvat dan de gevolgen van de eerste Industriële Revolutie. De tijd van de stoommachine en het goedkope ijzer bracht nieuwe gebouwentypen als spoorwegstations en fabrieken voort en leidde tot de herbouw van Parijs en de explosie van stadjes als Manchester tot industriële metropolen. De tweede moderniteit van de architectuur volgde op de Tweede Industriële Revolutie, toen elekriciteit en de explosiemotor de wereld opnieuw drastisch veranderden. Die Tweede Industriële Revolutie had misschien nog wel meer gevolgen voor de architectuur. Niet alleen inspireerden verschijnselen als Fords lopende band en Taylors 'scientific management' Le Corbusier en andere architecten tot de formulering van 'modernisme' als de bouwstijl van het machinetijdperk, maar ook had ze grote praktische consequenties voor gebouwen en steden. Zo maakte kunstlicht veel diepere en grotere gebouwen mogelijk dan voorheen en leidde de auto tot het ontstaan van ruim opgezette suburbs met vrijstaande huizen.

Computer

Of de derde (of Lootsma's tweede) moderniteit, waarvan het begin samenvalt met de 'IT-revolutie', ook zulke duidelijke gevolgen heeft voor de architectuur is aan *Superdutch* nog niet af te zien. Anders dan bij een spoorwegstation, dat zonder de Eerste Industriële Revolutie ondenkbaar is, krijg je bij de gebouwen in dit boek niet het gevoel dat ze het onvermijdelijke resultaat van de IT-revolutie zijn. Zo is de computer bij het maken van de hoekige gebouwen van Wiel Arets, Koen van Velsen en Neutelings/Riedijk vermoedelijk wel handig geweest, maar niet onmisbaar. Alleen het ontwerpen van de gewelfde 'blobs' van NOX en Kas Oosterhuis en de veelhoekige bouwwerken van Ben van Berkel zou zonder computer wel erg tijdrovend zijn geweest. Al wisten bijvoorbeeld de Spanjaard Gaudí en de Duitser Erich Mendelsohn in het begin van de twintigste eeuw wonderlijk wervelende gebouwen zonder computer tot stand te brengen.

Maquette van het Borneo-eiland en Sporenburg in Amsterdam
Foto Peter de Ruig uit besproken boek

Bovendien bestaan er grote verschillen tussen de gebouwen in *Superdutch*. Het Minnaert-gebouw in Utrecht van Neutelings en Riedijk is bijvoorbeeld een duidelijk geval van hedendaagse 'architecture parlante', terwijl de gebouwen van Wiel Arets abstracte composities zijn. Maar of ze nu wervelend of hoekig, sprekend of abstract zijn, voor Lootsma doen de verschillen er niet toe: hij ziet alle gebouwen als uiting van de tweede moderniteit en reduceert zo alle twaalf architecten tot een willoos instrument daarvan. Zo is Lootsma's begrip zo veelomvattend dat het nietszeggend wordt.

Welbeschouwd is Lootsma's 'tweede moderniteit' niets anders dan een echo van de aloude mechanische, marxistische weerspiegelingstheorie die in de jaren zeventig zo populair was onder sociologen en kunsthistorici. Volgens deze theorie worden de veranderingen in de 'materiële' onderbouw vroeg of laat weerspiegeld in de 'ideële' bovenbouw waartoe onder meer de kunsten behoren. Precies zo is Lootsma's theorie van de 'tweede moderniteit': mondialisering, internationale medianetwerken enzovoorts hebben vooral in Nederland gezorgd voor een nieuwe onderbouw die automatisch een vernieuwing hebben voortgebracht van het onderdeel van de bovenbouw dat architectuur heet.

Maar zo eenvoudig en eenduidig is het verband tussen 'onderbouw' en 'bovenbouw' zelden. De eerste moderniteit bracht bijvoorbeeld nieuwe gebouwen als stations voort, maar die gingen wel altijd gehuld in oude, vertrouwde neo-stijlen als de neogotiek. De tweede moderniteit leidde tot het modernisme van Le Corbusier en andere Nieuwe Bouwers, maar ging ook gepaard met een bloei van het neoclassicisme in landen als Frankrijk, Italië, de Sovjet-Unie, Duitsland en de Verenigde Staten. En Lootsma's tweede moderniteit heeft in Nederland niet alleen gezorgd voor *Superdutch*-architectuur, maar, zoals gezegd, ook tot een vloed van postmodernistische architectuur.

BERNARD HULSMAN

Bernard Hulsman, 'Veel moderner kan het niet meer: Het onwaarschijnlijke succes van de Nederlandse architectuur', *NRC Handelsblad*, 5 January/ januari 2001

en tijdschrift, literair, academisch of wetenschappelijk anderzijds. Het ging, met andere woorden, om arbeidsdeling, waardoor periodieken of dagbladen, en recensenten evenzeer, zich genoodzaakt zagen te 'focussen' op een deelgebied. Tegelijk diversifieerde het publiek, vooral dankzij de intrede van de 'vrije tijd'. Het boek democratiseerde en lezen werd een vorm van vermaak. De architectuurboekbespreking kreeg twee uiterste polen: de tekst die architecten lezen om hun bezigheden zo goed mogelijk uit te kunnen oefenen, en de bespreking die voor iedereen bestemd is, om op de hoogte te blijven, zich intellectueel te ontwikkelen, en te weten wat er op het vlak van architectuur, stedenbouw en omgeving gebeurt.

Van de recensies waarop deze *OASE* terugblikt, werd ongeveer de helft gepubliceerd in architectuur- of (technische) bouwtijdschriften: *Gaceta de Caminos de Hierro*, *Das Werk, Stroiel'naia promyshlennost'* [De bouwsector], *RIBA Journal, Oppositions, Journal of the Society of Architectural Historians, Plan, AA Files, Design Book Review, Arkitekten, Archis, ARCH+*, *L'Architecture d'Aujourd'hui* en *The Avery Review*. Twee besprekingen verschenen in tijdschriften voor kunstgeschiedenis (*The British Journal of Aesthetics* en *Art History*), drie in kranten (de *Frankfurter Zeitung*, *The New York Times* en *NRC Handelsblad*) en zes in cultuur- en boekentijdschriften (*Journal de Savants*, *Jahrbücher für Literatur*, *The Nation*, *Folha da Mana, The New York Review of Books* en *L'indice dei libri del mese*).

Behalve het publiek en de publicatieplek, is er ook de auteur van de bespreking – de recensent. In enkele gevallen is dat de criticus *tout court,* een min of meer autonome intellectueel die, als intermediair tussen het publiek en de architectuurwereld, boeken signaleert, interpreteert en bekritiseert – niet in de eerste plaats als architect, maar als lezer en 'burger'. Bekende namen die aan bod komen, voornamelijk uit de twintigste eeuw, zijn Walter Benjamin, Douglas Haskell, Ada Louise Huxtable, Janet Malcolm of (in het Nederlandse taalgebied) Geert Bekaert en Bernard Hulsman. In de meeste gevallen, al was het maar uit financiële overwegingen, bekleedden deze critici een academische positie, zijn ze gepromoveerd en als historicus of theoreticus te beschouwen: Colin Rowe bijvoorbeeld, Kenneth Frampton, Nikolaus Pevsner, Manfredo Tafuri, Adrian Forty of Angelika Schnell. Evenmin uitgesloten, tot slot, zijn er architectuurboeken die door collega's worden besproken: El Lissitzky, Alan Colquhoun, Joost Meuwissen, Michael Sorkin of Peter Eisenman, waarbij die laatste, zoals Alan Cohl in zijn bijdrage schrijft, aantoont dat de recensent de boekbespreking kan gebruiken om zijn eigen oeuvre te positioneren.

Die connectie is een van de manieren waarop de boekbespreking met de bouwpraktijk is te verbinden, of met de gebouwde werkelijk-

averyreview.com

The Avery Review

V. MITCH MCEWEN —

The Art of Medium Design: Knowing How to Work on an AntiBlack World

Download PDF

There are certain books that ask us to be aware of what we are doing and not doing in deep ways. Keller Easterling's books are inevitably these. An Easterling book might mention the events of the last year, but it considers along with them at least a decade of other events, facts, and reference points, all from a diverse range of locales. This is so because Easterling's subject matter is never a specific place or set of experiences, but the formulas behind these places or experiences—formulas that enact themselves in space.

Easterling's previous projects have unpacked the history of various spatial formulas: repetitions that include everything from the American single-family house to the free trade zone. These histories are often interspersed with design alternatives. *Subtraction* collected a number of these alternatives into one tactical rubric. [1] *Medium Design:*

V. Mitch McEwen, 'The Art of Medium Design: Knowing How to Work on an AntiBlack World', *The Avery Review* 53 (2021)

Other case studies seem to concern more 'academic' matters. Elena Martínez-Millana reconstructs how Adrian Forty reviewed a book by Robin Evans in 1983, warning that the typological approach to the history of architecture can also lead to blind spots, just like the emphasis of more classical historians on style. This too, however, is a consideration with implications for how we experience 'space' – as something that ritualises and rhythms our behaviours and movements, or rather as something we look at and can interpret. In most cases, the book review therefore, implicitly or explicitly, also has a projective or prescriptive charge: a book is used to speculate about the future, and to make statements about what may be considered desirable or rather a deterrent. In 1869, Ildefonso Cerdà's *Teoría General de la Urbanisación* was 'presented' in an almost administrative and so to speak neutral manner in Spanish magazine *Gaceta de Caminos de Hierro*. This 'degree zero' of the book review, writes Gregorio Astengo, also responded to a precise economic and political will, as if to indicate that the urbanisation of the world should indeed continue unhindered, as Cerdà had preached.

heid in het algemeen. Soms wordt de recensie een vorm van architectuurkritiek. Als Joost Meuwissen in 1981 bijvoorbeeld de *Writings* van Philip Johnson bespreekt (het onderwerp van de bijdrage van Maarten Janszen), is dat ook een omweg om diens architectuur te wegen, en om meteen de Internationale Stijl diepgravend te analyseren in het licht van recente ontwikkelingen. In andere casestudies gaat het ogenschijnlijk om meer 'academische' aangelegenheden. Elena Martínez-Millana reconstrueert hoe Adrian Forty in 1983 een boek van Robin Evans recenseert, en daarbij waarschuwt dat de typologische benadering van de architectuurgeschiedenis ook tot blinde vlekken kan leiden, net als de nadruk op stijl van de meer klassieke historici. Ook dat is echter een overweging die implicaties heeft voor hoe we 'ruimte' ervaren – als iets dat onze gedragingen en bewegingen ritualiseert en ritmeert, of eerder als iets waar we naar kijken en dat we kunnen interpreteren.
In de meeste gevallen heeft de boekbespreking, impliciet of expliciet, daarom ook een projectieve of een prescriptieve lading: een boek wordt gebruikt om over de toekomst te speculeren, en om uitspraken te doen over wat wenselijk is of als ontmoediging mag gelden. Toen Ildefonso Cerdà's *Teoría General de la Urbanisación* in 1869 op een haast administratieve en zogezegd neutrale wijze werd 'gepresenteerd' in het Spaanse tijdschrift *Gaceta de Caminos de Hierro*, dan was dat toch ook een manier, zo schrijft Gregorio Astengo, om te beantwoorden aan een duidelijke economische en politieke wil – om inderdaad de reeds begonnen verstedelijking van de wereld, zoals Cerdà die predikte, niets meer in de weg te leggen.

De toekomst

De 25 teksten in dit nummer geven dus aan hoe de boekbespreking sociale en ruimtelijke fenomenen niet alleen becommentarieerde, maar soms hielp mede vorm te geven, of in elk geval hielp van uitleg te voorzien. Is dat vandaag nog steeds zo? De suggestie is zeker mogelijk dat de recensie zich ondertussen in een crisis bevindt, net als boeken in het algemeen en architectuurboeken in het bijzonder. Of die crisis met de komst van internet is begonnen, is onduidelijk. Al in 1959 publiceerde Elizabeth Hardwick, een van de oprichters van *The New York Review of Books*, een artikel in *Harper's Magazine* waarin ze het 'verval' van *book reviewing* aanklaagde, samen met wat ze als de maatschappelijke gevolgen daarvan beschouwde:

> Ik denk aan al die leraren Engels op de middelbare school, die trouwe bibliothecarissen en boekhandelaren, die goedgelovige inwoners van de voorsteden, die slimme jonge mannen en vrouwen in de provincies, al wie in het oordeel van *The Times* geloven en die leiding

Le Corbusier. Un architecte et ses livres

Catherine de Smet

En italien, français, allemand, Lars Müller Publishers, Wettigen, Suisse, 2005, 128 p., 21,5 x 28 cm., plus de 150 ill couleurs, qques N&B., 213,35€

Le Corbusier et le livre.

Arnaud Dercelles, Fernando Marzà, Josep Quetglas, Catherine de Smet

En catalan avec traductions en français et en allemand, Ed. Collegi d'Architectes de Catalunya, Barcelone, 2005, 200 p., 21 x 24, 12 ill. N&B, 303 ill. couleurs, 32,71€

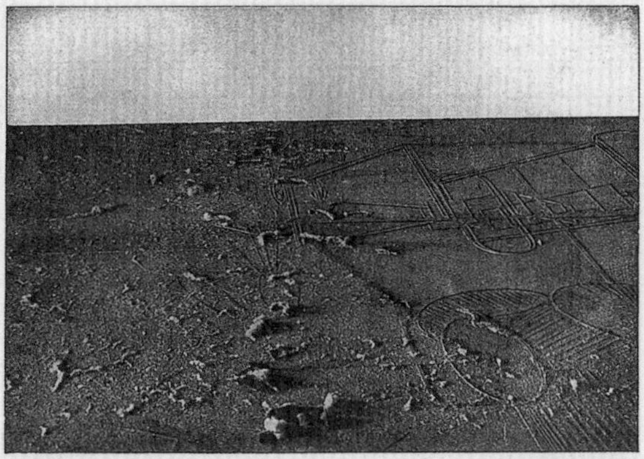

VOICI LE DOMAINE DE RROSE SÉLAVY
COMME IL EST ARIDE — COMME IL EST FERTILE —
COMME IL EST JOYEUX — COMME IL EST TRISTE !

VUE PRISE EN AÉROPLANE
PAR MAN RAY — 1921.

***Élevage de poussière*, illustration de Marcel Duchamp in *Littérature*, n°5, octobre 1922**

"Il y a un monde à fouiller dans les bibliothèques, et pour son propre petit métier seulement. Mon Dieu, que savons-nous ? Oh là là ! Beaucoup de livres m'arrêtent, que je note pour les acheter plus tard, qui seraient pour nous d'un apport indispensable." Ch. E. Jeanneret à Ch. L'Eplattenier, 1er octobre 1910, lettre de Munich.

Élevage de poussière

Deux excellentes initiatives, deux expositions[1] qui révèlent au grand public les éditions originales des livres, des revues et des différents articles de Le Corbusier entre 1910 et 1965. Avec les deux catalogues, l'écriture complexe et problématique de Le Corbusier ne devrait plus avoir aucun secret. Catherine de Smet nous exhibe surtout avec un plaisir certain l'art de la mise en page très particulier et très référencé de Le Corbusier. Mais sur le "processus ininterrompu" d'une production d'écrits vaste et composite de cet "homme de lettres, homme de livres", elle ne distille que quelques indices précieux au gré de pages magistralement illustrées par Corbu lui-même : "une vie de livres", précise-t-elle pourtant. Les Catalans ont eu l'opportunité d'introduire leur ouvrage par la *Présentation de la bibliothèque* de Le Corbusier. Arnaud Dercelles, une des chevilles ouvrières de la Fondation Le Corbusier, dresse un précieux inventaire de ce qu'il en reste en ayant soin de préciser les dédicaces des auteurs, les notes et les annotations de Le Corbusier souvent fort explicites. On ne saurait que le conseiller aux auteurs de ces catalogues. Pour Catherine de Smet, la lecture du *André Breton* de Claude Mauriac abondamment annoté et passionnément griffuré par notre "phénomène" lui permettra d'abandonner des clichés très convenus sur le graphisme manifeste de Le Corbusier confronté à celui des avant-gardes pour se rallier très vite à l'affirmation de Walter Benjamin : "Comprendre ensemble Breton et Le Corbusier, cela voudrait dire tendre l'esprit de la France d'aujourd'hui comme un arc qui permet à la connaissance de frapper l'instant en plein cœur."

Une autre lecture attentive de Le Corbusier, le 15 novembre 1953, dans l'avion qui l'emmène vers la nouvelle capitale du Pendjab, Chandigarh : *La Part maudite* de Bataille, chapitre Théorie du Potlatch, la théorie du don des Indiens d'Amérique du Nord qui, en dehors d'être une des sources explicites de la *Main ouverte*, lui permet cette petite réflexion en marge : "Les cinq volumes, œuvres complètes Corbu, offrent, proposent et imposent par adhésion enthousiaste les idées Corbu. D'un côté Corbu est assommé par les salauds, de l'autre il est roi. La pratique désintéressée de la peinture est un inlassable sacrifice, un don du temps, de patience et d'amour, sans aucune contrepartie d'argent (sauf les modernes marchands). C'est semer à tout vent pour inconnus. Un jour avant ou après la mort, on nous dira merci. C'est trop tard pour tant de traverses vécues. Mais qu'importe : ce qu'importe est la clef du bonheur."

On doit l'initiative de ces volumes à Oskar Stonorov, lors de son séjour à Paris après ses études zurichoises et avant son départ pour les États-Unis où il s'associe à Louis Kahn. Ils posent le problème de l'écriture de Le Corbusier et de ses collaborateurs dans la fabrication de ces livres depuis le premier : L'Éplattenier pour l'*Étude sur le mouvement d'art décoratif en Allemagne* publié à La Chaux de Fonds en 1912, *En Allemagne* pour l'édition française à la veille de la première guerre mondiale ("revue et corrigée" par la rédaction de la revue *L'Art de France* ?) et pour *La Construction des villes*, sans oublier Ozenfant, pour *Après le Cubisme*, et la revue *L'Esprit nouveau* avec le poète dadaïste Paul Dermée jusqu'à Jean Petit, "l'héritier éditorial". Les manuscrits et les tapuscrits nombreux témoignent de son écriture qui très tôt transforme ces livres en véritables *ready-made* : collages d'articles publiés dans différentes revues cités dans la bibliographie utile mais encore incomplète de l'édition catalane introduite par un essai de F. Marzà et de J. Quetglas, dans une traduction en français très approximative, Le Livre ouvert : "Mais d'habitude le livre est toujours ouvert, avec le pli qui sépare les pages d'un côté dessinant une surface courbe [...], tandis que de l'autre côté, elles forment un pur et plat rectangle, de sorte que le livre est en lui-même une fusion de ce couple fondamental de l'ondulation et de l'angle droit." Après le cubisme, le "purisme" : "[Ozenfant] m'a embarqué avec lui dans les recherches qu'il a nommées lui-même le Purisme... Ce Purisme était une recherche de sérieux au milieu de la confusion du Cubisme, qui en dehors des grands maîtres... Les autres frétillaient un peu du Cubisme et du Cucubisme. Alors nous avions décidé de réagir contre cela et d'arriver à trouver un style, une intention du moins à nos efforts, une intention qui soit louable, pas louable mais valable – c'est-à-dire dans les formes authentiques et biologiques et composer avec ça, au moyen de la géométrie, les déformations nécessaires." (1965). "Au moyen de la géométrie", cela cerne bien, dans le champ même de la peinture, l'impact d'Ozenfant et de Jeanneret et l'importance du purisme dans la contribution des avant-gardes historiques. Tout au plus, la technique de représentation de *l'objet standard* de leurs tableaux, ici "le livre ouvert", véritable épure, est le fruit de l'éducation professionnelle qu'ils ont reçue. Elle fait très clairement référence à la technique générale et uniforme, fondée sur les procédés et les raisonnements géométriques simples et rigoureux, de la géométrie descriptive.

À la lecture de ces deux catalogues, me revient à l'esprit la question que j'ai posée lors d'un colloque de la Fondation le Corbusier : "Qui a écrit les livres de Le Corbusier ?", cela dans la logique de la suite de mon travail sur Lequeu et du chapitre concernant Marcel Duchamp contre Le Corbusier : Un Architecte en démolition. Entre les lignes de Catherine de Smet, quelques indices sont là pour m'éclairer. La bibliothèque inventoriée par Arnaud Dercelles me rappelle à l'ordre. Alors pour conclure à propos, cette note de Duchamp : "L. C. cas de ménopause masculine précoce sublimé en coït mental. SILENT et LISTEN." **Philippe Duboy**

1. *Le Corbusier. Un architecte et ses livres.* Après Prato et Trente (Italie) en 2005, l'exposition s'arrête au musée d'Art moderne et contemporain de Strasbourg du 18 novembre 2005 au 26 février 2006. L'exposition *Le Corbusier* et le livre a quitté Barcelone (avril 2005) pour les Baléares (juin 2005). La Fundación COAM à Madrid, l'accueille en octobre 2005 puis Cadix en novembre au Colegio oficial de arquitectos.
2. W. Benjamin, "Réflexions théoriques sur la connaissance" (N 1a, 5), *Paris, Capitale du XIXe siècle*, éd. du Cerf, Paris 1989, p. 476.

Philippe Duboÿ, 'Élevage de poussière', *L'Architecture d'Aujourd'hui* 360 (2005), 4

nodig hebben. (…) De matte lof en het gebrek aan meningsverschil, de minimalistische stijl en het lichtgewicht artikeltje, de afwezigheid van betrokkenheid, hartstocht, karakter, excentriciteit – het ontbreken, uiteindelijk, van de literaire toon zelf – hebben van *The New York Times* een provinciale literaire krant gemaakt.[11]

Dat acht jaar later, in 1967, Colin Rowe in *The New York Times* zou schrijven over de *instant classics* van Venturi en Banham – het onderwerp van de bijdrage van Silvia Groaz – lijkt dat zware oordeel, op architecturaal vlak, te nuanceren. De woorden van Hardwick staan model voor de positie van de naoorlogse intellectueel, die boeken en het gesprek erover verdedigt als een zaak van algemeen belang, maar ook zonder onmiddellijke politieke inzet: het is duidelijk dat Hardwick de recensie niet hanteert in een cultuurstrijd of in een proces van laïcisering, zoals dat in de achttiende eeuw nog het geval was, hoewel ook valt te betogen dat ze niet meer doet dan precies de verworvenheden van die laïcisering verdedigen.

Ook recenter is het verval van de recensie aangeklaagd. In 2019, eveneens in *Harper's*, publiceerde Christian Lorentzen een update voor het internettijdperk, met als titel: 'Like This or Die: The Fate of the Book Review in the Age of the Algorithm.' Wat Lorentzen poneert is dat boeken noch recensies kunnen voortbestaan in het digitale tijdperk. Zelfs als ze ouderwets gedrukt worden, zo betoogt hij, nemen ze de kijk- en denklogica's van het web over, omdat ze uit zijn op clicks en aandacht, terwijl 'recensies niet bedacht zijn om het internetverkeer op te drijven'.[12] De vraag is dan of het ene het andere hoeft uit te sluiten: de bespreking door V. Mitch McEwen van een boek van Keller Easterling – online gepubliceerd in *The Avery Review*, en het onderwerp van de bijdrage van Hans Teerds – ging in 2021 viraal, ook omdat de mensheid zelf nog massaal aan een virus leed. Maar discrediteert dat meteen ook de ideeën die erin worden uitgedrukt, en doet het (algemener) afbreuk aan de betekenis van een recensie? Enkele jaren geleden schreef Phillipa K. Chong zelfs een boek over de boekbespreking: *Inside the Critics' Circle. Book Reviewing in Uncertain Times*.[13] Haar conclusie is enerzijds dat klaagzangen over de recensie aangeven hoe groot de culturele status van boeken nog steeds is, terwijl we anderzijds leven in een permanente 'evaluatiecultuur', waarin de mening

11
Elizabeth Hardwick, 'The Decline of Book Reviewing' [1959], in: Darryl Pickney (red.), *The Collected Essays of Elizabeth Hardwick* (New York: New York Review of Books, 2017), 62.

12
Christian Lorentzen, 'Like This or Die: The Fate of the Book Review in the Age of the Algorithm', *Harper's Magazine* 2027 (2019), 30.

13
Phillipa K. Chong, *Inside the Critics' Circle. Book Reviewing in Uncertain Times* (Princeton: Princeton University Press, 2020).

The Future

The 25 texts in this *OASE* indicate how the book review not only commented on social and spatial phenomena, but sometimes helped to shape them, or at least assisted in making them explicit. Is that still the case today? It is certainly possible to suggest that the book review is in crisis, just like books in general and architecture books in particular. It is not certain whether this crisis started with the arrival of the Internet. As early as 1959, Elizabeth Hardwick, one of the founders of *The New York Review of Books*, published an article in *Harper's Magazine* in which she chronicled the 'decline' of book reviewing, along with what she considered the social consequences.

> There come to mind all those high-school English teachers, those faithful librarians and booksellers, those trusting suburbanites, those bright young men and women in the provinces, all those who believe in the judgment of *The Times* and who need its direction. . . . The flat praise and the faint dissension, the minimal style and the light little article, the absence of involvement, passion, character, eccentricity – the lack, at last, of the literary tone itself – have made *The New York Times* into a provincial literary journal.[11]

The very fact that eight years later, in 1967, Colin Rowe would write in *The New York Times* about instant classics by Venturi and Banham – the subject of Silvia Groaz's contribution – seems to nuance that heavy judgment, at least on an architectural level. Hardwick's words are a model for the position of the post-war intellectual, who defends books and the discussion about them as a matter of general interest, but also without immediate political commitment: it is clear that Hardwick does not use the review in a culture war or in a process of laicisation, as was still the case in the eighteenth century, although it can also be argued that she does little more than precisely defend the achievements of that laicisation.

The decline of the review has been denounced more recently. In 2019, also in *Harper's*, Christian Lorentzen published an update for the Internet age, entitled: 'Like This or Die: The Fate of the Book Review in the Age of the Algorithm.' What he posits is that neither books nor reviews can survive in the digital age. Even if they are

11
Elizabeth Hardwick, 'The Decline of Book Reviewing' [1959], in: Darryl Pickney (ed.), *The Collected Essays of Elizabeth Hardwick* (New York: New York Review of Books, 2017), 62.

van iedereen belangrijk wordt, zodat experts of critici hun rol verliezen. Dit nummer van *OASE* is niet bedoeld als klaag-, maar eerder als lofzang, op een genre en een praktijk – op de elkaar spiegelende activiteiten van lezen en schrijven, maar ook van redeneren of evalueren enerzijds, en bouwen of ontwerpen anderzijds. De 25 bijdragen, over minstens evenveel boeken, auteurs, recensies, critici, lezers, steden en gebouwen, tonen de waarde en het plezier van die sociale bezigheden, die ook in deze eeuw nog tot nieuwe recensies zullen leiden – of tot andere vormen, genres of media kunnen inspireren.

printed in an old-fashioned way, he argues, they adopt the viewing and thinking logics of the Web, because they are after clicks and attention, while 'reviews aren't engines for [Internet] traffic'.[12] The question then is whether one has to exclude the other. V. Mitch McEwen's review of a book by Keller Easterling – published online in *The Avery Review*, and the subject of the contribution by Hans Teerds – went viral in 2021, also because humanity itself was still suffering en masse from a specific virus. But does that also discredit the ideas expressed in it, and – more generally – detract from the meaning of a review? A few years ago, Phillipa K. Chong even wrote a book about the book review: *Inside the Critics' Circle: Book Reviewing in Uncertain Times*.[13] Her conclusion is that complaints about the review indicate how great the cultural status of books still is, even though we live in a permanent 'evaluation culture' in which everyone's opinion has become important, so that experts or critics are losing their role. This issue of *OASE* is not intended as a lament, but rather as a hymn, to a genre and a practice – to the mirroring activities of reading and writing, but also of reasoning or evaluating on the one hand and building or designing on the other. The 25 contributions – about at least as many books, authors, reviews, critics, readers, cities and buildings – show the value and pleasure of those social activities that can lead to new reviews in this century, or that can inspire other forms, genres or media.

12
Christian Lorentzen, 'Like This or Die: The Fate of the Book Review in the Age of the Algorithm', *Harper's Magazine* 2027 (2019), 30.

13
Phillipa K. Chong, *Inside the Critics' Circle: Book Reviewing in Uncertain Times* (Princeton: Princeton University Press , 2020).

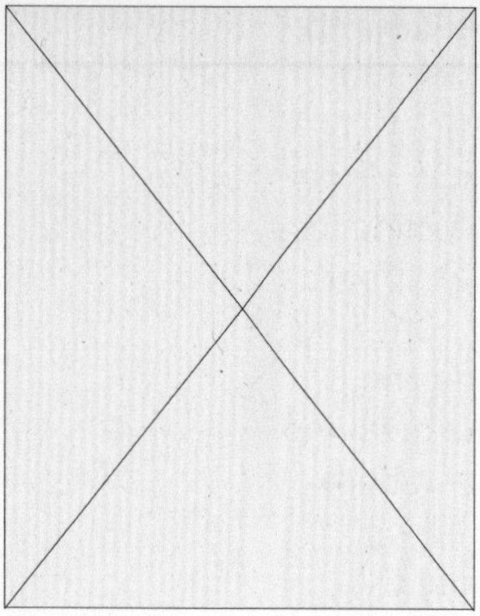

Charles-Nicolas Cochin, 'Architecture, Mercure du mois de Juin de l'année 2355', *Mercure de France*, juli 1755 (II), 159-172

Scarcher, *Mémoire sur les restes d'architecture de l'ancien Paris* (2355)

Charles-Nicolas Cochin, 'Architecture, Mercure du mois de Juin de l'année 2355', *Mercure de France*, July 1755 (II), 159-172.

Scarcher, *Mémoire sur les restes d'architecture de l'ancien Paris* (2355)

Terug uit de toekomst

Richard Wittman

Koning Louis XV's opdracht voor de reconstructie van de Parijse kerk Sainte-Geneviève was de belangrijkste koninklijke architectuuropdracht uit de laatste halve eeuw van het Franse *ancien régime*. De directeur-generaal van de Koninklijke Gebouwen, de markies de Marigny, vertrouwde de opdracht toe aan Jacques-Germain Soufflot. Het plan was ervoor te zorgen dat de regering weer controle kreeg over het ontluikende en nauwelijks eerder vertoonde publieke debat over architectuur en stad.[1] Het debat was uitgelokt door de pogingen van een clubje critici om steun te verwerven voor het idee om de bouw van de oostelijke vleugel van het Louvre, beter bekend als La Colonnade du Louvre, te voltooien. De bouw was in de jaren 1660 stilgelegd, toen koning Louis XIV van Parijs naar Versailles vertrok. In 1745 stond de colonnade van het Louvre er vervallen bij, zonder dak en aangekoekt met parasitaire bouwsels. De critici die opriepen om het bouwwerk af te ronden, beschouwden architect Claude Perrault als de grondlegger van de superieure reputatie van de Franse architectuur en de colonnade als zijn meesterwerk – zij het een meesterwerk dat op dat moment in een toestand verkeerde die schande bracht over de

Back from the Future

Richard Wittman

King Louis XV's reconstruction of the Parisian Church of Sainte-Geneviève was the most important royal architectural commission of the final half century of the French *ancien régime*. Entrusted to Jacques-Germain Soufflot by the Director General of Royal Buildings, the Marquis de Marigny, the commission aimed to seize back the initiative for the government in a burgeoning and quite unprecedented public debate about architecture and the city.[1] The catalyst for the debate had been the efforts of a coterie of critics to gather support for the idea of completing the construction of the east wing of the Louvre, commonly known as La Colonnade du Louvre, abandoned in the 1660s when King Louis XIV left Paris for Versailles. By 1745 the building stood hollow, roofless and crowded around with parasite structures. Critics agitating for its completion had presented its architect, Claude Perrault, as the founder of French architectural greatness, and the Louvre Colonnade as his great masterpiece – albeit one whose current state brought shame on the crown, the city and the nation. By responding to this extraordinary campaign to pressure the crown into action,

kroon, de stad en de natie. Door te reageren op hun uitzonderlijke campagne om de kroon onder druk te zetten, erkenden Marigny en zijn adviseurs dat het succes van de opdracht voor de kerk van Sainte-Geneviève mede afhing van hun controle over het publieke debat. Hun eerste stap was om de controversiële hervatting van het werk aan de colonnade toe te wijzen aan Soufflot. Hun tweede stap had te maken met de pers: nog voordat Soufflot zijn eerste voorbereidende ontwerpen voor de nieuwe kerk had voltooid, begonnen Marigny en de zijnen artikelen te plaatsen die de publieke opinie moesten overtuigen van de genialiteit van Soufflot's project.

De eerste van deze teksten, die in 1755 werd geschreven door de kunstenaar/polemist Charles-Nicolas Cochin (1715-1790), had de vorm van een recensie uit de verre toekomst, een fictief vierentwintigste-eeuws onderzoek naar contemporaine opgravingen in het oude Parijs, genoteerd door een archeoloog genaamd Scarcher.[2] Cochin's fictieve recensent beschreef een verslag van Scarcher over een reeks monumenten, waarin de colonnade van het Louvre en de kerk van Sainte-Geneviève een prominente rol speelden. Scarcher claimde om te beginnen dat het Louvre niet, zoals eerdere vierentwintigste-eeuwse archeologen hadden verondersteld, was voltooid onder Louis XIV, maar dat het in de zeventiende eeuw was verlaten. Vervolgens legde hij uit dat het de markies de Marigny was geweest die de wensen van koning Louis XV had gesteund en ervoor had gezorgd dat het werk werd hervat en het bouwwerk uiteindelijk voltooid. De recensent deelt mee dat veel van Scarcher's vierentwintigste-eeuwse tijdgenoten deze hypothese hadden verworpen, omdat ze niet konden geloven dat een koning zo nobel zou zijn om zijn eigen projecten op te geven, om die van een voorganger te voltooien. Maar Scarcher, zegt de recensent, houdt vol dat de mannen in de achttiende eeuw niet zo ijdel waren.[3]

Na zijn bespreking van het Louvre gaat Scarcher verder met een fictief verslag over de Sainte-Geneviève – die in de achttiende-eeuwse werkelijkheid van Cochin's lezers nog niet gebouwd was. Dit verslag berustte op een betekenisvolle misinterpretatie:

> [Scarcher] gelooft dat deze bewonderenswaardige Sainte-Geneviève kerk door dezelfde architect werd gebouwd als de majestueuze colonnade van het Louvre. Volgens de overlevering is men rond het midden van de achttiende

Marigny and his advisors recognised that the success of the commission for the Church of Sainte-Geneviève would equally hinge on managing public discourse. Their first step was to assign Soufflot to carry out the controversial resumption of work on the Louvre Colonnade. Their second step involved the press: even before Soufflot had completed his first preliminary designs for the new church, they began planting articles in the press that coached public opinion to recognise the brilliance of his project.

The first such text, written in 1755 by artist and polemicist Charles-Nicolas Cochin (1715-1790), took the form of a book review from the far future, of a fictitious twenty-fourth-century study of contemporary excavations of ancient Paris by an archaeologist named Scarcher.[2] Cochin's fictive reviewer described Scarcher's account of a series of monuments, in which the most prominent discussion was devoted to the Louvre Colonnade and to the Church of Sainte-Geneviève. Scarcher's first claim was that the Louvre had not been completed under Louis XIV, as previous twenty-fourth-century archaeologists had supposed, but rather had been abandoned during the seventeenth century. He then explained that it had been the Marquis de Marigny, seconding the desires of King Louis XV, who had seen to the resumption of work and eventual completion of the edifice. The reviewer informs us that many of Scarcher's twenty-fourth-century contemporaries had rejected this hypothesis, unable to believe that a king would be so noble as to willingly forgo his own projects to finish those of a predecessor. But Scarcher, we are told, insists that eighteenth-century men were less vain.[3]

From the Louvre, Scarcher moves on to his fictitious account of Sainte-Geneviève – which was still unbuilt in the eighteenth-century reality of Cochin's readers. This account hinged on a meaningful misinterpretation:

> [Scarcher] believes that this admirable building of Sainte-Geneviève was built by the same architect who built the superb Louvre Colonnade. Tradition has always held that the church was begun towards the middle of the eighteenth century. But if we are to accept Scarcher's proofs, we must set the date back almost a whole century. . . . He relies on the sentiment of our most able architects who, in considering the noble simplicity of the taste

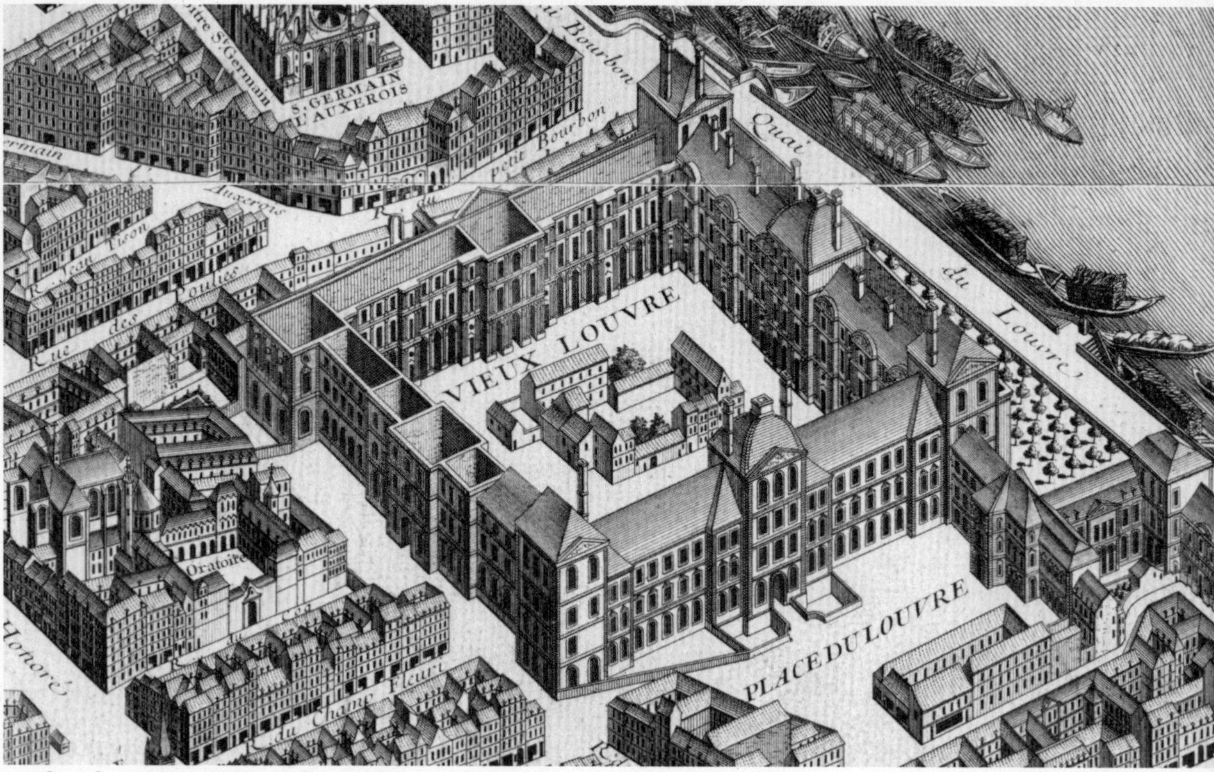

Cour Carrée, Louvre, Plan de Turgot, 1739

eeuw aan de bouw van de kerk begonnen. Maar als we afgaan op de bewijzen van Scarcher dan komen we bijna een hele eeuw eerder uit. (...) Hij vertrouwt op de mening van onze meest bekwame architecten die, als ze de nobele eenvoud van de stijl van deze architectuur zien, de stijl herkennen die ze ook in het Louvre zien, zij het in een andere compositie. Zij beweren dat de smaak in de achttiende eeuw hier inferieur aan was en baseren dit oordeel zowel op de ruïnes van bepaalde gebouwen waarvan de datering bekend is, als op verschillende geschriften uit die tijd, die vol staan met klachten over de slechte smaak die er toen heerste. (...) Men vindt deze gebreken noch in deze kerk, noch in het Louvre; integendeel, zelfs vandaag de dag worden deze gebouwen gewaardeerd als toppunten van ware schoonheid.[4]

of this architecture, recognise in it the same style as at the Louvre, albeit in a different composition. They claim that the taste of the eighteenth century was inferior to this, to judge both by the remains of certain buildings whose dates are known and by various writings from that time, which are full of complaints about the bad taste that then dominated. . . . One finds none of these faults either in this church, nor in the Louvre; on the contrary, even today these buildings are viewed as exemplars of true beauty.[4]

Cochin's future book reviewer evoked the remarkable evidence Scarcher brought to bear on this conclusion. Noting that the architect of the Louvre had been called Perrault, he argues that this was also the name inscribed on the pavement at Sainte-Geneviève, where all but the last three letters – LOT – are worn away. He explains next that the ancient French pronounced the

De recensent uit de toekomst verwees naar het opmerkelijke bewijs dat Scarcher ter ondersteuning van deze conclusie aandroeg. Die laatste had opgemerkt dat de architect van het Louvre Perrault heette en stelde dat dit ook de naam was die in het plaveisel van de kerk van Sainte-Geneviève was gegrift, die op de laatste drie letters na – LOT – waren weggesleten. Hij legde vervolgens uit dat de oude Fransen de tweeklank AU op dezelfde manier uitspraken als de letter O, en dat de positie van de L voor of na de tweeklank te maken had met de eigenaardigheden van de toenmalige uitspraak. Zo verandert het mysterieuze LOT in AULT, zoals in PERRAULT. De recensent verwondert zich over Scarcher's vermogen om de lezer ervan te overtuigen dat de eerste letter van de inscriptie in Sainte Geneviève een P is en niet een S, zoals meestal wordt beweerd ('Sla het originele betoog van Scarcher er maar eens op na'). Maar dan, als is vastgesteld dat Perrault de architect van de kerk van Sainte Geneviève is, voegt Cochin's recensent een kwalificerende voetnoot toe:

> Men beweert wel dat er bij de Sainte-Geneviève een F vóór de L waarneembaar is, en door de ontbrekende tweeklank toe te voegen, zo heeft men gedacht, was de echte naam van de architect van de Sainte Geneviève mogelijk *SAUFLOT* of *SOUFLOT*. Ik moet toegeven dat dit argument mij wel aanspreekt.[5]

En zo stelde Cochin met veel humor de herkomst van het bouwwerk vast. Soufflot zou om te beginnen de colonnade van het Louvre restaureren en voltooien, en zijn werkwijze verweven met die van Perrault. Door in de geest van Perrault te werken, zou hij diens meesterschap assimileren en terugbrengen naar de Franse architectuur. Deze 'leertijd' zou zich afspelen als een publiek spektakel op de pagina's van tijdschriften en op de steigers van een Parijs bouwproject, waarnaar al tientallen jaren reikhalzend werd uitgekeken. Vervolgens zou Soufflot aan de slag gaan met de bouw van de Sainte-Geneviève, terwijl zijn publiek niet kon wachten om de luister van zijn nieuwe ontwerp te eren. Abbé Laugier had niet lang daarvoor in zijn beroemde *Essai sur l'architecture* geschreven: 'Ik hoop dat er eindelijk een stoutmoedig en onbevreesd genie zal opstaan dat onze gebouwen zal bevrijden van alle overbodige massa's en de werklieden zal leren (...) dat er in het verleden niets is gedaan dat niet opnieuw kan

diphthong *au* the same way they did the letter *o*, and that the placement of the L before or after the diphthong had to do with the vagaries of ancient pronunciation. Thus the mysterious LOT becomes AULT, as in PERRAULT. The reviewer marvels at Scarcher's power to persuade the reader that the first letter of the inscription at Sainte-Geneviève is a P and not an S, as is usually claimed ('Scarcher's argument really must be read in the original'). But then, with Perrault established as the architect of Sainte-Geneviève, Cochin's reviewer supplies a qualifying footnote:

> Some claim that at Sainte-Geneviève one can make out an F in front of the L, and supplying the missing diphthong, they have conjectured that the true name of the architect of Sainte-Geneviève was *SAUFLOT* or possibly *SOUFLOT*. I must admit that I am tempted by this argument.[5]

And so, with great wit, Cochin establishes a lineage. Soufflot would first restore and complete the Louvre Colonnade, assimilating his manner to that of Perrault. By communing with Perrault's ghost, he would incorporate Perrault's great spirit into his own and restore it to French architecture. This 'apprenticeship' was to play out as public spectacle in the pages of periodicals and on the scaffolds of the most avidly anticipated Parisian construction project in decades. From there Soufflot would move on to the construction of Sainte-Geneviève, before a public already primed to celebrate the glory of his new design. Abbé Laugier had recently written in his famous *Essai sur l'architecture*: 'May at last a bold and fearless genius arise who will free our buildings of all superfluous masses and teach the workmen . . . that nothing was done in the past that cannot be done again.'[6] Cochin's fictitious book review cast Soufflot for the part, and ensured that the public was ready to understand the significance of his upcoming entrance onto the stage.

1
For a full account of this pivotal historical moment, see: Richard Wittman, *Architecture, Print Culture, and the Public Sphere in Eighteenth-Century France* (New York/London: Routledge, 2007), 65-113, from which this essay is adopted.

2
[Charles-Nicholas Cochin], 'Architecture, Mercure du mois de Juin de l'année 2355', *Mercure de France*, July 1755 (II), 159-172.

worden gedaan.'[6] In Cochin's fictieve boekbespreking speelde Soufflot die rol en zorgde hij ervoor dat het publiek klaar was om de grote betekenis van zijn aanstaande entree op het toneel op waarde te schatten.

Vertaling: InOtherWords, Maria van Tol

1
Zie voor een volledig verslag van dit cruciale historische moment: Richard Wittman, *Architecture, Print Culture, and the Public Sphere in Eighteenth-Century France* (New York/ Londen: Routledge, 2007), 65-113, waaruit dit essay is overgenomen.

2
[Charles-Nicholas Cochin], 'Architecture, Mercure du mois de Juin de l'année 2355', *Mercure de France*, juli 1755 (II), 159-172.

3
Ibid., 162-163.

4
Ibid., 163-164.

5
Ibid., 166-167.

6
Marc-Antoine Laugier, *Essai sur l'architecture* (Parijs: Duchesne, 1755), 130.

3
Ibid., 162-163.

4
Ibid., 163-164.

5
Ibid., 166-167.

6
Marc-Antoine Laugier, *Essai sur l'architecture* (Paris: Duchesne, 1755), 130.

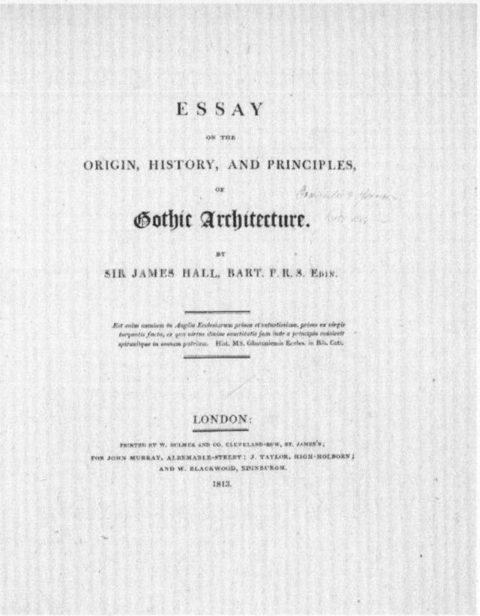
ESSAY
ON THE
ORIGIN, HISTORY, AND PRINCIPLES,
OF
Gothic Architecture.
BY
SIR JAMES HALL, BART. F.R.S. EDIN.

Est enim omnium in Anglia Ecclesiarum prima et vetustissima, primo ex virgis torquentis facta, ex qua virtus divinae sanctitatis jam inde a principio redoleret spiraultque in omnem patriam. Hist. MS. Glastoniensis Eccles. in Bib. Cott.

LONDON:
PRINTED BY W. BULMER AND CO. CLEVELAND-ROW, ST. JAMES'S;
FOR JOHN MURRAY, ALBEMARLE-STREET; J. TAYLOR, HIGH-HOLBORN;
AND W. BLACKWOOD, EDINBURGH.
1813.

Johann Büsching, Zonder titel, *Jahrbücher der Literatur* 9 (1820), 235-273

James Hall, *Essay on the Origin, History, and Principles, of Gothic Architecture* (Londen: John Murray, J. Taylor and W. Blackwood, 1813)

Johann Büsching, Untitled, *Jahrbücher der Literatur* 9 (1820), 235-273

James Hall, *Essay on the Origin, History, and Principles, of Gothic Architecture* (London: John Murray, J. Taylor, and W. Blackwood, 1813)

Manden vlechten op z'n Duits

Dominik Müller

Waar het om de systematische studie van de oudheid gaat, is Brits topografisch onderzoek, dat vaak verschijnt in rijk geïllustreerde publicaties, toonaangevend. Vanaf het einde van de achttiende eeuw bevatten dergelijke oudheidkundige overzichten allerhande speculaties over de oorsprong van de gotische architectuur. Hoewel verschillende theorieën verschillende doelgroepen aanspraken, hadden ze vaak een ding gemeen, namelijk de neiging om de middeleeuwse architectuur aan de nationale identiteit te koppelen. Misschien wel het meest merkwaardige voorbeeld hiervan is te vinden in *Essay on the Origin, History, and Principles of Gothic Architecture* (1813) van de Schotse geoloog James Hall (1761-1832). Tijdens een reis naar Frankrijk in 1785 meende Hall in het vlechtwerk van lokale boeren de primitieve essentie van vroegchristelijke kerken terug te zien. Op basis van deze etnografische ontdekking voerde Hall een 'experimenteel onderzoek' uit in zijn eigen tuin: hij bouwde een kathedraalstructuur van gebogen twijgen om de mimetische vertaling van hout in steen te illustreren en zo de gotische architectuur in te bedden in de ahistorische wereld van de natuur. In 1797 rapporteerde hij zijn bevindingen

How to Weave German Baskets

Dominik Müller

With its lavishly illustrated publications, British topographical enquiries became the broadly accepted model for the systematic study of antiquities. From the late eighteenth century onwards, these antiquarian chronologies were complemented by various speculations on the origins of Gothic architecture. Although each theory addressed different audiences, a common tendency was to essentialise medieval architecture with links to national identity. Perhaps the most peculiar example was the *Essay on the Origin, History, and Principles of Gothic Architecture* (1813) by Scottish geologist James Hall (1761-1832). During a trip to France in 1785, Hall thought he could see in the wickerwork of local peasants the primitive essence of early Christian churches. Based on his ethnographic discovery, Hall executed an 'experimental test' in his garden: a cathedral structure built of bent rods that would illustrate a mimetic translation from wood into stone and would embed Gothic architecture in the ahistorical world of nature. In 1797, he reported the results to the Royal Society of Edinburgh and some years later published an enlarged book version with a critical

Essay on the Origin, History, and Principles, of Gothic Architectur (Edinburgh: W. & D. Lizars, 1813) frontispiece/ frontispice

aan de Royal Society of Edinburgh en een paar jaar later publiceerde hij een uitgebreidere versie van zijn eerdere boek, nu inclusief kritisch commentaar op de heersende oorsprongstheorieën van zijn tijd. Deze essentiële passage uit de Britse theorievorming zette de Germanist Johann Büsching (1783-1829) aan tot het schrijven van een monumentale boekbespreking van 39 pagina's die verscheen in het Weense tijdschrift *Jahrbücher der Literatur* en licht wierp op de neiging om het verleden te herschrijven en modellen voor de toekomst te bedenken.

Voordat hij zijn recensie schreef, was Büsching beroemd geworden met zijn baanbrekende *Literarische Grundriß zur Geschichte der Deutschen Poesie* uit 1812. Dit was de eerste uitgebreide studie over middeleeuwse poëzie die werd uitgevoerd binnen het nog jonge vakgebied dat bekendstond als de germanistiek. Hij stelde daarin dat er 'in Duitsland een nieuwe wereld ontstond' en dat hij het genre van het epos beschouwde als de 'vanzelfsprekende uitdrukking voor de [nationale] geschiedenis'.[1] Na de Franse bezetting beëindigde Büsching zijn onderzoek naar het literaire erfgoed van het manuscript en begon hij middeleeuwse kerken te documenteren. Al reizende bestempelde hij de gotische architectuur niet alleen als een verzameling artefacten uit het verleden, bevroren in de tijd, maar ook als een model voor de toekomst, terwijl Georg Moller deze architectuur in zijn beroemde *Denkmähler der deutschen Baukunst* uit 1815 nog alleen historisch had gewaardeerd. Na een reis in 1817 schreef Büsching: 'Deze verlaten stilte, deze onbewoonde woestenij, deed mij aan de Middeleeuwen denken en zo bliezen die de regio voor mij nieuw leven in.'[2]

De wederopbloei van de middeleeuwse architectuur werd uitgeroepen tot een alternatief voor een door oorlog verscheurde, desolate omgeving, een visioen voor de Duitse natie. De *Jahrbücher*, die verschillende internationale disciplines en tekstgenres van belangrijke auteurs uit de romantiek zoals Joseph von Hammer-Purgstall, Friedrich von Schelling en Johann von Goethe samenbrachten, vormden het ideale medium voor een literatuurwetenschapper die zijn visie op de historische architectuur als een doorleefde ervaring op het heden wilde poneren. In tegenstelling tot Hall gebruikte Büsching de geschiedenis om zijn argumenten te instrumentaliseren.

Terwijl hij de structuur van de *Essay* nauwkeurig volgde, laveerde Büsching tussen de verschillende dilemma's die Hall's experiment onthulde.

commentary of the prevalent origin theories of his time. This crucial section of British theories prompted Germanist Johann Büsching (1783-1829) to write a monumental 39-page-long review in the Viennese journal *Jahrbücher der Literatur* that showed the urge to rewrite the past and find a model for the future.

Before writing his review, Büsching was famous for the ground-breaking *Literarischer Grundriß zur Geschichte der Deutschen Poesie* of 1812. In the emerging field of German studies (*Germanistik*), this first exhaustive survey of medieval poetry found a 'new world originated in Germany' and considered the genre of the epos as the 'natural expression of [national] history'.[1] After the French occupation, Büsching turned from tracing the literary heritage of manuscripts to documenting medieval churches. On his travels, he acknowledged Gothic architecture not merely as a collection of artefacts from the past, frozen in time, but as a model for the future, while in Georg Moller's famous *Denkmaehler der deutschen Baukunst* of 1815, it had been seen as merely historical. This is what Büsching wrote about a trip in 1817: 'In this deserted silence, in this uninhabited wasteland, the Middle Ages . . . came to my mind and thus revived the region for me.'[2]

The revived medieval architecture was proclaimed as a counterfoil to a war-ridden, desolate environment, as an imaginary for the German nation. Connecting various international disciplines and genres of texts from eminent Romanticist authors such as Joseph von Hammer-Purgstall, Friedrich von Schelling and Johann von Goethe, the *Jahrbücher* presented a perfect medium for a literature scholar to draft his vision of historical architecture as a lived experience for the present. In contrast to Hall's theory, Büsching instrumentalised history in his argument.

Thoroughly following the structure of the *Essay,* Büsching's review navigated between the various dilemmas that Hall's experiment exposed him to. While ridiculing the idea of buildings as wickerwork, he valued its unity of construction. While rejecting the literal imitation of plants, Büsching acknowledged the artistic reproduction of flora that resonated with vegetable decoration. Stating that architecture resulted from an amalgamation of anterior forms and a holistic system of dynamic matter, the concluding remarks turned against British doctrines

Hoewel hij het idee van gevlochten gebouwen belachelijk vond, waardeerde hij de constructieve uniformiteit van het vlechtwerk. Terwijl hij de letterlijke imitatie van planten afwees, had Büsching wel waardering voor de artistieke nabootsing van flora in allerlei decoratietechnieken. Hij stelde dat de architectuur voortkwam uit een samensmelting van vroegere vormen en een holistisch systeem van dynamische materie, en hij verzette zich in zijn conclusie tegen Britse doctrines die zich richtten op één enkele oorsprong. In navolging van de filosoof Schelling, die uitging van een organische productie van vormen waar 'elke eigenschap van de materie uitsluitend gebaseerd is op de intensiteit van haar basiskrachten', nam Büsching een opwaarts strevende kracht waar, die tot perfectie kwam in de Duitse gotiek.[3] De lichtheid van de gotische constructie, met haar 'nieuwe nabootsingen' die waren gebaseerd op een bouwkundig stelsel van spitsbogen, ribgewelven en slanke kolommen, werd het meest geschikt geacht voor eigentijdse openbare gebouwen. De middeleeuwse architectuur zoals die bestond van de dertiende tot de vijftiende eeuw, in Engeland en Frankrijk en in haar puurste vorm in Duitsland, zou dus 'Oud-Duits' moeten heten. Dat deze gestroomlijnde stijlcategorie werd voorgesteld als een alternatief voor de hegemonie van het Franse classicisme was een vooraankondiging van het latere Duitse stijldebat dat op gang zou worden gebracht door de *Rundbogenstil* van Heinrich Hübsch.[4] De term 'Oud-Duits' impliceerde echter dat de architectuur een lineaire uitdrukking van de nationale cultuur was en bestempelde kleine afwijkingen als absurditeiten. Niet-Duitse gotische architectuur werd gezien als een gedegenereerde vorm die, ondanks formele overeenkomsten, buitenproportioneel en overdreven sierlijk was, en 'ver van haar geboortegrond'. Büsching was diep verontrust door Hall's bespreking van Spaanse en Portugese kerken, want Hall verheugde zich juist in de 'kleurrijke mengelmoes van verschillende genres' en trof bijvoorbeeld ook 'door en door oosterse Chinese drakenfiguren' aan. Volgens Büsching had de Zuid-Europese architectuur weinig te maken met de stijlcategorie 'Oud-Duits' en hij concludeerde zonder nadere uitleg laconiek dat 'zij', dat wil zeggen de Iberische bouwers, ambachtslieden en opdrachtgevers, allemaal onterecht de 'Oud-Duitse' architectuur imiteerden. Alsof hij zelf een mand vlocht, verbond Büsching verschillende geografische contexten, lokale tradities en decoratieve paletten aan elkaar om een mythe van een

that focused on one single origin. Thinking with the philosopher Schelling, who conceived an organic production of forms where 'all quality of matter rests wholly and solely on the intensity of its basic forces', Büsching saw an upward striving force perfected in German Gothic architecture.[3] With 'new imitations' based on the structural system of pointed arches, rib vaultings and slender columns, the lightness of Gothic construction was considered most suitable for contemporary public buildings. With its purest form in Germany, medieval architecture from England to France, from the thirteenth to the fifteenth century, should thus be termed 'Old German'. This streamlined stylistic category was proposed as an alternative to the hegemony of French classicism and foreshadowed the ensuing German style debate that would be initiated with Heinrich Hübsch's *Rundbogenstil*.[4] Yet, the term 'Old German' proclaimed architecture as a linear expression of national culture and identified minor variations as absurdities. 'Far off from its maternal soil', non-German Gothic architecture was deemed a degenerated version, out of proportion and overly ornate despite formal similarities. Deeply disturbed by Hall's discussion of Spanish and Portuguese churches, Büsching rejoiced at the 'colourful concoction of different genres' and saw 'Chinese dragon figures . . . deeply sunken in the Orient'. For Büsching, Southern European architecture barely had anything in common with the stylistic category of 'Old German'. Without further explanation, he laconically concluded that 'they', meaning the Iberian builders, craft persons and patrons, all falsely imitated 'Old German' architecture. Like he himself was weaving a basket, Büsching tied different geographical contexts, local traditions and decorative palettes into the myth of a unified national architecture. This myth was primarily initiated in *Sturm und Drang* journals such as *Die Horen*, the *Jahrbücher*, or *Von Deutscher Art und Kunst*, with Goethe's essay *Von Deutscher Baukunst* (1773) as only the most prominent example.[5] After the dissolution of the Holy Roman Empire in 1806, the ruling aristocracy was forced to reaffirm its legitimacy and thus commissioned buildings, art and studies of literature to evoke a historical continuity with the Middle Ages. Concomitant with the foundations for the systematic study of medieval manuscripts, the German nation was asserted a central place in history and Gothic architecture

verenigde nationale architectuur te creëren. Deze mythe werd vooral geïnitieerd in *Sturm und Drang*-tijdschriften zoals *Die Horen*, de *Jahrbücher* en *Von Deutscher Art und Kunst,* met Goethe's essay 'Von Deutscher Baukunst' (1773) als prominent voorbeeld.[5] Na de ontbinding van het Heilige Roomse Rijk in 1806 voelde de heersende aristocratie zich genoodzaakt om haar legitimiteit opnieuw te bevestigen en daarom gaf ze opdrachten voor gebouwen, kunst en literaire studies die historische continuïteit met de Middeleeuwen simuleerden. Gelijktijdig met de fundamenten voor een systematische studie van middeleeuwse manuscripten, verwierf de Duitse natie een centrale plaats in de geschiedenis en werd de gotische architectuur herontdekt als drager van een transcendente nationale identiteit. Johann Büsching probeerde door middel van zijn studie van middeleeuwse manuscripten en zijn gotische theorieën de instabiliteit van de Duitse identiteit te overschrijven met ideale, zogenaamd coherente middeleeuwen die nooit werkelijk hadden bestaan.

Vertaling: InOtherWords, Maria van Tol

1
Johann Büsching en Friedrich von der Hagen, *Literarischer Grundriß zur Geschichte der deutschen Poesie* (Berlijn: Duncker & Humblot, 1812), VIII.

2
Johann Büsching, *Reise durch einige Münster und Kirchen des nördlichen Deutschlands im Spätjahr 1817* (Leipzig: Johann Friedrich Hartknoch, 1819), 84.

3
Friedrich von Schelling, *Ideen zu einer Philosophie der Natur: Als Einleitung in das Studium dieser Wissenschaft* (Landshut: Philipp Krüll, 1803 [1797]), 389.

4
Heinrich Hübsch, *In welchem Style sollen wir bauen?* (Karlsruhe: C.F. Müller, 1828).

5
Johann Wolfgang von Goethe, 'Von Deutscher Baukunst', in: Johan Gottfried von Herder (red.), *Von Deutscher Art und Kunst* (Hamburg, 1773), 121-136.

was re-enacted as a vehicle of transcended national identity. From the study of medieval manuscripts to his Gothic theory, Johann Büsching attempted to overwrite the instability of German identity with an ideal, supposedly coherent Middle Ages that never quite existed.

1
Johann Büsching and Friedrich von der Hagen, *Literarischer Grundriß zur Geschichte der deutschen Poesie* (Berlin: Duncker & Humblot, 1812), VIII.

2
Johann Büsching, *Reise durch einige Münster und Kirchen des nördlichen Deutschlands im Spätjahr* 1817 (Leipzig: Johann Friedrich Hartknoch, 1819), 84.

3
Friedrich von Schelling, *Ideen zu einer Philosophie der Natur: Als Einleitung in das Studium dieser Wissenschaft* (Landshut: Philipp Krüll, 1803 [1797]), 389.

4
Heinrich Hübsch, *In welchem Style sollen wir bauen?* (Karlsruhe: C.F. Müller, 1828).

5
Johann Wolfgang von Goethe, 'Von Deutscher Baukunst', in: Johan Gottfried von Herder (ed.), *Von Deutscher Art und Kunst* (Hamburg, 1773), 121-136.

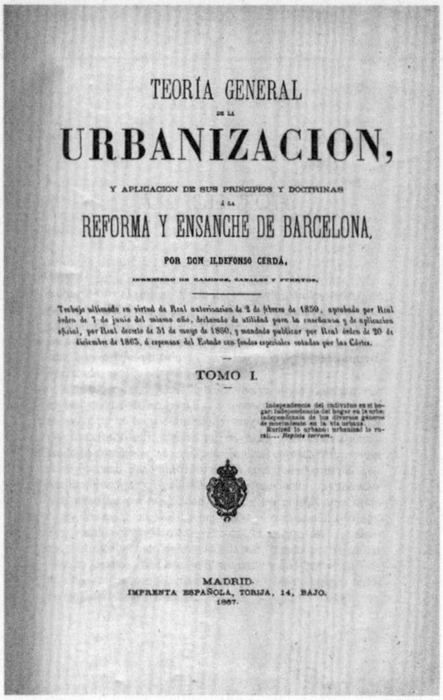

TEORÍA GENERAL

DE LA

URBANIZACION,

Y APLICACION DE SUS PRINCIPIOS Y DOCTRINAS

Á LA

REFORMA Y ENSANCHE DE BARCELONA,

POR DON ILDEFONSO CERDÁ,

INGENIERO DE CAMINOS, CANALES Y PUERTOS.

Trabajo ultimado en virtud de Real autorizacion de 2 de febrero de 1859, aprobado por Real órden de 7 de junio del mismo año, declarado de utilidad para la enseñanza y de aplicacion oficial, por Real decreto de 31 de mayo de 1860, y mandado publicar por Real órden de 20 de diciembre de 1863, á expensas del Estado con fondos especiales votados por las Córtes.

TOMO I.

Independencia del individuo en el hogar: independencia del hogar en la urbe: independencia de los diversos géneros de movimiento en la via urbana.
Rurizad lo urbano: urbanizad lo rural.... *Replete terram.*

MADRID.
IMPRENTA ESPAÑOLA, TORIJA, 14, BAJO.
1867.

Zonder titel, *Gaceta de Caminos de Hierro* 38 (1869), 596, 597

Untitled, *Gaceta de Caminos de Hierro* 38 (1869), 596, 597

Ildefonso Cerdà, *Teoría General de la Urbanisación* (Madrid: Imprenta Española, 1867)

Ildefonso Cerdà, *Teoría General de la Urbanisación* (Madrid: Imprenta Española, 1867)

Stilzwijgende werkzaamheid

Gregorio Astengo

Op een ochtend vroeg in september 1869 ontving de redactie van het Spaanse technische tijdschrift *Gaceta de los Caminos de Hierro* een dik poststuk van het Spaanse Ministerio de Fomento (Ministerie van Openbare Werken). In de verpakking zaten de eerste twee delen van Ildefonso Cerdà's *Teoría General de la Urbanisación*, dat twee jaar eerder in Madrid was gepubliceerd. Het is niet bekend of het ministerie, dat de publicatie had gefinancierd, ook exemplaren naar andere vaktijdschriften had gestuurd. In de jaren direct na verschijning van het boek was de redactie van *Gaceta de los Caminos de Hierro* in elk geval de enige die zich genoodzaakt voelde om over het werk te schrijven. Hun recensie telde 134 woorden, waarvan er minder dan 100 origineel waren – de overige waren ontleend aan het opschrift bij het frontispice voorin het boek: 'Uit het weinige dat we ervan gezien hebben in de paar dagen dat we het in huis hebben, maken we op dat [dit boek] de actueelste en ingewikkeldste kwesties uit het vakgebied van de ingenieur aan de orde stelt.[1] Hoewel de redactie de lezers beloofde in de volgende nummers van *Gaceta* op de inhoud terug te komen, 'zoals [het] verdient', publiceerde het tijdschrift er verder

Silent Operativity

Gregorio Astengo

One morning in early September 1869, the editors of the Spanish technical magazine *Gaceta de los Caminos de Hierro* received a heavy parcel from the Spanish Ministerio de Fomento (Ministry of Public Works). The package consisted of the first two volumes of Ildefonso Cerdà's *Teoría General de la Urbanisación*, published in Madrid two years earlier. It is unclear whether the ministry, which financed the publication, sent copies to other specialised periodicals, but in the years immediately following the appearance of the book, the editors of the *Gaceta de los Caminos de Hierro* were the only ones who felt compelled to write about it. They dedicated 134 words to their review, of which less than 100 were original – the rest was the epigraph pulled from the frontispiece: 'From the little that we have seen in the brief moments since we received it, we value that [this book] deals with the most recent and difficult questions of the science of the engineer.'[1] While readers were promised that the following issues of the *Gaceta* would expand on this short passage 'as [the book] deserves', the journal never published anything more specific. The impatience of this

nooit meer iets over. Het gehaaste karakter van dit korte en nogal algemene commentaar verraadt vooral een diplomatieke bedoeling, namelijk om de ontvangst van een officieel poststuk van het ministerie te bevestigen. Zoals de redacteuren zelf toegaven, hadden ze het boek niet eens gelezen, wat de vraag doet rijzen of het betreffende stuk wel een boekbespreking kan worden genoemd.

Ik zou zeggen van wel. Uit de korte en schijnbaar onbeduidende paragraaf in *Gaceta* blijkt heel duidelijk welke plaats Cerdà's geschreven werk halverwege de negentiende eeuw innam in de Spaanse bouwcultuur. Hoewel Cerdà zich al snel tot een van de bekendste stedenbouwkundigen van zijn tijd zou ontwikkelen, bleef zijn *Teoría General* meer dan een eeuw lang vrijwel onbekend en verscheen er pas in 1968 een herdruk in het Spaans. De eerste buitenlandse vertaling was een Franse verkorte uitgave die in 1979 verscheen, terwijl de eerste Engelse editie in 2018 uitkwam.[2] Een van de redenen voor deze kennelijke wanverhouding tussen Cerdà's reputatie als stedenbouwkundige en zijn reputatie als schrijver was deels de verantwoordelijkheid van de auteur zelf. *Teoría General* was het product van meer dan tien jaar onderzoek dat al eerder tot twee andere belangrijke publicaties had geleid.[3] De eerste twee delen van *Teoría General* bevatten overzichten en inventarisaties van stedelijke elementen en statistische data over de Barcelonese economie. Hier hadden nog twee delen op moeten volgen, waarin de auteur de principes voor zijn vernieuwende stedenbouw uiteen zou zetten.[4] De boeken drie en vier werden echter nooit gepubliceerd, waardoor de lezers alleen over de analytische, zwaar op de maag liggende eerste twee delen van het werk konden beschikken en niet over de praktische conclusie van Cerdà's ambitieuze diagnose.[5]

De schijnbare desinteresse die spreekt uit het commentaar van *Gaceta*, weerspiegelt ook de praktische urgentie waarmee de bouwindustrie te maken had, en het rumoerige politieke en culturele landschap van het Spanje van halverwege de negentiende eeuw. Het verzet tegen de gematigde monarchie van Isabella II had tot de Spaanse revolutie van 1868 en de tweede Spaanse republiek geleid. Tegen die tijd had Cerdà's *Ensanche*, zijn uitbreidingsplan voor Barcelona dat in 1859 was goedgekeurd, al een krachtig precedent geschapen. Het werd al snel overal in Spanje nagevolgd, maar meestal zonder het bijbehorende wetgevende apparaat, de in 1864 afgekondigde *Ley de Ensanche*. Deze ongerijmdheid en de

short and rather generic commentary for the most part indicates diplomatic intensions, namely to acknowledge an official offering from the ministry. As admitted by the editors themselves, they hadn't even read the book, which probably calls into question whether we can even call this a 'book review'.

It is, I would like to argue. The short and seemingly insignificant paragraph in the *Gaceta* illustrates with rare clarity the condition of Cerdà's written work in the building culture of mid-nineteenth-century Spain. While Cerdà quickly became one of the most notorious urban planners of his time, the *Teoría General* remained almost unknown for more than a century, and it was only in 1968 that a reprint appeared in Spanish. The first foreign translation was a French abridged edition published in 1979, while the first English edition came out in 2018.[2] One of the reasons for this apparent mismatch between the reputation of Cerdà as a planner and as a writer was in part the author's responsibility. The *Teoría General* was the product of more than a decade of research, which had already led to two other important publications.[3] The first two volumes of the *Teoría General*, containing surveys and inventories of urban elements and statistical data on the human economy of Barcelona, should have led to two more volumes, in which the author would synthetise the principles for his innovative urbanism.[4] The third and fourth books, however, remained unpublished, leaving readers with nothing but the analytical and less digestible parts of the work, and without the operative conclusion of Cerdà's ambitious diagnosis.[5]

The apparent disinterestedness of the commentary published in the *Gaceta* is also a mirror of the operative urgency of the building industry and of the contested political and cultural landscape of mid-nineteenth-century Spain. Opposition to the moderate monarchy of Isabella II had led to the Glorious Revolution of 1868 and to the second Spanish republic. By that time, Cerdà's *Ensanche*, or expansion plan for Barcelona, approved in 1859, had created a powerful precedent. It was quickly reproposed across Spain, but mostly without its respective legislative apparatus, the *Ley de Ensanche*, approved in 1864. This incongruity, together with the progressive establishment of new forms to facilitate the circulation of property, leading to the so-called *desamortisación general*, the

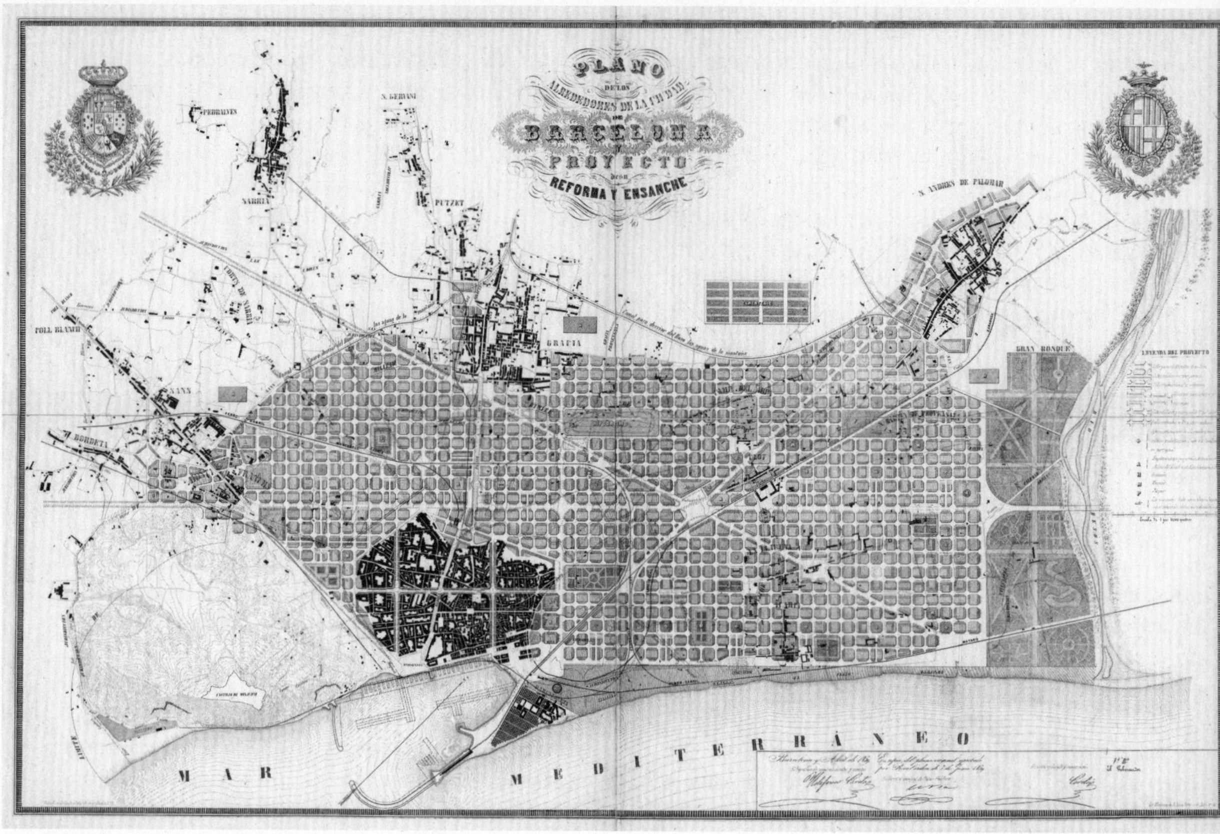

Ildefonso Cerdà, Ensanche de Barcelona, 1859

geleidelijke invoering van nieuwe methoden om de circulatie van eigendom te vergemakkelijken, die leidde tot de zogenaamde *desamortisación general* of algemene confiscatie van 1855, botsten met de belangen van de bourgeoisie, symptomatisch voor een land dat nog steeds bezig was de hechte banden met het *ancien régime* te verbreken. De intensiteit van de Spaanse stadvernieuwingen en sociale hervormingen zorgde ervoor, om met Cerdà te spreken, dat 'stedenbouw als een feit werd beschouwd' in plaats van als een uitgangspunt. In de praktijk werd stedenbouw onderdeel van een administratief apparaat dat ervoor moest zorgen dat de overheid de stedelijke vernieuwing in eigen hand kon houden.[6]

Deze conflictueuze oplossing voor het project van stedelijke vernieuwing werd perfect samengevat in het opschrift voorin *Teoría General* dat de redacteuren van *Gaceta* in hun commentaar hadden overgenomen: 'Laten we het stedelijke verlandelijken: laten we het landelijke verstedelijken

'general confiscation' of 1855, clashed with the interests of the bourgeoisie. All this was symptomatic of a country still struggling to cut its deep ties with the *ancien régime*. The intensity of Spanish urban and social renewal produced, to use Cerdà's own words, an 'urbanism considered as a fact' rather than as a principle. In practice, it was implemented as part of an administrative dispositive to determine forms of urban refoundation.[6]

This conflictual resolution of urban renewal was perfectly summarised in the epigraph opening *Teoría General*, copied by the editors of *Gaceta* in their commentary: 'Let's ruralise the urban: let's urbanise the rural . . . *Replete terram*.' The project to metaphorically 'fill the earth' was quintessentially operational and did not need to abide to any theoretical background. As such, it could be adapted to shifting contextual interests. In 1865, a few years after Cerdà published his plan for Barcelona, the development

(...) *Replete terram.*' Het project om metaforisch 'de aarde te vullen' was bij uitstek praktisch en hoefde zich met geen enkele theorie te meten. Het was dus altijd mogelijk stedelijke vernieuwing aan te passen aan veranderende contextuele belangen. In 1865, een paar jaar nadat Cerdà zijn ontwerp voor Barcelona had gepubliceerd, werd de verdere ontwikkeling van de *Ensanche* overgedragen aan de plaatselijke gemeenten, die het project tot een onherkenbare grootte opbliezen, om de winstgevendheid ervan te maximaliseren.[7] Zelfs *Gaceta de Caminos de Hierro*, dat in 1856 was opgericht in navolging van de Franse *Gazette des Chemins de Fer*, produceerde als het over de Spaanse infrastructuur ging, een bevooroordeeld geluid waarin de belangen van de lobby's van spoorwegmaatschappijen en Spaanse kredietgezelschappen doorklonken. Cerdà stond zowel hier als elders vooral bekend als de *Autor del proyecto de ensanche*. Het ontwerp van de moderne Spaanse stad kwam in handen van een generatie, rechtstreeks aan het ministerie van Openbare Werken verbonden *Ingenieros de Caminos* te liggen.[8] Cerdà's geschreven werk was slechts een compilatie van ideeën die vanwege hun praktische aard allang geaccepteerd en toegepast werden.

De korte passage in *Gaceta de los Caminos de Hierro*, de enige officiële erkenning van het bestaan van *Teoría General de la Urbanisación* die ooit gepubliceerd is, kondigt ook de manier aan waarop de ontvangst van Cerdà's theoretische werk in de volgende eeuw zou consolideren. Veel recente studies weerspiegelen deze sluimerende lezing van een theorie waarvan de potentie alleen begrepen kan worden in haar praktische toepassing. Volgens Pier Vittorio Aureli 'instrumentaliseerde' Cerdà de verstedelijking door terug te keren naar een schijnbare oervorm, het raster, zodat hij de stad kon aanpassen aan de paradigma's van kapitalistisch vergaren.[9] Françoise Choay wees op het praktische karakter van *Teoría General* en beweerde dat geen enkele theoreticus er schatplichtig aan was, omdat het werk vooral invloed had gehad op wettelijke hervormingen in Spanje.[10] In dit opzicht vormt de korte recensie in *Gaceta* misschien wel de meest welsprekende indicatie dat Cerdà's *Teoría General* een theorie leverde bij een al bestaande praktijk. Het had geen retorische rechtvaardiging nodig, want het was een geschreven respons op de economische en politieke wil.

Vertaling: InOtherWords, Maria van Tol

of the *Ensanche* was passed over to the local municipality, which famously allowed it to be massified beyond recognition to maximise profitability.[7] Founded in 1856 to replicate the French *Gazette des Chemins de Fer*, even the weekly *Gaceta de Caminos de Hierro* was a biased voice on Spanish infrastructure, responding to the interests of the lobbies of railway companies and the Spanish Credit Company. Here and elsewhere, Cerdà was known first and foremost as the *Autor del proyecto de ensanche*. It was in the hands of his generation of *Ingenieros de Caminos*, working directly for the Ministerio de Fomento, that the authorship of the modern Spanish city was placed.[8] Cerdà's written work was only a synthetic compilation of ideas already accepted and active on the field because of their operative nature.

The short passage in the *Gaceta de los Caminos de Hierro*, the only official acknowledgment of the *Teoría General de la Urbanisación* ever published, also serves to anticipate how Cerdà's theoretical work consolidated the following century. Much of recent scholarship mirrors this silent reading of a theory whose potency can only be grasped thanks to its application. According to Pier Vittorio Aureli, for example, Cerdà was 'instrumentalising' urbanisation by recurring to a seemly primordial form, the grid, to adapt the city to the paradigms of capitalist accumulation.[9] Because of the operative nature of the *Teoría General*, Françoise Choay has claimed that no theoretician after Cerdà directly owes him anything, and his greatest influence was instead on Spanish legislative reform.[10] In this respect, the short review published in the *Gaceta* offers perhaps the most eloquent indication on how Cerdà's *Teoría General* provided the theory for a practice already in place. It did not need rhetorical justification because it was made to respond to economic and political will.

1
All translations from Spanish are by the author.

2
Ildefonso Cerdà (Antonio Lopez de Aberasturi, ed.), *La Théorie Générale de l'Urbanisation* (Paris: Éditions du Seuil, 1979); Ildefonso Cerdà, *General Theory of Urbanization* (New York/Barcelona: Actar & The Institute for Advanced Architecture of Catalonia, 2010).

1
Alle vertalingen uit het Spaans zijn van de hand van de auteur.

2
Ildefonso Cerdà (Antonio Lopez de Aberasturi, red.), *La Théorie Générale de l'Urbanisation* (Parijs: Éditions du Seuil, 1979); Ildefonso Cerdà, *General Theory of Urbanization* (New York/Barcelona: Actar & The Institute for Advanced Architecture of Catalonia, 2018).

3
Ildefonso Cerdà, *Teoría de La Construcción de Las Ciudades Aplicada al Proyecto de Reforma y Ensanche de Barcelona* (Barcelona, 1859); Ildefonso Cerdà, *Teoría de La Viabilidad Urbana y Reforma de La de Madrid* (Madrid, 1861).

4
Arturo Soria Y Puig, 'Ildefonso Cerdà's General Theory of Urbanización', *The Town Planning Review* 1 (1995), 32; Arturo Soria Y Puig (red.), *Cerdà: The Five Bases of the General Theory of Urbanization* (Madrid: Electa España, 1999).

5
Françoise Choay, *La Règle et le modèle* (Parijs: Éditions du Seuil, 1980), 286-288.

6
Ildefonso Cerdà, *Teoría General de La Urbanisación, vol. 1* (Madrid: Imprenta Española, 1867), frontispice, 31-32; Laurent Coudroy de Lille, 'Los Ensanches Españoles Vistos Desde Fuera: Aspectos Ideológicos de Su Urbanismo', *Ciudad y Territorio* 119-120 (1999), 237.

7
Josefina Gómez Mendoza, 'Teoría y Prácticas En La Construcción de La Ciudad Burguesa', in: Manuel Silva Suárez, *Técnica E Ingeniería En España, vol. 6* (Zaragoza: Prensas Universitarias, 2011), 773.

8
Ibid., 744-745, 752-756. Sinds het midden van de jaren 1850 publiceerde Cerdà zelf in *Revista de Obras Publicas*, het tijdschrift van de school van de *Ingenieros de Caminos*.

9
Pier Vittorio Aureli, *The Possibility of an Absolute Architecture* (Cambridge, MA: MIT Press, 2011), 10-11.

10
Choay, *La Règle*, op. cit. (noot 5), 286; Martín Bassols Coma, 'La Influencia de Ildefonso Cerdà En La Fundamentación Jurídica de La Urbanización', *Ciudad y Territorio* 119-120 (1999), 189-208.

3
Ildefonso Cerdà, *Teoría de La Construcción de Las Ciudades Aplicada al Proyecto de Reforma y Ensanche de Barcelona* (Barcelona, 1859); Ildefonso Cerdà, *Teoría de La Viabilidad Urbana y Reforma de La de Madrid* (Madrid, 1861).

4
Arturo Soria Y Puig, 'Ildefonso Cerdà's General Theory of Urbanización', *The Town Planning Review* 1 (1995), 32; Arturo Soria Y Puig (ed.), *Cerdà: The Five Bases of the General Theory of Urbanization* (Madrid: Electa España, 1999).

5
Françoise Choay, *La Règle et le modèle* (Paris: Éditions du Seuil, 1980), 286-288.

6
Ildefonso Cerdà, *Teoría General de La Urbanisación*, vol. 1 (Madrid: Imprenta Española, 1867), frontispiece, 31-32; Laurent Coudroy de Lille, 'Los Ensanches Españoles Vistos Desde Fuera: Aspectos Ideológicos de Su Urbanismo', *Ciudad y Territorio* 119-120 (1999), 237.

7
Josefina Gómez Mendoza, 'Teoría y Prácticas En La Construcción de La Ciudad Burguesa', in Manuel Silva Suárez (ed.), *Técnica E Ingeniería En España, vol.* 6 (Zaragoza: Prensas Universitarias, 2011), 773.

8
Ibid., 744-745, 752-756. Since the mid-1850s, Cerdà himself had been publishing in *Revista de Obras Publicas*, the periodical of the school of the *Ingenieros de Caminos*.

9
Pier Vittorio Aureli, *The Possibility of an Absolute Architecture* (Cambridge, MA: MIT Press, 2011), 10-11.

10
Choay, *La Règle*, op. cit. (note 5), 286; Martín Bassols Coma, 'La Influencia de Ildefonso Cerdà En La Fundamentación Jurídica de La Urbanización', *Ciudad y Territorio* 119-120 (1999), 189-208.

Joseph Gantner, 'Schweizer Forschungen: Eine Baugeschichte von Einsiedeln', *Das Werk* 12 (1925), 33-39

Linus Birchler, *Einsiedeln und Sein Architekt Bruder Caspar M(o)osbrugger. Eine kunstgeschichtliche Monographie* (Augsburg: Dr. Benno Filser Buch- und Kunst-Verlag, 1924)

Pelgrims en kunstgeschiedenis in Einsiedeln

Linda Stagni

> Als de pelgrim de abdij binnenloopt stuit hij meteen, na de eerste paar passen, op het belangrijkste deel, namelijk de kapel; zodra hij de deur loslaat, staat hij in het grootste compartiment van de ruimte en hoe indrukwekkend de toename van licht in de richting van het koor ook is, tegen de tijd dat hij daar aankomt, heeft hij al een religieuze zowel als een architectonische ervaring achter de rug en is de rest *Stückwerk*.

In deze passage in het tijdschrift *Das Werk* 12 (1925) beschrijft de Zwitserse Wölfflin-adept en kunsthistoricus Joseph Gantner (1896-1988) de ruimtelijke ervaring van de kloosterkerk in Einsiedeln, Zwitserland, een gerenoveerd meesterwerk uit de barok, ontworpen door Caspar Moosbrugger (1656-1723). Hij verlevendigt zijn bespreking van het proefschrift van de iets oudere Linus Birchler (1893-1967) met een uiteenzetting van zijn eigen opvattingen. Gantner prijst Birchler's 'immense onderzoek' naar het klooster, mede omdat het een aanvulling is op de relatief beschei-

Joseph Gantner, 'Schweizer Forschungen: Eine Baugeschichte von Einsiedeln', *Das Werk* 12 (1925), 33-39

Linus Birchler, *Einsiedeln und Sein Architekt Bruder Caspar M[o]osbrugger: Eine kunstgeschichtliche Monographie* (Augsburg: Dr. Benno Filser Buch- und Kunst-Verlag, 1924)

Pilgrims and Art History in Einsiedeln

Linda Stagni

> The entering pilgrim encounters the main thing, the chapel, immediately after the first few steps; as soon as he has let go of the door, he stands in the largest compartment of the room, and however impressive the increase in light towards the choir may be, by the time he gets this far he has already had both the religious and the architectural *experience* and the rest remains *Stückwerk*.

With this passage in the magazine *Das Werk* 12 (1925), Swiss Wölfflinian art historian Joseph Gantner (1896-1988) provides an experiential simulation of the Monastery Church in Einsiedeln, Switzerland, a renewed Baroque masterwork, designed by Caspar Moosbrugger (1656-1723). He activates his review of the dissertation of the slightly older Linus Birchler (1893-1967) with precise spatial expectations. Gantner prizes Birchler's 'immense research work' on the monastery, also because it complements a relatively thin historiography. However, Gantner doesn't spare his criticism, and activates the review as a

Monastery Church Einsiedeln, interior, n.d./ kloosterkerk Einsiedeln, interieur, z.d.

den geschiedschrijving. Maar Birchler kreeg van Gantner ook kritiek te verduren en gebruikt zijn bespreking als een podium om verschillende interessevelden en aandachtsgebieden tegenover elkaar te zetten.

Das Werk was verbonden aan beroepsverenigingen als de Schweizerischer Ingenieur- und Architektenverein en de Schweizerischer Werkbund, en was cruciaal voor de ontwikkeling van de Zwitserse architectuurcultuur. Het tijdschrift hield zich kritisch bezig met onderwerpen als modernisme, onderwijs, techniek en erfgoed. Gantner, die er tussen 1923 en 1927 de leiding had, was verantwoordelijk voor de drastische professionalisering van *Das Werk*: hij vergrootte het aantal pagina's, breidde de inhoud uit en herstructureerde de rubrieken, debatten en argumenten. Sommige van deze veranderingen waren gebaseerd op zijn methodologische, kunsthistorisch georiënteerde werkwijze. De rol die kunstgeschiedenis in *Das Werk* begon te spelen, was gunstig voor zowel

place of contention between different interests and concerns.

Linked to the professional institutions of the Swiss Architectural Association and the Swiss Werkbund, *Das Werk* was crucial in the formation of a Swiss architecture culture, critically engaging with various topics such as modernism, education, technology and heritage. Gantner directed the magazine between 1923 and 1927 and was responsible for its drastic professionalisation by increasing pages, expanding content, and structuring columns, debates and arguments. Some of these implementations were embedded as part of his methodological approach as an art historian. The presence of art history in *Das Werk* served both architects and applied artists: the former could validate theories leveraging the past in evolutionary terms, while the latter saw the presence of the arts strengthened in architecture culture. As head of a professional magazine, Gantner also function-

architecten als toegepaste kunstenaars: de eersten konden er theorieën in terugvinden die het verleden bruikbaar maakten voor de praktijk, terwijl de laatsten de grotere aanwezigheid van kunst in de architectuurcultuur waardeerden. Omdat Gantner aan het hoofd van een vaktijdschrift stond, kon hij de kunstgeschiedenis ook inzetten voor een meer kritische beschouwing van het heden.

De boekbespreking beslaat zeven pagina's die overladen zijn met foto's, en een opstand en een plattegrond bevatten. De tekst zelf, verdeeld over vijf pagina's waar ook grote afbeeldingen op staan, plaatst Birchler's boek om te beginnen in de context van de stand van de architectuur, beschrijft de structuur met zijn drie hoofddelen en prijst de rijkdom aan gebruikt archiefmateriaal. Hiermee, en met wat volgens hemzelf accurate beschrijvingen zijn, geeft Gantner de lezer een 'nauwkeurig beeld' van het werk van Caspar Moosbrugger, en impliceert dat de woorden van Birchler de figuurlijke en ruimtelijke verbeelding stimuleren. Maar Gantner is kritisch over Birchler's wetenschappelijke benadering en hij onderstreept het gebrek aan synthese, waardoor Birchler er niet in slaagt het oeuvre van Moosbrugger in de context van zijn generatie en van de Zuid-Duitse barok te plaatsen.

Om zijn lezers te informeren geeft Gantner een overzicht van de bouwfasen: het koor, de centrale ruimte met sacristie, de kapel en de fontein van Johann Georg Kuhn (1674-1684); de verbouwing van het klooster (1703-1717) en de kerk (1719-1726) door Moosbrugger; de inrichting door de gebroeders Asam (1724-1734); het door Franz Anton Kraus herbouwde en door de gebroeders Torricelli beschilderde koor (1746-1748); het plein (1749) en ten slotte de 'betreurenswaardige herbouw van de Kapel van Barmhartigheid' (1814), die in 1798 door de Fransen was verwoest. Gantner wisselt zijn kritische autoriteit niet alleen af met zijn persoonlijke standpunt ten opzichte van het gebouw, maar ook met de historische agenda's van al deze verschillende perioden.

De laatdunkende woorden over de herbouw van de Kapel van Barmhartigheid, die 'betreurenswaardig' wordt genoemd, krijgt de lezer bijna als een vaststaand feit voorgeschoteld. Gantner presenteert zijn kunsthistorische hiërarchie als een onbetwistbaar gegeven. Hij beschuldigt Birchler ervan onvoldoende kritisch te zijn over de ruimtelijke positie van de kapel – wat de auteur van het boek over het werk van Moosbrugger in Einsiedeln inderdaad niet aan de orde stelt, omdat hij de

alised art history for a more critical consideration of the present.

The book review extends over seven pages filled with lavish photographs, one elevation and one plan. Spread over five pages with large images, the text itself opens by contextualising Birchler's book in the state of the art, describing its structure of three main parts and praising the rich archival material. This, together with accurate descriptions, Gantner assures, provides the reader with an 'exact picture' of Moosbrugger's work, implying that Birchler's words trigger a figurative and spatial imagination. Gantner is, however, critical of Birchler's scientific approach, and he emphasises the lack of synthesis that prevents the author from contextualising Moosbrugger's work within that of his generation and of South German Baroque.

To inform his readers, Gantner traces a synopsis of the construction phases: the choir, the confessional church with the sacristy, the chapel and the fountain by Johann Georg Kuen (1674-1684); the rebuilding of the monastery (1703-1717) and of the church (1719-1726) by Moosbrugger; the furnishings by the Asam brothers (1724-1734); the choir, rebuilt by Franz Kraus and painted by the Torricelli brothers (1746-1748); the square (1749); and finally the 'unfortunate rebuilding of the Chapel of Mercy' (1814), destroyed by the French in 1798. Gantner interchanges his critical authority with his own position on the building, but also with the historical agenda of all these different periods.

The dismissal of the rebuilding of the Chapel of Mercy as 'unfortunate' is expressed to the reader almost as an established fact. Gantner presents his art historical hierarchy as indisputable. Moreover, he accuses Birchler of a lack of criticism concerning the spatial position of the chapel – a fact that the author of the book on Moosbrugger's work in Einsiedeln indeed does not question, since he identifies the chapel as an organic part of the church. Gantner, however, leverages the personal experience of the pilgrim and, more generally, of the beholder, who enters the church, closes the door, gets impressed by the light, and has a both religious and architectural experience without exploring the space any further. It is a critique on the spatial arrangement of the church that can seem to be part of an attempt by Gantner to engage with the public of *Das Werk*: architects. Nevertheless, his point is more complex. The position of the

kapel beschouwt als een organisch onderdeel van de kerk. Gantner zet echter de persoonlijke ervaring van de pelgrim in en, meer in het algemeen, die van de toeschouwer, die de kerk binnengaat, de deur sluit, onder de indruk raakt van het licht en een zowel religieuze als architectonische ervaring heeft, zonder de ruimte verder te verkennen. Deze kritiek op de ruimtelijke indeling van de kerk lijkt onderdeel te zijn van Gantner's poging om contact te leggen met het lezerspubliek van *Das Werk*: architecten. Toch is het punt dat hij maakt complexer dan dat. De positie van de kapel, helemaal aan het begin van de ruimte, voorkomt dat de pelgrim de architectuur ervaart – iets dat pelgrims volgens Gantner wel zouden moeten proberen te doen, in plaats van gewoon rechtstreeks naar het object van verering te lopen. Gantner benadrukt ook dat de manier waarop de elementen 'samenwerken' een integraal onderdeel is van de geschiedenis van het gebouw.

Dit theoretische gespeculeer vindt plaats op het kruispunt van het historische domein van het boek en de onvoorspelbaarheid van de boekbespreking. Door het concept 'ervaring' te gebruiken, verbindt Gantner ruimtelijke verwachtingen met historische perspectieven en gebruikt hij de recensie om opvattingen over de architectuur te formuleren. De kunstgeschiedenis blijkt in staat om vragen op te werpen, om kwesties die belangrijk zijn voor het ontluikende modernisme zichtbaar te maken, zoals de rol van functie in de architectuur en de relatie met een al dan niet belezen publiek. Interessant genoeg blijft het werk van Moosbrugger binnen dit alles gewoon *Stückwerk*. Gantner gebruikt het, samen met het boek van Birchler, als een omfloerst en ornamenteel voorwendsel om te demonstreren hoe de kunstgeschiedenis, meer nog dan de architectuur, ruimtelijke verwachtingen, ervaringen en functies kan omkeren. De boekbespreking absorbeert zo de interessevelden van de verschillende partijen die actief betrokken zijn bij de totstandkoming van *Das Werk*: niet alleen architecten en kunsthistorici, maar vooral ook het lezerspubliek. Met zijn gelaagde verhaal legitimeert Gantner de boekbespreking als een plek waar de architectuurgeschiedenis geconfronteerd kan worden met actuele ruimtelijke verwachtingen – een plek waar ruimte en geschiedenis elkaar raken.

Vertaling: InOtherWords, Maria van Tol

chapel at the very beginning of the space prevents the pilgrim from experiencing its architecture – something pilgrims should also try to do, instead of simply walking directly towards the object of veneration. Gantner also challenges Birchler's critical synthesis by insisting that how the parts work together is a question embedded in the history of the building.

These theoretical speculations occur at the intersection of the historical scopes of a book and the contingency of a book review. By using the concept of 'experience', Gantner joins spatial expectations with historical perspectives, and uses the review to formulate considerations on architecture. Art history proves capable of questioning, of making apparent key issues for a burgeoning modernism, such as the meaning of function in architecture and the relationship with the public and its erudition. Within all this, interestingly enough, Moosbrugger's work just 'remains *Stückwerk*'. Together with Birchler's book, it is used by Ganter as a convoluted and very ornated pretext to show how art history, even more than architecture, can reverse spatial expectations, experience and functions. The review absorbs concerns coming from different parties, active in the shaping of *Das Werk*, such as architects, art historians, but mostly the public. In a multilayered narrative, Gantner legitimises the book review as a place where the history of architecture can be confronted with current spatial expectations – a place where space and history touch.

El Lissitzky, 'Glaz arkhitektora' (Het oog van de architect), *Stroitel'naia promyshlennost'* (De bouwindustrie) 2 (1926), 144-146

Erich Mendelsohn, *Amerika: Bilderbuch eines Architekten* (Berlijn: R. Mosse, 1926)

El Lissitzky, 'Glaz arkhitektora' (The eye of the architect), *Stroitel'naia promyshlennost'* (The building industry) 2 (1926), 144-146

Erich Mendelsohn, *Amerika: Bilderbuch eines Architekten* (Berlin: R. Mosse, 1926)

Een slag tegen de schedel

Richard Anderson

Terwijl de Russische schilder, ontwerper en architect El Lissitzky (1890-1941) Erich Mendelsohn's *Amerika* aan het lezen was, werkte hij tegelijkertijd aan zijn ontwerp voor de Wolkenbügel, een project bestaande uit een reeks wolkenkrabbers die bedoeld waren om visuele orde te scheppen in het centrum van Moskou. Hij was zich bewust van de complementariteit van beide bezigheden en hij las Mendelsohn's boek met dezelfde intensiteit als waarmee hij de Wolkenbügel ontwierp. De boekbespreking articuleerde én rechtvaardigde zijn ontwerpintenties.

Na de publicatie in 1926 trok *Amerika: Bilderbuch eines Architekten* de aandacht van architecten en critici in heel Europa, maar nergens meer dan in de Sovjet-Unie.[1] Lissitzky's recensie verscheen in het populairste vakblad van de USSR. Hij schreef zowel over de inhoud van het boek als over zijn eigen theorie met betrekking tot de wolkenkrabber. Hij vergeleek Mendelsohn's opeenvolging van beelden met de projectie van een 'spectaculaire film'. Hier werd van dichtbij naar de architectuur gekeken, vanaf de straat, met het hoofd in de nek, met uitzicht op de onbegrensde verticalen van de wolkenkrabberstad. Dit uitzicht

A Blow to the Skull

Richard Anderson

While Russian painter, designer and architect El Lissitzky (1890-1941) was reading Erich Mendelsohn's *Amerika*, he was also refining his own design for the Wolkenbügel, a project for a series of horizontal skyscrapers intended to bring visual order to the centre of Moscow. The complementarity of these endeavours was not lost on him, and he approached Mendelsohn's book with the same eye he used to conceive the Wolkenbügel. The review was an articulation of, and a justification for, his design intentions.

Following its publication in 1926, *Amerika: Bilderbuch eines Architekten* captured the attention of architects and critics across Europe, but nowhere more so than in the Soviet Union.[1] Lissitzky's review appeared in the USSR's most widely circulated trade magazine. It offered an account of both the book's contents and the conditions that gave rise to his own theory of the skyscraper. He compared Mendelsohn's sequence of images to the unfolding of a 'dramatic film'. This was a view of architecture up close, from the street, with the head tilted back to take in the measureless verticals of the skyscraper city. Such a view struck Mendelsohn and

El Lissitzky, *Wolkenbügel*, 1926

trof Mendelsohn, en indirect Lissitzky, 'als een slag tegen de schedel'. De schaal en dynamiek van New York, Chicago en Detroit die in dit boek te zien waren, bevestigden wat Lissitzky al had opgemerkt: de duizelingwekkende effecten van de metropool konden alleen worden gepareerd door een architectuur van heldere, ondubbelzinnige vormen die op de stedelijke schaal een nieuw ruimtelijk systeem wist te introduceren.

De eerste editie van *Amerika* bestond uit 77 rotogravures die elk voorzien waren van commen-

Lissitzky vicariously, 'like a blow to the skull'. The scale and dynamism of New York, Chicago and Detroit conveyed in this picture book confirmed what Lissitzky had already deduced: the dizzying effects of the metropolis could only be counteracted by an architecture of clear, unambiguous forms capable of establishing a new spatial system at urban scale.

The first edition of *Amerika* was made up of 77 roto-gravure plates, each accompanied by a telegraphic commentary and a short foreword.

taar in telegramstijl en een kort voorwoord. De redactie van *Stroitel'naia promyshlennost'* liet zich overhalen in een eerder nummer twee afbeeldingen uit *Amerika* op te nemen en bij de recensie zelf nog eens drie afbeeldingen te plaatsen.[2] De tekst van Lissitzky volgt opmerkelijk trouw die van Mendelsohn: bijna de helft van de woorden in de recensie zijn letterlijke vertalingen van aforistische zinnen uit *Amerika*. Lissitzky nodigt zijn lezers uit om zich intensief en fysiek met het boek bezig te houden: 'Je moet het boek boven je hoofd houden en ronddraaien om sommige foto's te begrijpen.' Vervolgens neemt Lissitzky de lezer mee op een grondige 'doorbladering' van Mendelsohn's album – zijn vertelling accentueert de intervallen tussen beelden en dubbele pagina's die afwisselend ontwikkelingssequenties en de schok van onverwachte geïsoleerde beelden laten zien. De staccato tekst imiteert de filmische montage: 'New York. Madison Avenue. Een ononderbroken rij wolkenkrabbers – hotels.' Lissitzky wilde zijn lezers de verrassende afbeeldingen laten ervaren, die telkens als ze een bladzijde omsloegen aan hen werden onthuld, alsof ze telkens een straathoek omsloegen. Hoewel zijn tekst alle delen van het album achter elkaar behandelt, is het meer een verslag van zijn haptische betrokkenheid bij het boek, dan een leesverslag.

De bespreking, getiteld 'Het oog van de architect', werd gepubliceerd in februari 1926. Lissitzky was na drieënhalf jaar in het buitenland in juni 1925 teruggekeerd naar Moskou. Hij was druk bezig met het ontwikkelen van zijn ontwerp voor de Wolkenbügel (hij had het eerste deel grotendeels afgerond vóór zijn terugkeer), hij was bezig zijn praktijk op te zetten en hij werkte samen met de Vereniging van Nieuwe Architecten (ASNOVA) aan een publicatie. Hij schreef ook aan een essay over de Wolkenbügel dat in de zomer van 1926 zou worden gepubliceerd in *Izvestiia ASNOVA* (*ASNOVA Nieuws*). De belangrijkste thema's van die tekst, 'Seriia neboskrebov dlia Moskvy', WB1' (Een serie skyscrapers voor Moskou, 1923-1925), spelen een opvallende rol in zijn bespreking van Mendelsohn's boek.[3]

Lissitzky stortte zich op het idee van de 'schaalloze verticalen van de wolkenkrabbers' van New York en de 'buitengewone schaal van de ruimtelijke relaties' in de Verenigde Staten – de brute kracht van deze dimensies was als een schok voor het systeem. Hij dacht ongetwijfeld aan deze mateloze stad, toen hij schreef dat het een van de doelen van de Wolkenbügel was om: 'de schaal

The editors of *Stroitel'naia promyshlennost'* were persuaded to include three images from *Amerika* alongside the review, in addition to two images in the preceding issue of the magazine.[2] Lissitzky's text is remarkably faithful to Mendelsohn's: nearly half of the words in the review are verbatim translations of aphoristic lines from *Amerika*. He invites his readers to engage with the book closely and physically: 'You have to hold the book over your head and turn it to understand some of the photographs.' In what follows, Lissitzky is accompanied on an active 'paging-though' of Mendelsohn's album – his narration accentuates the intervals between images and spreads, alternating between developmental sequences and the jolt of unanticipated cuts. Staccato text imitates filmic montage: 'New York. Madison Avenue. An uninterrupted row of skyscrapers – hotels.' Lissitzky wanted his readers to experience the surprising views revealed by the turn of a page as if turning a street corner. Although his text covers each of the album's sections in sequence, it is more like an account of his haptic engagement with the book than a record of his reading.

The review, entitled 'The Eye of the Architect', was published in February 1926. After three-and-a-half years abroad, Lissitzky had returned to Moscow in June 2025, and he was busy developing his design for the Wolkenbügel (the first iteration of which was largely complete before his return), trying to establish himself in practice, and working with the Association of New Architects (ASNOVA) on a publication. He was also drafting an essay about the Wolkenbügel that would be published in *Izvestiia ASNOVA* (ASNOVA News) in the summer of 1926. Key themes of that text, 'A Series of Skyscrapers for Moscow. WB1 (1923-1925)', are salient in his review of Mendelsohn's book.[3]

Lissitzky fastened on the 'scaleless verticals of the skyscrapers' of New York and the 'extraordinary scale of spatial relationships' in the United States – the brute force of these dimensions was a shock to the system. This city without measure was undoubtedly in his mind when he wrote that one of the aims of the Wolkenbügel was 'to give a new scale to the city in which man no longer measures with his own arm but in hundreds of meters'.[4] The symmetry between Lissitzky's project and his text on *Amerika* is apparent at many points, but the most important converge on the eye that envisioned the

van de stad zodanig te veranderen dat de mens niet langer meet met de lengte van de eigen arm, maar met honderden meters'.[4] De symmetrie tussen Lissitzky's project en zijn tekst over *Amerika* is op veel punten duidelijk, maar de belangrijkste komen samen op het netvlies dat ook de Wolkenbügel voor zich zag. In *Izvestiia ASNOVA* werd het project gepresenteerd als een reeks van zes diagrammen – pictogrammen waarop te zien was hoe het vanuit verschillende gezichtspunten kon worden bekeken, van bovenaf, van onderaf, naar het stadscentrum toe, van het centrum af, enzovoort. Hij stelde zich voor hoe, rondom het gebouw lopende stadsbewoners de vormen ervan zouden kalibreren, zodat ze de verschillende configuraties konden zien, afhankelijk van hun posities. Lissitzky's pictogram van een zicht op de Wolkenbügel van onderaf was de tegenhanger van een steil opwaarts beeld van de gevel van het Equitable Building in New York die deel uitmaakte van een fotomontage op de achterflap van *Izvestiia ASNOVA*. Hij vroeg zijn lezers om deze foto boven hun hoofd te houden, waarmee hij opnieuw om het type actieve lezing vroeg, dat hem zo enthousiast had gemaakt over Mendelsohn's boek.

Het quasi-cinematografische ontwerp van de Wolkenbügel en de kenmerken van *Amerika* die Lissitzky zo fascineerden, komen voort uit dezelfde bron: een opvatting van de stedelijke ervaring in visuele en haptische termen. Als *Amerika* als een dreun tegen het hoofd was, dan was de Wolkenbügel bedoeld om de metropool tegen zulke klappen te beschermen, door haar een nieuw gevoel van schaal en visuele orde te bieden. Lissitzky's benadering van *Amerika* als een fysiek object dat de schokeffecten van de metropool kon verbeelden, vond zijn tegenhanger en synthese in een gebouw dat was ontworpen als verdediging tegen zulke mogelijke klappen. De ondubbelzinnige vormen van de Wolkenbügel moesten maat geven aan een stad zonder schaal. De bespreking en het project bestaan in een continu conceptueel veld. 'Het album is doorgebladerd.'

Vertaling: InOtherWords, Maria van Tol

Wolkenbügel itself. In *Izvestiia ASNOVA*, the project was presented as a series of six diagrams – pictographs demonstrating how it might be seen from various points of view: from above, below, towards the city centre, away from the centre, etcetera. He imagined how urban dwellers might circle the building, calibrating its forms to reveal distinct configurations keyed to the position of the viewer. Lissitzky's pictograph of a view of the Wolkenbügel from below was matched by a raking view up the façade of the Equitable Building in New York, included in a photomontage on the back cover of *Izvestiia ASNOVA*: he asked his readers to hold this photo over their heads, reiterating the active reading that so excited him in Mendelsohn's book.

The quasi-cinematic conception of the Wolkenbügel and the features of *Amerika* that captivated Lissitzky descend from the same source: a conception of urban experience in visual and haptic terms. If *Amerika* was like a blow to the skull, the Wolkenbügel was intended to guard against such shocks by lending a new sense of scale and visual order to the metropolis. Lissitzky's treatment of *Amerika* as a physical object that might disclose the jolting effects of the metropolis found its analogue and resolution in a building designed as a defence against such perceptual blows. The Wolkenbügel's unambiguous forms measured the city without scale. The review and the project exist in a continuous conceptual field. 'The album has been paged through.'

1
For discussions of this book, see: Jean-Louis Cohen, 'Postface', in: Erich Mendelsohn, *Amerika: Livre d'images d'un architecte* (Paris: Les éditions du demi-cercle, 1992), 225-241; Roland Jaeger, 'Bilderbücher eines Architekten: Erich Mendelsohn im Rudolf Mosse Buchverlag, Berlin,' in: Manfred Heiting and Roland Jaeger (eds.), *Autopsie: Deutschsprachige Fotobücher* 1918 *bis* 1945 (Göttingen: Steidl, 2012), 174-187.

2
Although the title page of *Amerika* asserted that Mendelsohn had taken all the photos, most of the images that interested Lissitzky had in fact been taken by Danish architect Knud Lönberg-Holm. The second edition of *Amerika* partially clarified their authorship. For more on the circulation of these photographs, see: Richard Anderson, *Wolkenbügel: El Lissitzky as Architect* (Cambridge, MA/London: MIT Press, 2024).

3
El Lissitzky, 'Seriia neboskrebov dlia Moskvy. WB1 (1923–25)', *Izvestiia ASNOVA* 1 (1926), 2-3.

4
Ibid., 3.

1
Zie voor besprekingen van dit boek: Jean-Louis Cohen, 'Postface', in: Erich Mendelsohn, *Amerika: Livre d'images d'un architecte* (Parijs: Les éditions du demi-cercle, 1992), 225-241; Roland Jaeger, 'Bilderbücher eines Architekten: Erich Mendelsohn im Rudolf Mosse Buchverlag, Berlijn,' in: Manfred Heiting en Roland Jaeger (red.), *Autopsie: Deutschsprachige Fotobücher 1918 bis 1945* (Göttingen: Steidl, 2012), 174-187.

2
Hoewel op het titelblad van *Amerika* stond dat Mendelsohn alle foto's had gemaakt, waren de meeste beelden die Lissitzky interessant vond in feite gemaakt door de Deense architect Knud Lönberg-Holm. In de tweede uitgave van *Amerika* werd het auteurschap gedeeltelijk opgehelderd. Zie voor meer informatie over de circulatie van deze foto's: Richard Anderson, *Wolkenbügel: El Lissitzky as Architect* (Cambridge, MA/Londen: MIT Press, 2024).

3
El Lissitzky, 'Seriia neboskrebov dlia Moskvy. WB1 (1923-25)', *Izvestiia ASNOVA* 1 (1926), 2-3.

4
Ibid., 3.

Walter Benjamin, 'Ein Jakobiner von heute', *Frankfurter Zeitung*, 14 september 1930

Werner Hegemann, *Das steinerne Berlin: Geschichte der größten Mietskasernenstadt der Welt* (Berlijn: Kiepenheuer, 1930)

Walter Benjamin, 'Ein Jakobiner von heute', *Frankfurter Zeitung*, 14 September 1930

Werner Hegemann, *Das steinerne Berlin: Geschichte der größten Mietskasernenstadt der Welt* (Berlin: Kiepenheuer, 1930)

De altijd eigentijdse geschiedenis van de huisvesting

Alexander Eisenschmidt

Omdat Walter Benjamin (1892-1940) het zijne wilde weten over de erbarmelijke woonsituatie van de arbeidersklasse, las hij Werner Hegemann's *Das steinerne Berlin,* zodra het in 1930 op de markt kwam. Hij gebruikte de adviezen van Hegemann (1881-1936) in zijn eigen werk en publiceerde een recensie die het huisvestingsdebat van een theoretisch kader voorzag en die niet zozeer een kritiek, als wel een projectieve onderneming was.

Zoals de ondertitel van Hegemann's boek verraadt, is het bedoeld om bekendheid te geven aan de geschiedenis van de Berlijnse huurkazerne. Deze gebouwen, die de bijnaam *Mietskasernen* aan hun monotonie en slechte leefomstandigheden te danken hadden, waren een woekerend en berucht onderdeel van het stedelijk weefsel. De kazernes waren verantwoordelijk voor een groot deel van de groei van Berlijn; dit werd versterkt door ongebreidelde speculatie, een piek in stedelijke bevolkingsgroei en een bouwregelgeving die de

The Ever-Contemporary History of Housing

Alexander Eisenschmidt

Eager to learn more about the dire housing situation of the working class, Walter Benjamin (1892-1940) read *Das steinerne Berlin*, written by Werner Hegemann (1881-1936), as soon as it was released in 1930. He utilised its lessons in his own work and published a review that provided the housing debate with a theoretical framework, moving beyond critique and towards a projective operation.

As the subtitle of Hegemann's book suggests, it aims to reveal the history of Berlin's tenement housing conditions, which were dubbed *Mietskasernen* (rental barracks) because of their monotony and inhospitable living conditions, comprising the most expansive and notorious city fabric. The barracks were responsible for much of Berlin's growth, fostered by rampant speculation, a spike in urban population, and a building code that encouraged this typology. Benjamin not only admired Hegemann's knowledge of the city's history, he also attributed larger meaning to the

kazernetypologie faciliteerde. Benjamin had niet alleen bewondering voor Hegemann's kennis van de geschiedenis van de stad, maar vond het thema en de eigentijdse relevantie van het boek ook heel belangrijk: 'Hij beschrijft de altijd eigentijdse geschiedenis van de huisvesting, met andere woorden, de schandalige geschiedenis [van Berlijn].' Benjamin gebruikte het boek als een overzicht van gedetailleerde statistieken en locaties, met betrekking tot zowel historische als hedendaagse plekken. *Das steinerne Berlin* was een bron van inspiratie voor veel van zijn werk over de stad en hij gebruikte het als een almanak voor de vele radio-uitzendingen die hij in die tijd verzorgde. Ideeën die later zouden opduiken in teksten als *Berliner Kindheit um neunzehnhundert*, waren eerder ter sprake gekomen in de uitzendingen voor een jong publiek die Benjamin maakte voor de Südwestdeutscher Rundfunk in Frankfurt en voor Funkstunde in Berlijn.[1]

In 1930 noemde Benjamin het boek van Hegemann in een uitzending over *Mietskasernen* de bron waaruit hij 'alles wat hij weet over huurkazernes' had geput.[2] Hij bezocht niet alleen zelf veel van de plekken die Hegemann beschreef, maar moedigde zijn luisteraars ook aan om bepaalde locaties te bezoeken. Hij noemde bijvoorbeeld de Meyerhof, een van de grootste huurkazernes van Berlijn waar meer dan 1.000 mensen in kleine appartementen woonden, die uitkeken op negen opeenvolgende, smalle binnenplaatsen, zelfs bij naam: 'Ga zelf maar eens kijken,' zo spoorde hij zijn luisteraars aan, en hij gaf ze het adres: Ackerstraße 132. 'Als je vanaf de straat door de rij binnenplaatsen kijkt, is het alsof je een tunnel inkijkt.'[3] In dit geval gebruikte Benjamin de radio om de woonkamer met de straat te verbinden: hij eigende zich het medium toe om een uitzending te maken die tegelijkertijd specifiek en collectief, lokaal en universeel, huiselijk en stedelijk was. Via de radio, die deel uitmaakte van het dagelijks leven van zijn luisteraars, richtte hij zich tot zijn publiek op hun eigen terrein, de ontspannen omgeving van hun woning, en nodigde hij hen uit om de stad te herontdekken – een Brechtiaans streven dat erop gericht was om consumenten in producenten te veranderen.

Benjamin kon zijn luisteraars echter slechts halverwege tegemoetkomen, vanwege de universele, additieve benadering van de geschiedenis die hij in Hegemann's boek aantrof. Enerzijds bewonderde Benjamin de diepgang van het onderzoek en de culturele en politieke aspecten van het werk;

book's topic and its contemporary relevance: 'He writes the ever-contemporary history of housing, in other words, the scandalous history [of Berlin].' Benjamin utilized the book as a directory of detailed statistics and locations, of both historical and contemporary sites. Informing much of his work on the city, *Das steinerne Berlin* became an almanac for his many radio broadcasts at the time. Ideas that would later reappear in texts such as *Berliner Kindheit um neunzehnhundert* were already outlined in Benjamin's broadcasts for a young audience at the Südwestdeutscher Rundfunk in Frankfurt and for the Funkstunde in Berlin.[1]

In his 1930 broadcast on the *Mietskasernen*, Benjamin credited Hegemann's book as the resource from which he 'learned everything he knows about the rental barracks'.[2] He not only retraced many of Hegemann's steps, but also encouraged the listener to visit particular sites. Meyerhof, one of the largest rental barracks that housed over 1,000 people in small apartments, oriented towards nine sequential, narrow courtyards, received particular mention: 'Go and see for yourselves,' he urged the listeners and made the address known: Ackerstraße 132. 'If you look from the street down the row of courtyards, it's as if you were looking into a tunnel.'[3] Here, the radio was utilised by Benjamin to connect the living room with the street: he appropriated the medium for a broadcast that was specific and collective, local and universal, domestic and urban at the same time. Part of the everyday lives of the listeners, the radio addressed the audience on their own ground, in the relaxed settings of their homes, and invited them to discover the city anew – a Brechtian aspiration that sought to turn consumers into producers.

Benjamin could only meet his listeners halfway, however, because of the universal, additive approach to history he found in Hegemann's book. On the one hand, Benjamin admired the depth of the research and the cultural and political dimensions of the work. And yet, he also identified a fanatism that hindered the writing from proceeding beyond critique. Hence the title of his review, in which he calls Hegemann 'a Jacobin of today', as the author of a book that 'is political in the sense of the Enlightenment, that is to say, critical through and through'. While it was an 'impressive correction to pragmatic historiography', Benjamin argued that the book 'does not overthrow it, which is what his-

Bruno Taut, GEHAG Hufeisensiedlung, Berlin/ Berlijn, Neukölln-Britz, 1927 (1932)

anderzijds zag hij er echter ook een fanatisme in, waardoor de tekst niet in staat was het niveau van kritiek te overstijgen. Vandaar de titel van zijn eigen recensie, waarin hij Hegemann 'een eigentijdse jakobijn' noemt, de auteur van een boek dat 'politiek is in de zin van de Verlichting, dat wil zeggen, door en door kritisch'. Hoewel Benjamin het boek een 'indrukwekkende correctie op de pragmatische geschiedschrijving' vond, stelde hij ook dat het 'deze niet omverwerpt, en dat is wat het historisch materialisme nastreeft'. Wat er aan *Das steinerne Berlin* ontbrak – de vereenzelviging met het leven in de metropool – was voor Benjamin voorwaarde voor een effectief argument, dat de status quo omver kon werpen. Hij stelde daarom in zijn bespreking in de *Frankfurter Zeitung* een dialectiek van montage en stedelijke verhalen voor:

> Ook al zijn het krotten, deze huurkazernes vormen straten met ramen die niet alleen lijden

torical materialism strives for'. What *Das steinerne Berlin* lacked – identification with the life of the metropolis – was for Benjamin a prerequisite to an effective argument that could upend the status quo. His review in the *Frankfurter Zeitung*, therefore, proposed a dialectic of montage and urban narration:

> These rental barracks, slum housing though they are, have created streets whose windows reflect not merely suffering and crime, but also the morning and evening sun at a sad but unprecedented scale. And the city child has always extracted potential from the stairwell and the street, just as the farm boy has done with the barn and the field. But a historical account has to encompass all of this. If it weren't for the truth, then for the sake of the effect. What we want to destroy must not stand before us as an abstract negative, but rather as a counterexample. It, therefore,

should only appear for a moment under the illuminating flash of hatred. For what you want to annihilate, you must not merely know; to complete the job, you must also have felt it.

Here, the housing debate was supplied with a theoretical armature beyond ridicule and towards what Benjamin would later call the 'constructive principle' of the historical materialist.[4]

This became most explicit in his radio broadcasts and his (uncharacteristically) unambiguous views on modern housing. Describing images from Hegemann's book, in which rental barracks are juxtaposed with modernist housing projects like Bruno Taut's GEHAG settlement in Britz (1927) and the GEHAG housing project in Zehlendorf (1928), Benjamin links this new type of housing to a new revolutionary transparency:

> The stone is replaced by a narrow frame of concrete and steel. . . . The many people that will live in such buildings will gradually be transformed by them. . . . And they will be grateful to those who led the struggle for liberation from the old, fortress-like, and gloomy barrack city. An important person for Berlin in this regard is Werner Hegemann, author of *Das steinerne Berlin*, which offers a history of the city that is very much in favor of this new Berlin.[5]

While Hegemann's pessimism cannot view the modern settlements as more than missed opportunities, Benjamin does credit him as the most important source for these new revelations and he would continue to instrumentalise Hegemann's book. His review became much more than a critique, as it gave readers instructions for deciphering, decoding and reworking the city. It aimed to operate as an apparatus to motivate action, to turn passive readers into spatial actors.

en misdaad weerspiegelen, maar ook de ochtend- en avondzon, op een trieste maar ongekende schaal. En stadskinderen hebben altijd kansen gevonden in trappenhuizen en straten, net zoals boerenjongens kansen vinden in schuren en velden. Een historisch verslag moet dit echter allemaal omvatten, als het niet vanwege de waarheid is, dan wel vanwege het effect. Wat we willen vernietigen moet niet voor ons staan als een abstract negatief, maar eerder als een tegenvoorbeeld. Daarom moet het slechts een moment verschijnen onder een flits van haat. Want wat je wilt vernietigen, moet je niet alleen kennen; om de klus te klaren, moet je het ook voelen.

Hij voorziet het huisvestingsdebat hier van een serieus theoretisch kader dat zich beweegt in de richting van wat Benjamin later het 'constructieve principe' van de historisch materialist zou noemen.[4]

1
For more information on the relationship of the broadcasts to architecture, see: Alexander Eisenschmidt, *The Good Metropolis: From Urban Formlessness to Metropolitan Architecture* (Basel: Birkhäuser, 2019), 152-162.

2
Walter Benjamin, 'The Rental Barracks', in: Lecia Rosenthal (ed.), *Radio Benjamin* (London: Verso, 2014), 62. The original version, 'Die Mietskaserne', is in: Walter Benjamin, *Gesammelte Schriften. Band VII* (Frankfurt am Main: Suhrkamp, 1991), 117.

Hij maakte dit vooral expliciet in zijn radioprogramma's en via zijn (ongewoon) ondubbelzinnige opvattingen over moderne huisvesting. In Benjamin's teksten bij de afbeeldingen in Hegemann's boek, foto's van huurkazernes naast die van modernistische woningbouwprojecten zoals Bruno Taut's GEHAG-nederzetting in Britz (1927) en het GEHAG-woningbouwproject in Zehlendorf (1928), koppelt hij het nieuwe woningtype aan een nieuwe revolutionaire transparantie:

> De steen is vervangen door een dunne opbouw van beton en staal. (...) De vele mensen die in zulke gebouwen gaan wonen, zullen er geleidelijk door worden getransformeerd. (...) En ze zullen degenen die de strijd voor hun bevrijding uit de oude, vestingachtige en sombere kazernestad hebben geleid, dankbaar zijn. In dit opzicht is Werner Hegemann een belangrijke figuur; de auteur van *Das steinerne Berlin*, een geschiedenis van de stad met veel sympathie voor dit nieuwe Berlijn.[5]

Hoewel de pessimist Hegemann de bestaande huurkazernes niet anders dan als gemiste kansen kan zien, noemt Benjamin de auteur wel de belangrijkste bron voor deze nieuwe ontwikkelingen in moderne huisvesting en zou hij diens boek blijven gebruiken. Benjamin's recensie was veel meer dan een kritiek, doordat het stuk de lezers instructies gaf voor het ontcijferen, decoderen en bewerken van de stad. Het was bedoeld als een instrument dat opriep tot actie en om passieve lezers te veranderen in ruimtelijke actoren.

Vertaling: InOtherWords, Maria van Tol

1
Zie voor meer informatie over het verband tussen de uitzendingen en de architectuur: Alexander Eisenschmidt, *The Good Metropolis: From Urban Formlessness to Metropolitan Architecture* (Bazel: Birkhäuser, 2019), 152-162.

2
Walter Benjamin, 'Die Mietskaserne', in: Walter Benjamin, *Gesammelte Schriften. Band VII* (Frankfurt am Main: Suhrkamp, 1991), 124.

3
Ibid., 59.

4
Walter Benjamin, 'Over het begrip van de geschiedenis', in: Walter Benjamin, *Maar een storm waait uit het paradijs. Filosofische essays over taal en geschiedenis*, vertaling Ineke van der Burg en Mark Wildschut (Nijmegen: SUN, 1996), 151.

5
Benjamin, 'Die Mietskaserne', op. cit. (noot 2), 123-124.

3
Ibid., 59.

4
Walter Benjamin, 'Theses on the Philosophy of History', in: Walter Benjamin, *Illuminations: Essays and Reflections* (New York: Schocken Books, 1969), 262.

5
Benjamin, 'The Rental Barracks', op. cit. (note 2), 62.

Douglas Haskell, 'Housing and America', *The Nation* 3633 (1935), 228

Catherine Bauer, *Modern Housing* (Boston: Houghton Mifflin, 1934)

Douglas Haskell, 'Housing and America', *The Nation* 3633 (1935), 228

Catherine Bauer, *Modern Housing* (Boston: Houghton Mifflin, 1934)

Moderne woningbouw voor Amerika

Barbara Penner

'Housing in America' was niet een bijzonder zwaarwegende boekbespreking, het kwam neer op een kort artikel over het boek *Modern Housing* van Catherine Bauer (1905-1964), geschreven door de jonge architectuurcriticus van *The Nation*, Douglas Haskell (1899-1979). Het was niet zijn scherpzinnigste stuk: hij toonde oprechte bewondering voor Bauer's kijk op de Europese woningbouw, maar beweerde ook dat het boek ontspoorde, waar het over Amerika en het kapitalisme ging. In plaats van de vraag naar de juiste vorm voor de Amerikaanse woningbouw te beantwoorden, stelde Haskell, had Bauer met haar boek de kwestie juist verder vertroebeld. Zijn reactie verwees in kort bestek naar de bredere politieke, economische en architectonische spanningen die de debatten tussen Europees-georiënteerde huisvesters en Amerikaanse huisvestingssceptici decennialang zouden voeden – debatten waarin Haskell en Bauer een centrale rol speelden.

Het jaartal is veelzeggend: 1935. In Amerika waren de gevolgen van de Grote Depressie alomtegenwoordig. Volgens sommige metingen kromp

Modern Housing for America

Barbara Penner

As far as reviews go, it is not a weighty one. The young staff architecture critic of *The Nation*, Douglas Haskell (1899-1979), wrote a brief review of *Modern Housing* by Catherine Bauer (1905-1964). It is not his sharpest effort: Haskell sincerely admires Bauer's take on European housing, yet he claims the book stumbles when it returns to America and the question of capitalism. Rather than settling the question of the appropriate form for American housing, Haskell felt Bauer's book further unsettled it. At a small scale, his reaction played out some of the broader political, economic and architectural tensions that would stir up debates between European-influenced housers and American housing sceptics for many decades – debates in which Haskell and Bauer figured centrally.

The date is significant: 1935. In America, the effects of the Great Depression were omnipresent. By some counts, housing starts were down 95 per cent. There were few options for those trapped in substandard housing, estimated at 20 per cent of the available stock. The government

de woningbouwsector met 95 procent. Er waren maar heel weinig alternatieven voor mensen die vastzaten in slechte huizen – naar schatting 20 procent van de beschikbare woningvoorraad. De overheid had noodhuisvestingsfondsen beschikbaar gesteld, maar dat hielp nauwelijks. Iedereen was het erover eens dat Franklin D. Roosevelt een robuust, permanent huisvestingsprogramma moest opzetten. Maar welke kant moest dat op?

Volgens zowel Bauer als haar collega's van de Regional Planning Association of America RPAA (onder wie Lewis Mumford, Clarence Stein, Henry Wright en Edith Elmer Wood) leed het geen twijfel waar de Amerikanen het antwoord op hun vraag zouden vinden: in Europa. In *Modern Housing* beschreef ze welke ongelooflijke prestaties de Europeanen tussen 1919 en 1932 hadden geleverd en legde ze precies uit hoe ze dat hadden gedaan. In deze 13 jaar bouwden Europese regeringen bijna 4,5 miljoen arbeiderswoningen, waarmee ze ongeveer 16 procent van hun bevolking konden herhuisvesten.

De belangrijkste conclusie van Bauer's boek was dat de Europese regeringen dit 'wonder' hadden verricht door de huisvesting van de vrije markt te halen. In plaats van geleidelijk te werk te gaan, hadden ze getalenteerde architecten en planologen ingehuurd om buurten te ontwerpen – woningen, scholen, winkels, wasserettes, speelplekken en tuinen, kortom, hele gemeenschappen die voor de lange termijn werden veiliggesteld door mechanismen zoals huurcontrole. Bauer wist het zeker: 'Huisvesting gaat om meer dan woningen alleen'. Hoewel ze besefte dat staatsinmenging anathema was voor haar landgenoten, zag ze ook in dat de Grote Depressie een unieke kans had gecreëerd. Dit punt kan niet genoeg worden benadrukt: hoewel *Modern Housing* het resultaat was van grondig onderzoek, was het geen droge academische studie. Het was een polemiek, een oproep tot actie en radicale hervorming. Met andere woorden: Bauer nam het op tegen het kapitalisme.[1]

Hoewel Haskell het eens leek te zijn met haar kritiek ('in de twintigste eeuw begeven we ons, vanwege een stroming die losjes "kapitalisme" wordt genoemd, in de richting van een nieuwe Donkere Eeuw'), suggereerde hij merkwaardig genoeg dat de bespreking van financiële instrumenten of zelfs hypotheken of huur (zoals Bauer deed) leidde tot een 'Babylonische spraakverwarring' die mensen alleen maar tot wanhoop zou drijven. Pikanter nog was zijn klacht aan het adres van de volledige staf van de RPAA: 'De huisvestingsbazen zouden het beter doen als ze (...) meer met ons

had provided emergency housing funds, but these barely made a dent. The consensus was that Franklin D. Roosevelt would have to create a more robust permanent housing programme. But what form would it take?

Along with her confreres in the Regional Planning Association of America RPAA (including Lewis Mumford, Clarence Stein, Henry Wright and Edith Elmer Wood), Bauer had no doubt about where Americans would find the answer: Europe. In *Modern Housing*, she set out to describe what incredible things Europeans had achieved between 1919 and 1932 and explain precisely how they had done it. In this 13-year window, governments built almost 4.5 million units of workers' housing, rehousing approximately 16 per cent of the population.

Her book's main takeaway was that governments had accomplished this 'miracle' by removing housing from the free market. Instead of operating on a piecemeal basis, they hired talented architects and planners to design neighbourhoods – housing, plus schools, shops, laundries, play spaces and gardens – in short, whole communities, secured long-term through mechanisms like rent control. As Bauer stated, firmly: 'Housing is more than houses.' While she knew state involvement was anathema to her fellow countrymen, she was equally aware that the Great Depression had created a once-in-a-lifetime opportunity. This cannot be emphasised enough: though it came out of deep research, *Modern Housing* was never some dry academic study. It was a polemic, a call for action and radical reform. In short, Bauer was taking on capitalism.[1]

Although Haskell seemed to agree with her critique ('through what is loosely called "capitalism" the twentieth century is entering a new Dark Age'), he bizarrely suggested that to discuss financial instruments or even mortgages or rent (as Bauer did), was to fall into 'mumbo jumbo' which would only lead people to despair. More piquant was his complaint aimed at the entire RPAA crew: 'The housing leaders might do better if they would . . . work more with us. Instead of turning us into Europeans let them try to take us as we are.' Regrettably, Haskell did not specify what he believed Americans were. But he was sure what an American was not: a European.[2]

Regardless of the sniping of the odd critic, *Modern Housing* was well received and influential. Bauer went on to co-author America's first na-

zouden samenwerken. In plaats van ons in Europeanen te veranderen, zouden ze ons moeten nemen zoals we zijn.' Helaas zei Haskell er niet bij, hoe Amerikanen dan volgens hem waren. Maar hij wist wel zeker wat ze niet waren: Europeanen.[2]

Ondanks het gekat van een enkele criticus werd *Modern Housing* goed ontvangen en had het veel invloed. Bauer schreef vervolgens mee aan Amerika's eerste nationale huisvestingswet, de Housing Act van 1937, die onderdeel uitmaakte van Roosevelt's New Deal. Met het passeren van deze wet werd het basisargument van Bauer's boek aanvaard, namelijk dat de overheid de vrije markt buiten spel moest zetten om te kunnen voorzien in betaalbare huisvesting van fatsoenlijke kwaliteit. Hoewel dit de zaak leek te beslechten, was het verhaal van de Amerikaanse woningbouwopgave, net als de relatie tussen Bauer en Haskell, nog maar net begonnen.

Twee decennia later hadden de twee een hechte professionele vriendschap gesloten. Bauer's archief bevat talloze brieven waarin ze op hartelijke toon over planning en beleid bekvechten. Toen de twintigste verjaardag van de Housing Act van 1937 naderde, lag het voor de hand dat Haskell, die ondertussen redacteur was bij *Architectural Forum*, Bauer zou uitnodigen om een agenderend stuk te schrijven over de staat van de Amerikaanse woningbouw. Als eerbetoon aan haar sterrenstatus bood hij haar het 'recordbedrag' van $1.000 aan, ongeveer drie keer het gebruikelijke honorarium.[3] Daarnaast wees hij haar, een zet die niet zonder gevolgen zou blijven, een redacteur toe die hij als een protegé beschouwde, namelijk Jane Jacobs.

Zelfs Haskell was mogelijk verrast door de rauwe kracht van het resulterende artikel, 'The Dreary Deadlock of Public Housing'.[4] Het was een *cri de coeur* van Bauer over alles wat fout was gegaan sinds de dagen van de New Deal. Onder de niet aflatende druk van vastgoedlobbyisten die de kosten wilden drukken, was Amerika overgestapt op hoogbouwprojecten die armzalig waren, slecht beheerd werden en waarin alleen de allerarmsten woonden, omdat ze nergens anders terecht konden. Sinds de Housing Act van 1949 had stadsvernieuwing de zaken alleen maar verergerd. Er werden steeds meer woningen gesaneerd, waar Bauer geen voorstander van was, en de rassenscheiding was toegenomen, wat ze scherp veroordeelde.

Door deze crisis kwam het standpunt van Bauer interessant genoeg dichter bij dat van Haskell te liggen. Ze gaf toe dat de Europese huisvestingsmodellen niet het gehoopte wondermiddel waren

tional housing legislation, the 1937 Housing Act, as part of Roosevelt's New Deal package. The passage of the Act accepted her book's basic argument that the government had to by-pass free markets to provide high-quality affordable housing. While this might seem to end the matter, the story of American housing was, like Bauer and Haskell's relationship, only just beginning.

Two decades on, they had become fast professional friends. Bauer's archive contains numerous letters in which they spar affectionately on planning and policy issues. As the twentieth anniversary of the 1937 Housing Act approached, it was natural that Haskell, now editor of *Architectural Forum*, would invite Bauer to write an agenda-setting piece on the state of American housing. As a tribute to her star power, he offered her a 'record breaking' $1,000, about three times the usual fee.[3] And, in what would prove to be a consequential move, he assigned her a staff editor who he regarded as a protégé, Jane Jacobs.

Even Haskell may have been surprised at the raw power of the resulting article, 'The Dreary Deadlock of Public Housing'.[4] It is Bauer's *cri de coeur* for everything that had gone wrong since the New Deal days. Under relentless pressure from real estate lobbyists to slash costs, America had turned to high-rise projects, which were mean, badly managed and only served the very poor who had no other options. Since the 1949 Housing Act, urban renewal had exacerbated matters, increasing slum clearance, which Bauer never supported, and racial segregation, which she fiercely denounced.

This crisis, interestingly, brought Bauer closer to Haskell's position. She admitted that European models of housing had not proved to be the panacea she'd wished for. Instead, as modernism became a formula, the grim, standardised projects that resulted had only exacerbated public fear of housing. (In an article from 1951, she criticised Pruitt-Igoe, predicting problems well before they became apparent.[5]) Unsurprisingly, given that she now lived in California, Bauer championed the more humane, vernacular-inspired Bay Region style, exemplified by the West Coast housing of her husband, William Wurster.[6]

Above all, Bauer seemed to have come round to Haskell's idea that housing policy had to take Americans 'how they are', socially and politically. This meant reckoning with the fact that the country was a democracy. And in Bauer's view,

gebleken. Terwijl het modernisme in een formule veranderde, hadden de grimmige, gestandaardiseerde projecten die eruit voortkwamen, de algemene afkeer van volkshuisvesting alleen maar vergroot. (In een artikel uit 1951 bekritiseerde ze Pruitt-Igoe en voorspelde ze problemen die pas later aan het licht zouden komen.[5]) Gezien het feit dat Bauer ondertussen in Californië was gaan wonen, was het geen verrassing dat ze zich een voorstander toonde van de vriendelijker, lokaal geïnspireerde Bay Region-stijl zoals die bijvoorbeeld tot uitdrukking kwam in de West Coast-woningen van haar echtgenoot William Wurster.[6]

Bauer leek vooral Haskell's idee te hebben overgenomen dat de makers van het huisvestingsbeleid de Amerikanen 'moesten nemen zoals ze waren', zowel sociaal als politiek. Dit betekende dat beleidsmakers rekening dienden te houden met het feit dat het land een democratie was. En volgens Bauer was *vrije keuze* het meest fundamenteel democratische en dus Amerikaanse dat je mensen kon bieden: de vrijheid om te kiezen waar en hoe je wilt wonen, in steden of in suburbia, in hoogbouw of laagbouw of iets daartussenin. Bovendien wilde Bauer dat alle Amerikaanse burgers die vrijheid hadden en dat alle raciale en andere barrières werden geëlimineerd.[7]

Hoewel de vrouwen elkaar aanvankelijk hadden bewonderd, bleek het feit dat Bauer open stond voor een verscheidenheid aan woonvormen, ook in voorsteden, te veel voor de gepassioneerd stadse Jane Jacobs. Zij zou Bauer nadien aanvallen in haar eigen invloedrijke, polemische boek, *The Death and Life of Great American Cities* (1962). Daarin noemde ze Bauer een anti-stedelijke decentrist en verdediger van tuinsteden en nieuwe steden. Bauer's ernstigste vergrijp was volgens Jacob echter dat ze weigerde toe te geven dat de volkshuisvesting niet meer te redden was.

Jacob's bijdrage lijkt een waardige afsluiting van dit verhaal te vormen, omdat zij het nut van elke vorm van volkshuisvesting in twijfel begon te trekken. Het was een grootscheepse aanval die in 1972 aantoonbaar zijn hoogtepunt bereikte met het moratorium van president Nixon op de bouw van volkshuisvesting. In 1934 had Bauer haar boek afgesloten met een laatste hoofdstuk getiteld 'Modern Housing for America?' Na decennia van strijd was deze vraag ten slotte met 'nee' beantwoord. Haskell zou er waarschijnlijk meer spijtig dan verbaasd over zijn geweest.

Vertaling: InOtherWords, Maria van Tol

Henry T. Mizuki, Pruitt-Igoe Apartment Buildings, 1956/
Henry T. Mizuki, Pruitt-Igoe appartementengebouwen, 1956

1
Zie ook: Barbara Penner, 'Foreword: Housing Is More Than Houses', in: Catherine K. Bauer, *Modern Housing* (Minneapolis: University of Minnesota Press, 2020), vii-xliii.
2
Zie voor meer informatie over Haskell: Gabrielle Esperdy, 'Architecture and Popular Taste', *Places Journal* (mei 2015).
3
Catherine Bauer Wurster Papers, BANC MSS 74/163, Bancroft Library, University of California, Berkeley, doos 11, reeks 2. Professional Papers 1927-1964.
4
Dit artikel is ook verschenen in: Barbara Penner, 'The (Still) Dreary Deadlock of Public Housing', *Places Journal* (oktober 2018).
5
Catherine Bauer, 'Low Buildings? Catherine Bauer Questions Mr. Yamasaki's Arguments', *Journal of Housing* 7 (1951), 227, 232, 246.
6
Gwendolyn Wright, 'A Partnership: Catherine Bauer and William Wurster', in: Marc Treib (red.), *An Everyday Modernism: The House of William Wurster* (Berkeley: University of California Press, 1995), 184-203.
7
Zie: 'Good Neighborhoods', *Annals of the American Academy of Political and Social Science* 242 (1945), 104-115; 'Freedom of Choice', *The Nation* 20 (1948), 533-537.

the most fundamentally democratic and, hence, American thing one could offer was *choice*: freedom to choose where and how to live, in cities or in suburbs, high-rise or low-rise, or something in between. Moreover, Bauer wanted that freedom for *all* American citizens, eliminating racial and other barriers.[7]

Although they had begun by admiring each other, Bauer's openness to a variety of housing, including in suburbs, proved too much for the passionately urban Jacobs. She would subsequently attack Bauer in her own great polemical book, *The Death and Life of Great American Cities* (1962), calling her an anti-city de-centrist, an apologist for Garden Cities and new towns. But Bauer's worst offence in Jacobs's eyes was that she refused to admit public housing was irredeemable.

Jacobs seems a worthy coda to this tale, since she was now questioning the validity of *any* public housing. It was a full-scale assault, one that arguably culminated, in 1972, with President Nixon's moratorium on all public housing construction. In 1934, Bauer had closed her book with a final chapter, 'Modern Housing for America?' After decades of fighting, the question was at last settled in the negative. Haskell would likely have been more regretful than surprised.

1
See also: Barbara Penner, 'Foreword: Housing Is More Than Houses', in: Catherine K. Bauer, *Modern Housing* (Minneapolis: University of Minnesota Press, 2020), vii-xliii.
2
For more on Haskell, see: Gabrielle Esperdy, 'Architecture and Popular Taste', *Places Journal* (May 2015).
3
Catherine Bauer Wurster Papers, BANC MSS 74/163, Bancroft Library, University of California, Berkeley, Box 11, Series 2. Professional Papers 1927-1964.
4
The article was republished in: Barbara Penner, 'The (Still) Dreary Deadlock of Public Housing', *Places Journal* (October 2018).
5
Catherine Bauer, 'Low Buildings? Catherine Bauer Questions Mr. Yamasaki's Arguments', *Journal of Housing* 7 (1951), 227, 232, 246.
6
Gwendolyn Wright, 'A Partnership: Catherine Bauer and William Wurster', in: Marc Treib (ed.), *An Everyday Modernism: The House of William Wurster* (Berkeley: University of California Press, 1995), 184-203.
7
See 'Good Neighborhoods', *Annals of the American Academy of Political and Social Science* 242 (1945), 104-115; 'Freedom of Choice', *The Nation* 20 (1948), 533-537.

Mário de Andrade, 'Brazil Builds', *Folha da Manhã*, 23 maart 1944

Philip L. Goodwin, *Brazil Builds: Architecture New and Old, 1652-1942* (New York: Museum of Modern Art Publishing House, 1943)

Mário de Andrade, 'Brazil Builds', *Folha da Manhã*, 23 March 1944

Philip L. Goodwin, *Brazil Builds: Architecture New and Old,* 1652-1942 (New York: Museum of Modern Art Publishing House, 1943)

Het nieuwe oud en het oude nieuw

Lucas de Mello Reitz

Brazil Builds: Architecture New and Old, 1652-194, een catalogus bij een tentoonstelling die in 1943 plaatsvond in het Museum of Modern Art in New York, is van grote invloed geweest op de beeldvorming en ontvangst van de moderne Braziliaanse architectuur. *Brazil Builds,* met foto's van G.E. Kidder Smith (1913-1997), werd georganiseerd door Philip L. Goodwin (1885-1958) die al eerder voor het MoMA soortgelijke boeken over andere landen had samengesteld, bijvoorbeeld over Zweden, Zwitserland en Italië. De tentoonstelling en het boek werden in eerste instantie gelanceerd onder het motto: 'Het koloniale is volop gefotografeerd – het moderne bijna niet.' Dit motto kwam duidelijk voort uit de, op het Noord-Amerikaanse culturele en industriële kolonialisme gebaseerde belangstelling van het MoMA voor zowel de Latijns-Amerikaanse kunst als de moderne architectuur en haar uitingen in gebieden die minder getroffen waren door de Tweede Wereldoorlog.[1] In Brazilië verscheen onlangs een heruitgave van deze catalogus. Er was niet veel aan veranderd, maar de titel was voor het eerst vertaald in het Portugees, in *Brasil Constrói*.[2] Een vergelijking tussen de recensie van het oorspronkelijke boek die Mário

New Old and Old New

Lucas de Mello Reitz

The imagery and reception of modern Brazilian architecture are both highly influenced by *Brazil Builds: Architecture New and Old,* 1652-1942, the catalogue accompanying a 1943 exhibition in the Museum of Modern Art. *Brazil Builds*, with photographs by G.E. Kidder Smith (1913-1997), was organised by Philip L. Goodwin (1885-1958), who compiled similar books for the MoMA on several other countries, such as Sweden, Switzerland and Italy. The exhibition and book were launched with the initial statement: 'The colonial has been widely photographed – the modern almost not at all.' This clearly derives from MoMA's interests in Latin American art – based on North American cultural and industrial colonialism – as well as in modern architecture and its expressions in territories less affected by the Second World War.[1] The catalogue was recently republished in Brazil, with few alterations, but for the first time with a Portuguese title: *Brasil Constrói*.[2] A comparison between a 1944 review of the original book by Mário de Andrade (1893-1945) on the one hand, and Eduardo Augusto da Costa's 2023 review of the republished edition on the other, can help to trace, within a gap of

de Andrade (1893-1945) schreef in 1944 en de recensie van de heruitgave die Eduardo Augusto da Costa schreef in 2023 kan, na een interval van 80 jaar, iets bijdragen aan het onderzoek naar bepaalde (de)koloniale, raciale en kritische aspecten van de Braziliaanse architectuurgeschiedschrijving.[3] In 1944 beschreef De Andrade *Brazil Builds* als 'een van de vruchtbaarste gebaren van menselijkheid die de Verenigde Staten ooit aan het adres van ons, Brazilianen, heeft gemaakt'. In 2023 benadrukte Da Costa de noodzaak 'om het symbolisme een nieuwe positie en het modernisme nieuwe betekenissen te geven', hoewel hij daar onmiddellijk aan toevoegde dat 'blinde verwondering dat nog steeds onmogelijk maakt'.

De Andrade, kunsthistoricus en dichter, was een prominente figuur in het Braziliaanse debat over moderne kunst. Hij hield zich indertijd – in de periode dat het land werd geregeerd door de nationalistische dictator Getulio Vargas – bezig met de oprichting van het Instituto do Patrimônio Histórico e Artístico Nacional (IPHAN). De Andrade schreef kritieken voor de krant *Folha da Manhã* en in zijn recensie over de vruchtbare pogingen van 'de buitenlanders' om de waarde van de Braziliaanse architectuur aan te tonen, klonk zowel iets van extreem patriottisme als onderdanigheid door. Architectuur, moderniteit en ras zijn in zijn tekst met elkaar verbonden, bijvoorbeeld waar hij het verlangen 'in schoonheid te leven' opvatte als een universele menselijke behoefte, die zelfs werd gevoeld door 'een *botocudo* die in de bomen leeft' – *botocudo* was de term waarmee de Portugese kolonisten de inheemse bevolking aanduidden. De Andrade trekt in zijn racistische discours een scheidslijn tussen moderne/witte Europeanen en niet-moderne/niet-witte Brazilianen van gemengd bloed, waarmee hij de koloniale dynamiek van primitief versus beschaafd reproduceert. De Andrade beschouwt de foto's in de catalogus als een medicijn dat uit de Verenigde Staten was geïmporteerd om Brazilië te genezen van het minderwaardigheidscomplex van de *mestiço* – *mestiço* was de kleinerende term waarmee zowel op de kracht als de 'verwitting' van personen van gemengd bloed werd gezinspeeld. De afbeeldingen bewijzen, volgens De Andrade, dat 'onze' Braziliaanse moderne architectonische waarden gelijk zijn aan die van de 'ontwikkelde landen'. 'We moeten ons aanpassen aan het feit dat we van gemengd bloed zijn,' schrijft hij, aangezien 'we nooit Arisch zullen worden'. In feite wijdde hij in zijn recensie meer woorden

80 years, (de)colonial, racial and critical aspects of Brazilian architecture historiography.[3] In 1944, De Andrade described *Brazil Builds* as 'one of the most fruitful gestures of humanity that the United States has ever addressed towards us, the Brazilians'. In 2023, Da Costa stressed the necessity 'to reposition symbolism and establish new meanings for modernism', although he immediately added that 'blind amazement' continues to make that impossible.

De Andrade was an art historian and a poet,

Gabriela Matos and Paulo Tavares, 'Terra', Brazilian Pavilion, Venice Architecture Biennale, 2023/
Gabriela Matos en Paulo Tavares, 'Terra', Braziliaanse Paviljoen, Architectuur Biënnale Venetië, 2023

aan raciale en culturele kwesties, dan aan de architectuur. En toch hielpen zijn woorden om de optimistische 'identiteit' van het Braziliaanse modernisme te versterken.

In 2023 schreef de aan de FAU-USP verbonden architectuurdocent Eduardo Augusto da Costa een recensie over de heruitgave van *Brazil Builds*. Da Costa, die zijn masterscriptie had geschreven over de receptie van de 1943-uitgave van *Brazil Builds*, neemt in zijn recensie van de herlancering van de catalogus een cruciale verwijzing op naar

and a prominent figure for the Brazilian discourse on modern art. At the time, he was directing the creation of the National Institute for Artistic and Historical Heritage, under Getulio Vargas's nationalist dictatorship. Working as a critic for newspaper the *Folha da Manhã*, he composed his review in a mixture of jingoism and subservience, describing the fruitful attempt by 'the foreigners' to show the value of Brazilian architecture. Architecture, modernity and race are all connected in his text, for example when he considers

de couppoging in Brazilië op 8 januari 2023, toen aanhangers van extreemrechts de moderne gebouwen van de hoofdstad binnenvielen. Deze gebeurtenis kan volgens hem een aansporing zijn om het moderne Braziliaanse erfgoed te heroverwegen en een breuk te forceren met het canonieke, koloniale en racistische debat. De lezers van *Nexo Jornal*, een online magazine met politieke en culturele inhoud, waarin de recensie werd gepubliceerd, zijn linkse intellectuelen die bereid zijn om na te denken over eigentijdse identiteitskwesties.

Da Costa noemt ook het Terra-project van de architecten Gabriela Matos en Paulo Tavares dat in 2023 te zien was in het Braziliaanse paviljoen van de architectuurbiënnale van Venetië en dat bekroond werd met een Gouden Leeuw. Terra pleit voor het soort emancipatie dat een bedreiging vormt voor de privileges van de elite en werpt nieuw licht op zowel het inheemse en zwarte erfgoed als op eigentijdse denkbeelden. De nationale pers besteedde maar weinig aandacht aan dit project, zo stelt Da Costa, zeker vergeleken met de ontvangst van de herlancering van *Brazil Builds*, wat bevestigt dat moderne architectuur nog steeds wordt gebruikt als instrument om inheemse volkeren te koloniseren en 'zoet te houden'. Hij beschuldigt de auteur van een andere recensie van *Brazil Builds* er specifiek van, op anachronistische wijze te proberen om 'een land dat werkelijk fantastisch was' in ere te herstellen, door te weigeren te debatteren over minderheden of pluralisme, ten gunste van een modern project waar historiografisch uitgummen de boventoon voerde.[4]

Interessant genoeg, werd deze recensie gepubliceerd in een tijdschrift dat eigendom was van hetzelfde conglomeraat als het tijdschrift waarin De Andrade een kleine eeuw geleden had gepubliceerd. In 1944 schreef hij hoe *estomagados* (geïmponeerd) de Brazilianen waren door *Brazil Builds*, het bewijs van de waarde van 'hun' architectuur vanuit een internationaal oogpunt. In 2023 besloot Da Costa zijn recensie met de opmerking dat de Brazilianen na de heruitgave van het boek nog steeds geïmponeerd waren, maar niet meer zo optimistisch. Politieke en raciale kwesties domineren beide recensies, maar op verschillende manieren. De vergelijking tussen deze twee recensies is productief om de rol van boekbesprekingen in de ontwikkeling van de architectonische historiografie te onderzoeken, omdat ze verantwoordelijk zijn voor de ontvangst en circulatie van theorieën, beelden en ideeën. De moderne architectuur van Brazilië kan nu worden gepresenteerd als een

'living in beauty' as a universal human need, 'even for a *botocudo* that inhabits the trees' – *botocudo* was the term used by Portuguese colonizers for Indigenous people. His racial discourse sets a rigid line between modern/white Europeans and non-modern/non-white mixed-race Brazilians, reproducing the colonial dynamic of primitive versus civilised. Andrade considers the photographs in the catalogue as a medicine, imported from the United States, to cure Brazil from its *mestiço* inferiority complex – *mestiço* was a pejorative term used to describe the strength, but also the 'whitening' of people of mixed race. He also attributes to the images the power to prove that 'our' modern architectural values are equal to those of the 'advanced countries'. 'We should conform to the mixed race that we are', he writes, since 'we will never be Aryan'. In his review, he devotes, in fact, more words to racial and cultural discourse than to architecture. And yet his words helped to cement the optimistic 'identity' of Brazilian modernism.

In 2023, Eduardo Augusto da Costa, an architecture teacher at FAU-USP, wrote a review of the relaunch of *Brazil Builds*. Da Costa, who wrote his master thesis on the reception of the book from 1943, includes in his review of the reprint of the catalogue a pivotal reference to the attempted coup in Brazil on 8 January 2023, when far-right supporters invaded the modern buildings of the capital. This event can urge us, he argues, to rethink Brazilian modern heritage, and to break with canonical, colonial and racist discourses. The audience of *Nexo Jornal* – an online magazine with political and cultural content in which the review was published – is leftish and intellectual, and open to reconsidering issues concerning contemporary identity.

Da Costa also mentions the Terra project by architects Gabriela Matos and Paulo Tavares, shown in the Brazilian pavilion at the Venice Architecture Biennale in 2023, and awarded with a Golden Lion. Terra advocates for an emancipation that jeopardises privileges and that rethinks Indigenous and Black heritage and contemporary thinking. This project, Da Costa argues, received little attention in the national press in comparison with the relaunch of *Brazil Builds*, confirming that modern architecture is still used as a tool for colonising and 'pacifying' Indigenous people. He specifically accuses another review of *Brazil Builds* of anachronistically trying to

entiteit uit het verleden – het *nieuwe oud* – ingebed in koloniale en raciale overtuigingen die niet meer passen in hedendaagse architectonische en politieke agenda's.

Vertaling: InOtherWords, Maria van Tol

1
Zilah Quezado Dekker, *Brazil Built: The Architecture of The Modern Movement in Brazil* (Londen/New York: Taylor & Francis, 2002); Luciane Scottá, *Brazil Builds: Releitura Crítica* (Porto: Universidade do Porto, 2017).

2
Pedro Vieira (red.), *Brasil Constrói: Arquitetura Moderna e Antiga, 1652-1942* (São Paulo: Ikrek Edições, 2023).

3
Eduardo Augusto da Costa, 'Reeditando o passado de um Brasil que jamais existiu', *Nexo Jornal*, 21 augustus 2023.

4
Francesco Perrotta-Bosch, 'Como o livro *Brazil Builds* levou prédios de Niemery e Lúcio Costa ao mundo', *Folha de S. Paulo*, 5 augustus 2023.

restore 'a country that was truly amazing', refusing to debate on minorities or pluralism, in favour of a modern project in which historiographical erasure prevailed.[4]

Interestingly enough, this review was published in a periodical owned by the same conglomerate for which De Andrade wrote less than a century ago. In 1944, he wrote how Brazilians were *estomagados* (impressed) by *Brazil Builds*, as a proof of the value of 'their' architecture from an international point of view. In 2023, Da Costa ends his review by stating that the relaunch of the book still left Brazilians impressed, though not with the same optimism. Political and racial discourses are dominant in both reviews, but in a different manner. This comparison is fertile for testing the role of the book review in building architecture historiographies, responsible as they are for the reception and circulation of theories, imagery and ideas. Brazil's modern architecture can now be evoked as an entity of the past – the *new old* – with embedded colonial and racial convictions that do not fit in contemporary architectural and political agendas.

1
Zilah Quezado Dekker, *Brazil Built: The Architecture of The Modern Movement in Brazil* (London/New York: Taylor & Francis, 2002); Luciane Scottá, *Brazil Builds: Releitura Crítica* (Porto: Universidade do Porto, 2017).

2
Pedro Vieira (ed.), *Brasil Constrói: Arquitetura Moderna e Antiga,* 1652-1942 (São Paulo: Ikrek Edições, 2023).

3
Eduardo Augusto da Costa, 'Reeditando o passado de um Brasil que jamais existiu', *Nexo Jornal*, 21 August 2023.

4
Francesco Perrotta-Bosch, 'Como o livro *Brazil Builds* levou prédios de Niemery e Lúcio Costa ao mundo', *Folha de S. Paulo*, 5 August 2023.

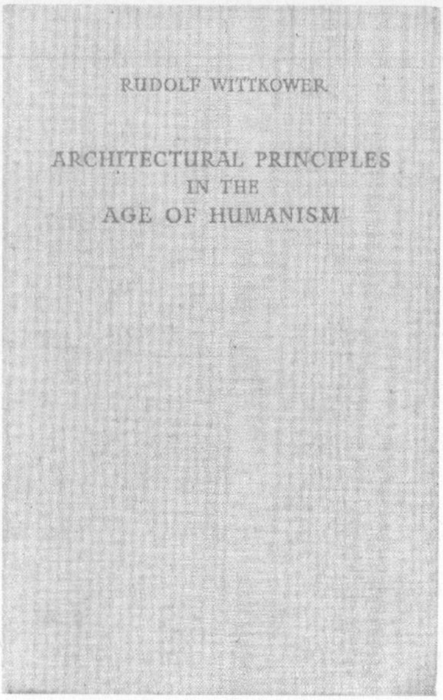

Arthur S.G. Butler, Zonder titel, *Journal of the Royal Institute of British Architects* 59 (1951), 59-60

Rudolf Wittkower, *Architectural Principles in the Age of Humanism* (Londen: The Warburg Institute Studies, 1949)

Arthur S.G. Butler, Untitled, *Journal of the Royal Institute of British Architects* 59 (1951), 59-60

Rudolf Wittkower, *Architectural Principles in the Age of Humanism* (London: The Warburg Institute Studies, 1949)

Een hand-en-tand discussie

Manola Ogalde Gutiérrez

'Er zijn boeken op de markt die, vanwege de diepgang van de specialistische kennis erin, alleen adequaat kunnen worden beoordeeld door hun auteurs. Dit is er zo één.' Het zijn de openingszinnen bij een bespreking van Rudolf Wittkower's *opus magnum*, en daar liet de recensent het niet bij. Deze recensent, de Britse schilder, architect en schrijver Arthur Stanley George Butler (1888-1965), was niet erg te spreken over *Architectural Principles in the Age of Humanism*. 'Wat een logge grondigheid vertoont dit boek en wat maakt de grote hoeveelheid voetnoten op elke pagina het uitputtend om te lezen,' klaagde hij. Hij beschreef eerst de algemene opzet van de tekst en benadrukte vervolgens ondubbelzinnig dat hij zich wenste te distantiëren van Wittkower's minutieuze benadering van de proportie in de architectuur, vooral met betrekking tot de invloed van de Pythagoreïsche en Platonische traditie op de humanistische architecten. Hij was sceptisch over de feitelijke relevantie van 'al dat gedoe van de renaissancistische esthetiek over de relatie tussen muziek en architectuur' en vond het ironisch genoeg 'triest om te ontdekken dat het [volgens Wittkower] in Engeland was dat 'de hele structuur van de klas-

A Tooth and Claw Debate

Manola Ogalde Gutiérrez

'There are some books published which, owing to the depth of their specialised learning, could only be reviewed quite adequately by their authors. This is one.' Although these were the opening sentences of a review of Rudolf Wittkower's most significant book, the author did not leave it at that. British painter, architect and writer Arthur Stanley George Butler (1888-1965) wasn't very pleased with *Architectural Principles in the Age of Humanism*. 'There is a ponderous thoroughness about the volume, and the density of the footnotes on every page makes it exhausting to read,' he complained. After describing the general structure of the text, he clearly emphasised his distance from Wittkower's minute approach to proportion in architecture, particularly regarding the influence of the Pythagorean and Platonic tradition on humanist architects. Sceptical about the true relevance of 'the whole business of Renaissance aesthetics regarding the relation between music and architecture', he ironically found it 'sad to discover, as [Wittkower] tells us, that it was in England that "the whole structure of classical aesthetics was overthrown from the bottom".'

sieke esthetiek van onderaf omver was geworpen'. Hij sloot desondanks af met een verwijzing naar een mogelijk positief resultaat van *Architectural Principles in the Age of Humanism*:

> Ik hoop dat het boek van dr. Wittkower in staat zal blijken iets uit te richten tegen de neiging tot opzettelijke wanorde in het moderne ontwerp. Een vertaling van zijn historische these naar een veel eenvoudiger exposé van de belangrijkste theorieën, met duidelijke diagrammen, zou onze jonge architecten misschien een moment kunnen afhouden van het nastreven van onbeheerste experimenten in de bouwkunde.

De reacties op Butler's recensie lieten niet lang op zich wachten. In de rubriek 'Correspondence' van het *RIBA Journal* werden in februari 1952 minstens twee brieven gepubliceerd. De eerste was ondertekend door Alison & Peter Smithson: 'Geachte heer, Het lijkt erop dat uw recensent het boek van dr. Wittkower moeilijk, saai en oninteressant vond.'[1] Bij de Smithsons had de Duitse geleerde juist een erg goede indruk achtergelaten: '[Hij] wordt door jonge architecten beschouwd als de enige in Engeland werkzame kunsthistoricus die in staat is gebouwen in ruimtelijke en plastische termen in plaats van in termen van afkomst en datering te beschrijven en te analyseren.'[2] Bovendien noemden de Smithsons het boek 'het belangrijkste werk over architectuur dat er sinds de oorlog in Engeland is verschenen'.[3] Butler beschreven ze daarentegen als: 'een persoon die volledig onbekend is met de toestand van de discipline'.[4]

In dezelfde rubriek was ook een reactie opgenomen van de Britse architect John Voelcker, die in 1952 bij de Architectural Association studeerde. Hij noemde de publicatie 'een van die zeldzame boeken waarin een bepaalde historische situatie niet alleen grondig wordt onderzocht, maar waarin het materiaal ook zo bij elkaar is gebracht, dat het een actieve rol gaat spelen in het heden'.[5] Wittkower's werk voorzag Voelcker van een nieuw perspectief op de architectonische traditie van de oudheid in het algemeen en op het probleem van proportie in het bijzonder. Hij was ervan overtuigd dat 'deze toepassing van het numerieke vele leden van onze (de jongere) generatie in een vluchtig moment heeft voorzien van een verklaring voor het onmiddellijke en volgens mij ook voor de eeuwige zoektocht naar samenhang en *rapport* in ons handelen en, meer specifiek, in ons bouwen.'[6]

Nevertheless, he concluded with a possibly positive outcome of *Architectural Principles in the Age of Humanism*:

> Dr. Wittkower's book will, I hope, do something to counteract the tendency to deliberate disorder in modern design. A translation of his historical thesis into a much simpler exposition of the main theories, with clear diagrams, might attract our young architects momentarily from the pursuit of ungoverned experiments in engineering.

Reactions to Butler's review weren't long in coming. At least two replying letters were published in the section 'Correspondence' of the *RIBA Journal* in February 1952. The first of them was signed by Alison & Peter Smithson: 'Sir, – One gathers that your reviewer found Dr. Wittkower's book difficult, dull and unrewarding.'[1] Conversely, the Smithsons had a very good impression of the German scholar: '[He] is regarded by the younger architects as the only art historian working in England capable of describing and analysing buildings in spatial and plastic terms and not in terms of derivation and dates.'[2] Furthermore, the Smithsons claimed that the book is 'the most important work on architecture published in England since the war'.[3] Butler, on the contrary, they regarded as 'a person wholly ignorant of the state of the profession'.[4]

In the same section, there was another reply written by British architect John Voelcker, who was studying in 1952 at the Architectural Association. He claimed that the publication 'is among those rare books which not only thoroughly examine a particular historical situation but also bring the material together in such a way that it becomes an active force in the present situation'.[5] For Voelcker, Wittkower's work unfolded a new perspective on the architectural tradition of Antiquity, and in particular on the problem of proportion. He was convinced that 'for many of our (younger) generation this application of numbers illuminates for a fleeting instant the immediate and, I speculate, the eternal quest for coherence and *rapport* in our actions, and more specifically in our building'.[6]

As Voelcker noticed, a general inclination towards these topics was already observable in previous years. He saw evidence in a series of articles published in *PLAN Magazine* and the *Journal of the Architectural Association Students*

Alison & Peter Smithson, competition design model for Coventry Cathedral, 1952/
Alison & Peter Smithson, maquette van het prijsvraagontwerp voor de kathedraal van Coventry, 1952

Voelcker had al opgemerkt dat er zich in de voorgaande jaren een algemenere gerichtheid op dergelijke onderwerpen had ontwikkeld. Het bewijs hiervoor vond hij in een reeks artikelen die eind jaren 1940 werden gepubliceerd in *PLAN Magazine* en het *Journal of the Architectural Association Students*, in Le Corbusier's *Le Modulor* in 1950 en in de tentoonstelling 'Studi Sulle Proporzioni', samen met het congres 'De Divina Proportione' tijdens de 9e triënnale van Milaan van 1951. Toch lijkt deze trend, die mede werd aange-

in the late 1940s, the publication of *Le Modulor* by Le Corbusier in 1950, and the exhibition 'Studi Sulle Proporzioni' along with the congress 'De Divina Proportione' at the Ninth Triennial of Milan of 1951. Yet it seems that this tendency was not only present in architectural theory, partially triggered in 1947 by one of Colin Rowe's most influential essays.[7] It also permeated architectural design. In 1955, Reyner Banham suggested that a renewed sensibility towards the classical had a traceable effect on the work of

wakkerd door een van Colin Rowe's meest invloedrijke essays uit 1947, niet alleen een rol te spelen in de architectuurtheorie.[7] Architectuurontwerpen waren er ook van doortrokken. In 1955 suggereerde Reyner Banham dat een hernieuwde gevoeligheid voor het klassieke een traceerbaar effect had op het werk van de Smithsons. Dit kwam tot uiting in hun inzending voor de Coventry Cathedral-prijsvraag van 1951, een ontwerp dat 'verrees op een plattegrond van neo-Palladiaanse symmetrie'.[8] Zoiets kan ook worden gezegd van

the Smithsons, manifested in their entry for the Coventry Cathedral competition of 1951, which was 'raised on a plan of Neo-Palladian symmetry'.[8] Something similar could be said about two buildings published at the end of the 1950s in *Architectural Design*: John Voelcker's project for a House in Highgate from 1954, or James Stirling and James Gowan House on the Isle of Wight, developed between 1955 and 1958.

In light of this, it is interesting to notice that in the written register of a debate held on 18 June 1957 at the RIBA in London, Peter Smithson referred to Wittkower's book again. He stated: 'It is not irrelevant, I think, to discuss why . . . *Architectural Principles in the Age of Humanism* was such an outstanding success.'[9] He asserted that, following its publication, 'proportion was important to architects, as a matter of tooth and claw debate, in 1948 and 1949'.[10] Smithson was the first to retrospectively reflect about the episode as a surpassed matter, and to provide a tentative explanation for the enthusiasm the book received by his generation:

> They were looking for something to believe in. They saw in Palladio, as generations of Englishmen have, something that stood above what they were doing themselves. It was necessary at that time to get back to something simple and comprehensible, and then from classical control move forward to a new sort of control.[11]

The replies to Butler's book review, published between 1951 and 1952, do shed some light on the impact of *Architectural Principles,* and on how its consequences would unfold in British architectural circles in the post-war period. As Smithson noted in 1957, the darkness of those years might have contributed to the need and pursuit of new architectural *principia,* grounded on abstract order and geometrical synthesis. Wittkower might have agreed, although he stated in the introduction to the 1971 edition that 'the influence a book has is to a certain extent intangible and impossible to measure precisely'.[12]

1
Peter & Alison Smithson, 'Correspondence: *Architectural Principles in the Age of Humanism*', *Journal of the Royal Institute of British Architects* 59/4 (1952), 140.

2
Ibid.

twee gebouwen die eind jaren 1950 in *Architectural Design* werden gepubliceerd, namelijk John Voelcker's project voor een huis in Highgate uit 1954 en het tussen 1955 en 1958 ontwikkelde huis van James Stirling en James Gowan op het Isle of Wight.

In het licht hiervan is het interessant om op te merken dat Peter Smithson in het schriftelijke verslag van een debat, dat op 18 juni 1957 werd gehouden bij het RIBA in Londen, opnieuw verwees naar het boek van Wittkower. Hij zei: 'Het is niet irrelevant, denk ik, om te bespreken waarom (...) *Architectural Principles in the Age of Humanism* zo'n opmerkelijk succes was.'[9] Hij stelde dat proportieleer na de publicatie van het boek 'voor architecten belangrijk was geworden, in de vorm van een hand-en-tand debat in 1948 en 1949'.[10] Smithson was de eerste die over de inhoud van het boek nadacht als over een episode die achter hem lag en een voorzichtige verklaring gaf voor het enthousiasme dat het boek bij zijn generatie teweeg had gebracht:

> Ze waren op zoek naar iets om in te geloven. Ze zagen in Palladio, net als zoveel generaties Engelsen, iets dat hun eigen werk overtrof. Het was in die tijd nodig om terug te keren naar iets eenvoudigs en begrijpelijks, om vervolgens op basis van de klassieke beheersing over te gaan naar een nieuw soort beheersing.[11]

De tussen 1951 en 1952 gepubliceerde reacties op Butler's boekbespreking werpen enig licht op de invloed van *Architectural Principles* en op de gevolgen van het boek voor de Britse architectuur in de naoorlogse periode. Zoals Smithson in 1957 opmerkte, kan de duisternis van die jaren hebben bijgedragen aan de behoefte aan, en het streven naar, nieuwe architectonische *principia*, gebaseerd op abstracte orde en geometrische synthese. Wittkower zou het daar mogelijk mee eens zijn geweest, hoewel hij in de inleiding van de uitgave van 1971 stelde dat 'de invloed van een boek tot op zekere hoogte ongrijpbaar en onmogelijk precies te meten is'.[12]

Vertaling: InOtherWords, Maria van Tol

1
Peter & Alison Smithson, 'Correspondence: *Architectural Principles in the Age of Humanism*', *Journal of the Royal Institute of British Architects* 59/4 (1952), 140.

2
Ibid.

3
Ibid.

4
Ibid.

5
John Voelcker, 'Correspondence: *Architectural Principles in the Age of Humanism*', *Journal of the Royal Institute of British Architects* 59/4 (1952), 141.

6
Ibid.

7
Colin Rowe, 'The Mathematics of the Ideal Villa', *Architectural Review* 101/603 (1947), 101-104.

8
Reyner Banham, 'The New Brutalism', *The Architectural Review* 118/708 (1955), 360.

9
Peter Smithson, 'Report of a Debate on the Motion "that Systems of Proportion Make Good Design Easier and Bad Design More Difficult"', *Journal of the Royal Institute of British Architects* 64/11 (1957), 461.

10
Ibid.

11
Ibid.

12
Rudolf Wittkower, *Architectural Principles in the Age of Humanism* (New York/London: WW Norton & Company, 1971), s.p.

3
Ibid.

4
Ibid.

5
John Voelcker, 'Correspondence. *Architectural Principles in the Age of Humanism*', *Journal of the Royal Institute of British Architects* 59/4 (1952), 141.

6
Ibid.

7
Colin Rowe, 'The Mathematics of the Ideal Villa', *Architectural Review* 101/603 (1947), 101-104.

8
Reyner Banham, 'The New Brutalism', *The Architectural Review* 118/708 (1955), 360.

9
Peter Smithson, 'Report of a Debate on the Motion "that Systems of Proportion Make Good Design Easier and Bad Design More Difficult"', *Journal of the Royal Institute of British Architects* 64/11 (1957), 461.

10
Ibid.

11
Ibid.

12
Rudolf Wittkower, *Architectural Principles in the Age of Humanism* (New York/Londen: WW Norton & Company, 1971), z.p.

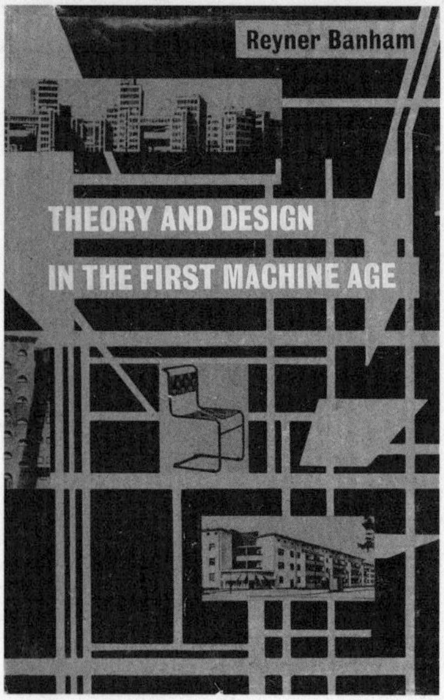

Alan Colquhoun, 'The Modern Movement in Architecture', *The British Journal of Aesthetics* 1 (1962), 59-65

Reyner Banham, *Theory and Design in the First Machine Age* (Londen: The Architectural Press, 1960)

Alan Colquhoun, 'The Modern Movement in Architecture', *The British Journal of Aesthetics* 1 (1962), 59-65

Reyner Banham, *Theory and Design in the First Machine Age* (London: The Architectural Press, 1960)

Onbewust een feminist?

Brendan D. Moran

'Rest het gevoel dat het laatste woord over de Moderne Beweging nog niet is gezegd, en ook nog heel lang niet gezegd zal worden.' Toen Alan Colquhoun (1921-2012) zijn recensie van het voorlijke proefschrift van Reyner Banham (1922-1988) beëindigde met deze zin, had de tweede feministische golf nog niet de kracht van een sociale beweging gekregen en was er nog lang geen sprake van een academisch feministisch discours. Desalniettemin vertoont de slotzet van Colquhoun volgens mij feministische trekjes: er spreekt bezorgdheid uit, hij wil de feiten op een rijtje zetten, zich verzetten tegen historische canons die gebaseerd zijn op uit-sluitende veronderstellingen en de toekomst openstellen voor ideeën over 'andere' ruimten, 'anderen'.[1] Hoewel er in Banham's *Theory and Design* geen sprake is van het kritische taalgebruik dat over het algemeen als 'feministisch' wordt geduid, lijkt Colquhoun in zijn recensie wél open te staan voor het feminisme, en niet alleen in de laatste regel.

Volgens mij was het Colquhoun die de aanzet gaf tot een proces waarbij de geschiedenis van de moderne architectuur werd opengesteld voor de mogelijkheid van een 'tegengeschiedenis', lang

A Feminist Unconscious?

Brendan D. Moran

'One is left with the feeling that the last word on the modern movement has not been said, and will not be said for a very long time to come.' When Alan Colquhoun (1921-2012) affixed this sentence to the end of his review of the precocious dissertation of Reyner Banham (1922-1988), second-wave feminism hadn't yet emerged as a social movement; discourses of academic feminism, too, were a long way off. Nevertheless, Colquhoun's closing gambit possesses to my ear a feminist tinge, voicing concerns that entail setting the record straight, countering historical canons reliant on exclusionary assumptions, and opening up the future to speculation on 'other' spaces and 'others'.[1] Although Banham's *Theory and Design* does not partake of the critical valence generally termed feminist, Colquhoun's review opened towards it, and not just in its last line.

I would claim it was Colquhoun who initiated a process of opening up the history of modern architecture to the potential of counter-history, long before the term became common in the 1990s. Unlike Banham's book, Colquhoun's review effectively ushers in a collective counter-historiography interested more in demythologising than

voordat deze term in de jaren 1990 gangbaar werd. Anders dan Banham's boek luidt Colquhoun's recensie in feite een collectieve tegengeschiedenis in, die eerder gericht is op ontmythologiseren dan op het tegenovergestelde. Colquhoun onderkent het lot van het modernisme op dat moment in de tijd – om te wachten op eeuwige herontdekking en herconceptualisering – voordat de pendule in de Swinging Sixties terug slingerde naar (neo)avantgardistische uitwassen, inclusief de onvermijdelijke draai naar het postmodernisme die erop volgde. En wat is er feministischer dan dat?

Colquhoun's geschil met Banham kwam voort uit het feit dat Colquhoun het niet eens was met de duidelijke scheiding die Banham aanbracht in termen van wat Colin Rowe later *het fysieke* en *het morele* van het architectonisch modernisme zou noemen, dat wil zeggen, de stilistische taal en de progressieve sociale en politieke aspiraties ervan. Zoals duidelijk bleek uit het neobrutalistische discours dat Banham in 1955 in *Architectural Review* initieerde – en dat tien jaar later overigens alweer werd overschaduwd door een nieuwe interesse van hem, namelijk in de van testosteron doordrenkte Archigram-zes – was het nog niet zo eenvoudig om in de context van stilistisch vernieuwende of experimentele ontwerpen taalkundige helderheid te betrachten. Ondanks het feit dat hij eerder naar *populuxe* tijdschriften verwees dan naar de moderne meesters, was het nieuwe werk dat Banham achtereenvolgens bewonderde, net zo'n onstuimige mix van fysieke en morele kenmerken als de projecten die Colquhoun door zijn, van nieuwe lenzen voorziene microscoop bestudeerde. Terwijl Banham enthousiast zogenaamd nieuwe bewegingen verdedigde – en er actief reclame voor maakte – was Colquhoun omzichtiger, sceptisch als hij was over de ontdekking van een nieuwe architectonische taal die gelezen kon worden als een symptoom van de heropleving van een avantgardistisch project. Het handeltje in Corbu-taal dat Colquhoun in het begin van de jaren 1960 (samen met ontwerppartner John Miller) had opgezet, kan worden gezien als een project dat duidelijk losstaat van de 'ismen' die Banham samen met zijn 'hechte (…) bevoorrechte kring van mythemakers' (om met Stephen Parnell te spreken) aan de man probeerde te brengen.[2] In een nummer van *OASE* over Colquhoun uit 2012 werd betoogd dat de Forest Gate High School in Newham 'refereert aan negentiende-eeuwse typologieën, maar van de architectonische taal kan worden gezegd dat hij een combinatie is van de strengheid van Max Bill's

in its opposite. It recognises modernism's fate at that juncture, of awaiting perpetual rediscovery and reconceptualisation – before the Swinging Sixties began a pendulum swing back toward (neo-)avant-gardist excesses, with the inevitable turn to postmodernism that followed. And what could be more feminist than that?

Colquhoun's beef with Banham stems from his disagreement with the latter's clear-cut division, in terms of what Colin Rowe later labelled architectural modernism's *physique* and *morale*, meaning its stylistic language and its progressive social and political aspirations. As was clearly seen with the New Brutalist discourse initiated by Banham in *Architectural Review* in 1955, yet eclipsed a decade later by his newfound interest in the testosterone-soaked sextet of Archigram, linguistic clarity was not so easily obtained in stylistically innovative or experimental designs. Despite quoting populuxe magazines rather than the modern masters, the new work Banham variously espoused was just as heady a mix of physique and morale as the projects Colquhoun was examining under a microscope through new lenses. Whereas Banham enthusiastically championed so-called new movements – operatively publicising them – Colquhoun was more circumspect, sceptical as he was about the discovery of a new architectural language that could be read as a symptom of reviving an avant-gardist project. The Corbusian language Colquhoun trafficked in during the early 1960s (with design partner John Miller) can be seen as a project clearly distinct from the -isms Banham plugged along with his 'tight-knit . . . "favoured circle" of myth-makers' (as Stephen Parnell describes them).[2] As has been argued in the issue of *OASE* on Colquhoun from 2012, the Forest Gate High School in Newham 'evokes nineteenth century typological references . . . [and] the architectural language could be said to combine the austerity of Max Bill's Ulm Hochschule fr Gestaltung with some of the features of Italian new-rationalist architecture', that is, the 1920s work of Alberto Sartoris.[3] Not proselytising but probing, such a reading – inspired by Colquhoun's very intellectual project as a critic and historian – highlights two important attitudes towards design practice that can be seen as the goal, if not the effect, of his review: normalising typological methods in design, and promoting scepticism towards language explorations as stylistic operations.

Hochschule für Gestaltung in Ulm en bepaalde kenmerken van de neorationalistische Italiaanse architectuur', dat wil zeggen, het werk van Alberto Sartoris uit de jaren 1920.[3] Een dergelijke lezing, die niet wilde overtuigen, maar eerder onderzoeken – en die geïnspireerd was door Colquhoun's eigen intellectuele project als criticus en historicus – markeert twee belangrijke houdingen ten opzichte van de ontwerppraktijk die gezien kunnen worden als het doel, zo niet het effect, van zijn recensie: de normalisatie van typologische ontwerpmethoden en de bevordering van scepsis richting linguïstische verkenningen als stilistische operaties.

Het is precies dit zetje in de richting van de tegengeschiedenis dat (aankomend historicus) Colquhoun uit het boek van historicus Banham destilleert. De tweede feministische golf volgde historisch gezien op de gepubliceerde krachtmeting tussen Banham en Colquhoun, ook al werden de zaadjes al vóór de jaren 1960 geplant. Zoals Jane Rendell heeft betoogd, lopen de verschillende feministische acties in de architectuurcultuur uiteen van 'stromingen die duidelijk aansluiten bij de feministische beweging, tot stromingen die zichzelf niet noodzakelijkerwijs identificeren als "politiek" of gemotiveerd door kwesties betreffende de discriminatie van vrouwen'.[4] 'Feministisch zijn' betekent niet noodzakelijkerwijs 'vrouwelijk zijn' of 'zich bezighouden met vrouwelijkheid en vrouw-zijn'; de relatie van het feminisme met ruimte is complex en houdt architecten en niet-architecten al lange tijd bezig. Toch is de feministische interesse in de opstelling van canons en in de herziening van narratieven al lange tijd een belangrijk onderwerp bij de tweede feministische golf in academia.[5] Juist het academische feminisme ziet af van ongenuanceerde genderkritiek – waarbij door mannen gecreëerde werken en ideeën *ceteris paribus* worden vervangen door die van vrouwen – ten gunste van veelomvattender verkenningen.

Het lijdt geen twijfel dat Colquhoun's recensie – en zijn bezwaren tegen Banham – een tegendynamiek teweegbracht: de verwetenschappelijking van verlangens om via ontwerp de wereld te veranderen en de lancering van interdisciplinair heronderzoek naar de theoretische opvattingen achter de architectonische cultuur. Het resultaat van dit streven omvat niet alleen de mislukking van het architectonische postmodernisme als populistisch project – was het ooit ook maar even succesvol als het mislukte modernisme? – maar ook de twijfelachtige letterlijke sublimatie van echte wereldpro-

Max Bill, Ulm School of Design, 1955

It is precisely the push towards counter-history that (the not-yet-historian) Colquhoun eeks out of historian Banham's book. Second-wave feminism historically followed the published encounter between Banham and Colquhoun, even if the seeds were planted before the 1960s. As Jane Rendell has argued, the various threads of feminism subsequently found in architecture culture range 'from those which are clearly aligned with the feminist movement, to those which do not necessarily identify themselves as

blemen binnen academische sferen. Misschien is het werkelijke doel van de hedendaagse Banham-revival wel om een dergelijke patstelling te doorbreken. In elk geval veroorzaakte Colquhoun's treffen met Banham zijn eigen rimpelingen, niet in de laatste plaats aangaande de manier waarop ontwerpers tijdens hun opleiding leerden om over het architectonisch modernisme na te denken.

Vertaling: InOtherWords, Maria van Tol

"political" or motivated by issues concerning discrimination against women'.[4] To be feminist is not necessarily to be feminine or to dwell on femininity and womanhood; the relationship of feminism to space is complex, and it has preoccupied architects and non-architects for a long time. Yet feminist interest in canon-building and narrative revisions have long been a staple of second-wave feminist concerns within academia.[5] It is precisely academic feminism that suspends a crude gender critique – replacing works and

1
Mary McLeod, '"Other" Spaces and "Others"', in: Diana Agrest, Patricia Conway en Leslie Weisman (red.), *The Sex of Architecture* (New York: Harry N. Abrams, 1996), 15-28. Dit is opmerkelijk als men bedenkt dat Colquhoun de begeleider van McLeod was toen zij aan Princeton haar proefschrift schreef.

2
Zie: Stephen Parnell, 'The Brutal Myth', *Thresholds* 45 (2017), 152.

3
Tom Avermaete, Christoph Grafe en Hans Teerds, 'Compositie en typologie: De bouwprojecten van Alan Colquhoun', *OASE* 87 (2012), 7. Kenneth Frampton wijst in hetzelfde nummer historicus Sam Stevens aan als de figuur in Colquhoun's kring die overeenkomsten vertoonde met Banham's hagiografische persona. Kenneth Frampton, '"Geen individueel eigendom": de ideeën van Alan Colquhoun', *OASE* 87 (2012), 25-39.

4
Jane Rendell, 'Tendencies and Trajectories: Feminist Approaches in Architecture', in: C. Greig Crysler, Stephen Cairns en Hilde Heynen (red.), *The SAGE Handbook of Architectural Theory* (Londen: Sage, 2012), 86.

5
Tina Modleski, *Feminism Without Women: Culture and Criticism in a 'Postfeminist' Age* (New York: Routledge, 1991); Ellen Messer-Davidow, *Disciplining Feminism: From Social Activism to Academic Discourse* (Durham, NC: Duke University Press, 2002).

ideas created by men with women's efforts, *ceteris peribus* – in lieu of more enveloping explorations.

There is no doubt that Colquhoun's review – and his gripe with Banham – produced a counter-dynamic: the making academic of desires for design to change the world and the birth of an interdisciplinary re-examination of theoretical understandings of architecture culture. The result of this thrust entails not just the failure of architectural postmodernism as a populist project – was it even as successful as failed modernism? – but the more dubious literal sublimation of real-world concerns into academic fiefdoms. Perhaps the real aim of the Banham revival today is to try and move beyond such a stalemate. In each case, Colquhoun's encounter with Banham produced ripples of its own, not least in the way designers were trained to think about architectural modernism.

1
Mary McLeod, '"Other" Spaces and "Others"', in: Diana Agrest, Patricia Conway and Leslie Weisman (eds.), *The Sex of Architecture* (New York: Harry N. Abrams, 1996), 15-28. It is poignant to remember that Colquhoun was McLeod's dissertation advisor at Princeton.

2
See: Stephen Parnell, 'The Brutal Myth', *Thresholds* 45 (2017), 152.

3
Tom Avermaete, Christoph Grafe and Hans Teerds, 'Composition and Typology: Alan Colquhoun's Building Projects', *OASE* 87 (2012), 7. Kenneth Frampton, in the same issue, identifies historian Sam Stevens as the figure in Colquhoun's circle who was the correlate to Banham's hagiographic persona. Kenneth Frampton, '"Not individual Property": the Ideas of Alan Colquhoun', *OASE* 87 (2012), 25-39.

4
Jane Rendell, 'Tendencies and Trajectories: Feminist Approaches in Architecture', in: C. Greig Crysler, Stephen Cairns and Hilde Heynen (eds.), *The SAGE Handbook of Architectural Theory* (London: Sage, 2012), 86.

5
Tina Modleski, *Feminism Without Women: Culture and Criticism in a 'Postfeminist' Age* (New York: Routledge, 1991); Ellen Messer-Davidow, *Disciplining Feminism: From Social Activism to Academic Discourse* (Durham, NC: Duke University Press, 2002).

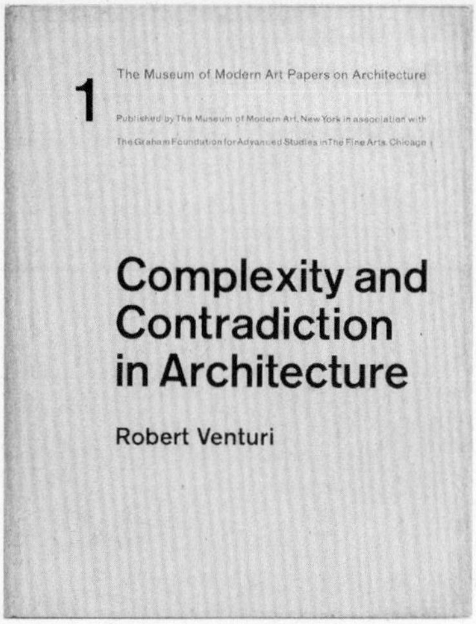

Colin Rowe, 'Waiting for Utopia', *The New York Times Book Review*, 10 september 1967

Robert Venturi, *Complexity and Contradiction in Architecture* (New York: Museum of Modern Art, 1966)

Colin Rowe, 'Waiting for Utopia', *The New York Times Book Review*, 10 September 1967

Robert Venturi, *Complexity and Contradiction in Architecture* (New York: Museum of Modern Art, 1966)

Waterskiën op de golven van de geschiedenis

Silvia Groaz

Sommige boeken bezitten het unieke vermogen om 'de geschiedenis in plakjes te snijden' (*découper l'histoire en tranches*), om met Jacques Le Goff te spreken.[1] Denk bijvoorbeeld aan Reyner Banham in *New Brutalism: Ethic or Aesthetics*? en Robert Venturi in *Complexity and Contradiction in Architecture*, boeken die binnen enkele maanden na elkaar in 1966 werden gepubliceerd. Colin Rowe's positie, wiens denken het traject van de Anglo-Amerikaanse architectuur heeft doorkruist en gevormd, bevond zich met vooruitziende blik tussen de door Banham en Venturi vertolkte standpunten in.[2] In zijn artikel 'Waiting for Utopia' uit 1967 – zijn enige bijdrage aan *The New York Times* – zette Rowe beide toekomstige klassiekers naast elkaar om de toenmalige staat van de architectuur te beoordelen. Hij schetste een visionair overzicht van de architectuurgeschiedenis en voorzag de naderende botsing van twee tegengestelde manieren om de westerse architectuur te verbeelden.

Het midden van de jaren 1960 was een scharniermoment in de architectuurgeschiedenis, dat

Waterskiing on the Waves of History

Silvia Groaz

Certain books possess the unique ability to 'slice through history', as Jacques Le Goff phrased it.[1] This was notably the case for Reyner Banham's *New Brutalism: Ethic or Aesthetics?* and Robert Venturi's *Complexity and Contradiction in Architecture*, both published within months of each other in 1966. Colin Rowe, whose thought traversed and shaped the trajectory of the Anglo-American architecture scene, stood presciently between these two books.[2] In his 1967 article 'Waiting for Utopia' – marking his only contribution to *The New York Times* – Rowe juxtaposed both future classics to assess the current state of architecture. He sketched a premonitory map of the history of architecture, intercepting the imminent clash of two opposing ways of imagining Western architecture.

The mid-1960s emerged as a pivotal juncture in the history of architecture, marked by simultaneous overlapping paradigms. Rowe's attention to this epoch confirms his conception of architecture as the expression of conflict, seeking instances where established paradigms

Robert Venturi, Vanna Venturi House, Philadelphia, 1964

werd gekenmerkt door gelijktijdig bestaande, overlappende paradigma's. Rowe bevestigde met zijn aandacht voor dit tijdperk zijn opvatting dat architectuur de uitdrukking van een conflict is, waarbij hij op zoek ging naar gevallen waarin gevestigde paradigma's de degens kruisten met opstandige, ondermijnende modellen. Rowe verdedigde een opvatting van de architectuur als rebellie tegen ongelijksoortige 'dominante mythen'. Hij deed dit onder meer in zijn analyse van de zestiende-eeuwse architectuur en het zogenaamde 'maniërisme', via zijn diagrammen van de gebouwen van Le Corbusier tot het tumultueuze landschap van de jaren 1960.[3] Halverwege 1960 voelde hij zich geroepen om aandacht te besteden aan de dreigende confrontatie tussen het streven naar structurele en materiële waarheid en de bevestiging van symboliek en vorm, waarmee hij de stroming inluidde die later 'postmodernisme' zou gaan heten.

Omdat Rowe de voorkeur gaf aan schriftelijke correspondentie boven directe communicatie is

intersect with insurgent subversions. From his analysis of sixteenth-century architecture and so-called 'Mannerism', over his diagrams of Le Corbusier's buildings, to the tumultuous landscape of the 1960s, Rowe championed a vision of architecture as a rebellion against disparate 'dominating myths'.[3] In the mid-1960s, he could not help but jump on the bandwagon of a looming confrontation between the pursuit of structural and material truth, and the affirmation of symbolism and form – ushering in what would later be referred to as postmodernism.

Rowe's preference for written correspondence over direct communication resulted in the orchestration of this review as a long-distance debate among overtly self-righteous opponents, without having ever confronted them in person.[4] In doing so, he unveiled the complex interplay of personal and cultural tensions, but also of unexpected similarities, starting with the two authors, Banham and Venturi, and extending

zijn recensie op te vatten als onderdeel van een langeafstandsdebat tussen openlijk zelfingenomen tegenstanders, zonder ze persoonlijk te hebben ontmoet.[4] Hierdoor onthulde hij niet alleen een complex samenspel van persoonlijke en culturele spanningen, maar ook van onverwachte overeenkomsten, in eerste instantie tussen de twee auteurs, Banham en Venturi en later, impliciet, ook tussen Denise Scott Brown, Alison & Peter Smithson, Louis Kahn en Peter Eisenmann.

Was er een betere manier om de ontbinding van de theoretische, sociale en technische erfenis van de Moderne Beweging te verkondigen dan door het ethische falen van het brutalisme en de erosie van de materiële waarheid aan de orde te stellen, dit alles tegen de achtergrond van de transformatie van de architectuur tot een symbolische en formele zaak? De dubbelrecensie bevatte Rowe's eerste openlijke commentaar op het zogenaamde nieuwe brutalisme, een verrassend feit omdat Banham in zijn baanbrekende artikel 'The New Brutalism' uit 1955 expliciet kritiek leverede op Rowe's theorieen.[5] Hoewel Rowe zijn ongenoegen over Banham's 'neerbuigende' associatie van Kahn's Yale Art Gallery met het brutalisme in 1956 wel privé met Kahn besprak, koos hij ervoor om in het openbaar meer dan tien jaar over de kwestie te zwijgen.[6] Rowe's bijdrage aan *The New York Times Book Review* bood hem in 1967 dan ook niet alleen de kans om de tekortkomingen van het brutalisme te bekritiseren – een echo van Banham's 'teleurstelling' over de stilistische reductie van het brutalisme – maar ook om een van zijn eigen stokpaardjes te berijden: de historische onthulling dat de utopische aspiraties van de Moderne Beweging, namelijk de belofte 'problemen te doen wegsmelten en conflicten op te lossen', uiteindelijk weinig meer hadden opgeleverd dan een stortvloed aan stilistisch vergelijkbare gebouwen.

De ineenstorting van het brutalisme diende Rowe tot wraak en 'overlijdensbericht' voor de hele Moderne Beweging. De opkomst van een nieuw soort Amerikaanse architect die Venturi, de auteur van *Complexity and Contradiction*, al had voorzien, luidde de scheiding in tussen structuur, schil, functie en programma, en maskeerde alle overgebleven discussies rondom de ethische dimensie van het brutalisme, dat zijn synthese vond – zoals Banham zei – in het feit dat 'elk element werkelijk is wat het lijkt te zijn'.[7] De confrontatie tussen deze twee visies die Rowe al aan het einde van de jaren 1940 op het oog had, bevestigde aldus zijn profetische blik op de toekomst van de

implicitly to Denise Scott Brown and Alison & Peter Smithson, as well as to Louis Kahn and Peter Eisenmann.

What better way to announce the dissolution of the theoretical, social and technical legacy of the Modern Movement than by addressing Brutalism's ethical failure alongside the erosion of material truth, all against the backdrop of architecture's transformation into symbolic and formal concerns? The double review marked Rowe's inaugural public commentary on New Brutalism, a surprising fact considering Banham's explicit critique of Rowe's own theories since his seminal article 'The New Brutalism' of 1955.[5] Despite privately expressing dismay to Kahn over Banham's 'patronizing' association of Kahn's Yale Art Gallery with Brutalism in 1956, Rowe opted to publicly remain silent on the matter for over a decade.[6] Consequently, the contribution in 1967 to *The New York Times Book Review* presented the chance to not only critique the shortcomings of Brutalism – echoing Banham's own 'disappointment' at its stylistic reduction – but also to emphasise one of Rowe's persistent themes: the historical revelation that the utopian aspirations of the Modern Movement, promising the 'vanishing of difficulties and resolution of conflicts', ultimately yielded little beyond a plethora of stylistically similar buildings.

The collapse of Brutalism served as Rowe's revenge and as an 'obituary notice' for the entire Modern Movement. The emergence of a new American architect, as envisioned by the author of *Complexity and Contradiction*, heralded the disjunction between structure, envelope, function and programme, masking any remaining discussions surrounding the ethical dimension of Brutalism, which sought its synthesis – in Banham's words – in the fact that 'every element is truly what it appears to be'.[7] The clash between these two visions served to defend Rowe's prophetic foresight into the future of architecture as early as the end of the 1940s. It also prompted a broader exploration of a historically grounded architectural practice.[8] Surprisingly, *Complexity and Contradiction*, instead of receiving endorsement for recognising Mannerism as a possible means to revitalise contemporary architecture, only proved in Rowe's eyes to be yet another 'collection', this time of 'stimulating visual insights'. By condemning architecture to a mere semantic exercise, according to Rowe Venturi was writing a lamentable 'epitaph' for a discipline reduced

architectuur. Het leidde ook tot een bredere verkenning van de historisch gefundeerde architectuurpraktijk.[8] Venturi erkende in *Complexity and Contradiction* dat het maniërisme mogelijk een middel was om de hedendaagse architectuur nieuw leven in te blazen, maar verrassend genoeg waardeerde Rowe dit niet: hij beschouwde het boek slechts als de zoveelste 'verzameling', dit keer van 'stimulerende visuele inzichten'. Door de architectuur af te wijzen als een louter semantische oefening, schreef Venturi volgens Rowe een betreurenswaardig 'grafschrift' voor een discipline die zich gereduceerd zag tot een verzameling simulacra en symbolen – en architecten zich gereduceerd zagen tot jongleurs van ongelijksoortige historische vormen en talen. Rowe's besluit om de parallellen tussen Venturi's werk en het zijne te negeren, en Venturi's veronachtzaming van Rowe in *Complexity and Contradiction*, duiden op méér dan een gebrek aan erkenning.[9] Het onderschrijft eerder op subtiele wijze een verschil in hun conceptualisering van het maniërisme, dat door Rowe werd opgevat als een allesomvattende houding ten opzichte van architectuur en door Venturi als een stilistische categorie.[10] In zijn zoektocht naar een nieuwe vorm van maniërisme richtte Rowe zich op supra-historische ontwerpprincipes, vergelijkbaar met die welke ironisch genoeg door de Smithsons werden erkend in hun vroege uitspraken over het nieuwe brutalisme.[11] Omgekeerd vertegenwoordigden Venturi's verkenning van het maniërisme en zijn provocerende popcombinaties een reservoir aan erudiete referenties dat verwant is aan de autobiografische complexiteit van het Vanna Venturi House.

Zowel Rowe als Venturi probeerde de contemporaine architectuurpraktijk te revitaliseren door zich op een formele manier met geschiedenis bezig te houden en zo de koers van de moderne architectuur te verleggen: de eerste via een verfijnde en getroebleerde analyse, de tweede door speelse en intellectuele spelletjes te spelen. Terwijl ze bezig waren het maniërisme te omzeilen, kwamen ze elkaar tegen. Ze deelden een gemeenschappelijke conceptuele basis, maar bewogen zich van elkaar af, in vaak tegenstrijdige richtingen. Hun provocerende divergentie illustreert de voortdurende uitdagingen waarmee de integratie van historische inzichten in de ontwerppraktijk gepaard gaat en representeert de ongrijpbare utopie, de droom van 'waterskiën op de golven van de geschiedenis'.[12]

Vertaling: InOtherWords, Maria van Tol

to simulacra and symbols, with architects turning into jugglers of disparate historical forms and languages. Rowe's decision not to acknowledge the parallels between Venturi's work and his own, and Venturi's omission of Rowe in his book, indicate more than just a lack of recognition.[9] Instead, it subtly affirms a different conceptualisation of Mannerism, understood by Rowe as an encompassing attitude towards architecture, and by Venturi as a stylistic category.[10] In his quest for a recurring form of Mannerism, Rowe was looking for supra-historical design principles, similar to those that, ironically enough, the Smithsons recognised in their early statements on New Brutalism.[11] Conversely, Venturi's exploration of Mannerism and his provocative Pop juxtapositions represented a reservoir of erudite references, akin to the autobiographical complexities exemplified in the Vanna Venturi House.

Both Rowe and Venturi endeavoured to revitalise contemporary practice by engaging with history in a formal manner and, in so doing, reshape the course of modern architecture: the former through sophisticated and troubled analysis, the latter with playful and intellectual games. In their circumnavigation of Mannerism, they encountered each other, sharing common conceptual ground yet moving outward in often conflicting directions. Their provocative divergence illustrates the ongoing challenges of integrating historical insights into design practice, revealing the elusive utopia dreamt by 'waterskiing over the tides of history'.[12]

1
Jacques Le Goff, *Faut-il vraiment découper l'histoire* en *tranches*? (Paris: Éditions du Seuil, 2014).

2
On Rowe, see among others: Joan Ockman, 'Form without Utopia: Contextualizing Colin Rowe', *Journal of the Society of Architectural Historians* 4 (1998), 448-456.

3
A questioner, 'Questions for Colin Rowe', *ANY: Architecture New York* 7/8 (1994), 34-35.

4
Cynthia Davidson, 'Dear Reader', *ANY: Architecture New York* 7/8 (1994), 5.

5
Reyner Banham, 'The New Brutalism', *Architectural Review* 708 (1955), 354-361.

6
Rowe's letter to Kahn was published in: Braden R. Engel, 'The Badger of Muck and Brass', *AA Files* 62 (2011), 95-98; see also: Roberto Gargiani, *Louis I. Kahn: Exposed Concrete and Hollow Stones,* 1949-1959 (Lausanne: EPFL Press, 2014), 109.

1
Jacques Le Goff, *Faut-il vraiment découper l'histoire en tranches*? (Parijs: Éditions du Seuil, 2014).
2
Zie, voor meer informatie over Rowe, onder meer: Joan Ockman, 'Form without Utopia: Contextualizing Colin Rowe', *Journal of the Society of Architectural Historians* 4 (1998), 448-456.
3
Een vragensteller, 'Questions for Colin Rowe', *ANY: Architecture New York* 7/8 (1994), 34-35.
4
Cynthia Davidson, 'Dear Reader', *ANY: Architecture New York* 7/8 (1994), 5.
5
Reyner Banham, 'The New Brutalism', *Architectural Review* 708 (1955), 354-361.
6
Rowe's brief aan Kahn verscheen in: Braden R. Engel, 'The Badger of Muck and Brass', *AA Files* 62 (2011), 95-98; zie ook: Roberto Gargiani, *Louis I. Kahn: Exposed Concrete and Hollow Stones, 1949-1959* (Lausanne: EPFL Press, 2014), 109.
7
[Reyner Banham], 'The New Brutalism', *Architectural Review* 688 (1954), 274-275.
8
Zie: Denise Costanzo, 'Text, Lies and Architecture: Colin Rowe, Robert Venturi and Mannerism', *The Journal of Architecture* 4 (2013), 455-473.
9
Philippe Barrière en Sylvia Lavin, 'Interview with Denise Scott Brown and Robert Venturi', *Perspecta* 28 (1997), 126-145.
10
Colin Rowe, 'Mannerism and Modern Architecture', *Architectural Review* 641 (1950), 289-300.
11
Alison & Peter Smithson en Theo Crosby, 'The New Brutalism', *Architectural Design* 1 (1955), 1.
12
Een vragensteller, 'Questions for Colin Rowe', op. cit. (noot 3), 34.

7
[Reyner Banham], 'The New Brutalism', *Architectural Review* 688 (1954), 274-275.
8
See: Denise Costanzo, 'Text, Lies and Architecture: Colin Rowe, Robert Venturi and Mannerism', *The Journal of Architecture* 4 (2013), 455-473.
9
Phillipe Barrière and Sylvia Lavin, 'Interview with Denise Scott Brown and Robert Venturi', *Perspecta* 28 (1997), 126-145.
10
Colin Rowe, 'Mannerism and Modern Architecture', *Architectural Review* 641 (1950), 289-300.
11
Alison & Peter Smithson and Theo Crosby, 'The New Brutalism', *Architectural Design* 1 (1955), 1.
12 A questioner, 'Questions for Colin Rowe', op. cit. (note 3), 34.

Kenneth Frampton, Zonder titel, *Oppositions* 3 (1974), 104-105

Charles Jencks en Nathan Silver, *Adhocism: The Case for Improvisation* (Londen: Martin Secker & Warburg Limited, 1972)

Kenneth Frampton, Untitled, *Oppositions* 3 (1974), 104-105

Charles Jencks and Nathan Silver, *Adhocism: The Case for Improvisation* (London: Martin Secker & Warburg Limited, 1972)

Een Engelsman in Amerika en een Amerikaan in Engeland

Johannes Berry

> Maar wat te denken van de bubbelige babykamer van mevrouw Lachat die in haar flat is geplugt? Is dat een ondermijning van de Internationale Stijl, van de burgerlijke conformiteit, van het bouwrecht, van de stilistische integratie, van de notie van 'totaalontwerp'? Het is ongetwijfeld nuttig en persoonlijk – en loopt zo het gevaar om door het Framptoniaanse 'utilitairpragmapluralisme' gebrandmerkt te worden. Tegelijkertijd lijkt het op het zwakke adhocisme van de erker in een andere Zwitserse burgerlijke context. Wat is het verschil tussen deze twee toevoegingen? De erker is stilistisch en juridisch geconventionaliseerd en hoort erbij, terwijl de babykamer een radicale verandering van het bestemmingsplan en het stedelijk leven impliceert.[1]

Deze zinnen maken deel uit van de reactie van Charles Jencks op Kenneth Frampton's bespreking van *Adhocism*, het boek dat Jencks samen met

An Englishman in America and an American in England

Johannes Berry

> But what does one make of Mme. Lachat's bubble nursery plugged into her flat? Is this subversive of the International Style, bourgeois conformity, building laws, stylistic integration and the very notion of 'total design'? No doubt it is useful and individual and therefore in danger of being branded by Framptonian 'utilitarianopragmapluralism'. But it is parallel with the weak adhocism of the ercol in another Swiss, bourgeois context. What is the difference between these two add-ons? The ercol is conventionalized stylistically and legally to fit in whereas the bubble nursery implies a radical change of zoning laws and urban living.[1]

These sentences are part of Charles Jenck's reply to Kenneth Frampton's review of his and Nathan Silver's book *Adhocism*. The review starts with a mocking quotation from Lewis Carroll's *Through the Looking Glass*: 'The time

Nathan Silver schreef. Zijn bespreking begint met een spottend citaat uit *Through the Looking Glass* van Lewis Carroll: 'De tijd is gekomen, zei de Walrus, / om over veel dingen te praten, / over schoenen en schepen en zegellak, / over kolen en koningen, / en waarom de zee kokend heet is, / en of varkens vleugels hebben.' Hierna beschrijft Frampton het adhocisme als 'a-kritisch en inschikkelijk' en beweert hij dat 'de architectuur niet in staat is tot disjunctieve ironie, omdat ze neigt naar "socialiseerbare" totaliteiten en homogenisering.' Frampton beschuldigt de auteurs er ook van dat zij standpunten innemen 'ten gunste van utilitarisme, functionalisme, pragmatisme, wetenschappelijke waarheid' en 'het adhocisme aanwijzen als het enige echte universele principe'. Jencks verduidelijkt in zijn reactie dat deze standpunten 'precies tegenovergesteld zijn aan de standpunten die ik in het boek inneem en verdedig' en hij vraagt zich af of er misschien andere redenen zijn voor Frampton's 'verdraaiingen en minachting'.[2] Hiermee wordt duidelijk dat de recensie van Frampton en de reactie daarop van Jencks – behalve de vraag hoe doelmatig het adhocisme is om kritisch en disjunctief te zijn in de architectuur – niet echt veel meningsverschillen opleverden.

Het adhocisme speelde ook een centrale rol in Jencks' boek *The Language of Post-Modern Architecture* uit 1977; de meeste projecten in het laatste hoofdstuk kwamen uit het boek van 1972.[3] Het adhocisme, dat was omgedoopt tot 'radicaal eclecticisme', werd echter vanaf 1977 met elke nieuwe editie van het boek minder prominent, omdat Jencks zich in toenemende mate richtte op het formuleren van de klare taal of de gedeelde stijl van het postmodernisme.[4] Dit duurde niet lang en in 1980, tijdens de architectuurbiënnale van Venetië, getiteld 'Presence of the Past', werd het postmodernisme of postmoderne classicisme geratificeerd als een gezamenlijke stijl.[5]

Zowel het boek van Jencks uit 1977 als de biënnale van 1980 wekte Frampton's belangstelling voor het kritisch regionalisme als een alternatief voor het postmodernisme.[6] Het boek *Modern Architecture: A Critical History,* waaraan Frampton tien jaar had gewerkt, verscheen ook in 1980.[7] Frampton toonde wel sympathie voor de vroege vormen van postmodernisme die de rol van de Moderne Beweging in de vernietiging van de stedelijke context bekritiseerden. Frampton noemde in *Modern Architecture* met name Colin Rowe's 'neo-Sitteske benadering van stedelijke vorm', Robert Venturi's *Complexity and Contra-*

has come, the Walrus said, / To talk of many things, / Of shoes and ships and sealing was, / Of cabbages and kings, / Of why the sea is boiling hot, / And whether pigs have wings.' After this, Frampton describes Adhocism as 'acritical and accommodating', and asserts that 'architecture is incapable of disjunctive ironies because architecture gravitates toward "socializable" totalities and homogenization'. Frampton also accuses the authors of taking positions 'in favor of utilitarianism, functionalism, pragmatism, scientific truth' and to 'establish the ad hoc as the one true universal principle'. In Jencks's response, he clarifies that these positions are 'exactly opposite to the ones I hold and defend in the book', and he questions whether there might be other reasons for Frampton's 'distortions and contempt'.[2] With this, it becomes apparent that, besides the efficacy of Adhocism to be critical and disjunctive in architecture, there is not really much disagreement between Frampton's review and Jencks's reply.

Adhocism also played a central role in Jencks's 1977 book *The Language of Post-Modern Architecture*, where most projects in the final chapter came from the book from 1972.[3] Adhocism, however, now renamed 'Radical Eclecticism', became less prominent with every new edition of the book from 1977, as Jencks shifted towards the formulation of a clear language or shared style of postmodernism.[4] This did not take long, and in 1980, at the Venice Architecture Biennale entitled 'Presence of the Past', postmodernism, or 'postmodern classicism', was confirmed as a shared style.[5]

Both Jencks's book from 1977 and the 1980 biennale sparked Frampton's interest in Critical Regionalism as an alternative to postmodernism.[6] His book, *Modern Architecture: A Critical History,* which took ten years to complete, was also published in 1980.[7] Frampton did express his sympathy for the early forms of postmodernism, and its critique of the Modern Movement's role in the destruction of the urban context. Particularly Colin Rowe's 'neo-sittesque approach to urban form', Robert Venturi's *Complexity and Contradiction in Architecture* of 1966, his and Denise Scott Brown's Trubeck-Wislocki Houses of 1970, and Charles Moore's Sea Ranch Complex of 1964-1966, are mentioned in *Modern Architecture*.[8] However, Frampton was also concerned about the aestheticising development directly following these works that sacrificed

diction in Architecture uit 1966, de Trubeck-Wislocki huizen die hij rond 1970 samen met Denise Scott Brown bouwde en Charles Moore's Sea Ranch Complex uit 1964-1966.[8] Frampton maakte zich echter ook zorgen over de esthetiserende ontwikkelingen die onmiddellijk op deze werken volgden en waarbinnen kritische aspecten werden opgeofferd ten gunste van het populisme, een risico waar hij negen jaar eerder al op had gewezen.[9] In 1983 publiceerde Frampton het essay 'Towards a Critical Regionalism: Six Points for an Architecture of Resistance'.[10] Het kritisch regionalisme hield zich vooral bezig met plaats en tektoniek, in contrast met de 'plaatsloosheid van de megapolis en de reductie van alles tot een beeld door het postmodernisme'.[11] Deze focus op plaats sloot aan bij het contextualisme van het vroege postmodernisme.[12] In de tweede editie van *Modern Architecture: A Critical History* uit 1985 werd de biënnale van 1980 beschreven als een belangrijk moment in de popularisatie van de postmodernistische stijl; het alternatief dat Frampton schetste in zijn essay 'Towards a Critical Regionalism', vormde het laatste hoofdstuk van het boek.[13]

Twee jaar later bestempelde Jencks het vroege postmodernisme in zijn boek *Post-Modernism: The New Classicism in Art and Architecture* als 'adhocisme' en beschreef hij de ontwikkeling van het postmodernisme als een overgang naar een taal of stijl.[14] Het is mogelijk dat Frampton in *Adhocism* de tendens terugzag die het vroege postmodernisme in de richting van een esthetische stijl had gestuurd. Dit kan deels de verdraaiingen en de minachting in zijn bespreking verklaren. Maar naast die sympathie voor het vroege postmodernisme zou men op zijn minst enige waardering voor het adhocisme verwachten, en daarvan is er maar heel weinig.

Kritisch regionalisme staat kritisch tegenover de plaatsloosheid van de megapolis, waartegen het zich probeert te verzetten door zich te richten op lokale cultuur. Adhocisme staat ook kritisch tegenover deze plaatsloosheid, maar doet dit door middel van ondermijning van binnenuit, zonder de megapolis uit te sluiten. Kritisch regionalisme overstijgt het probleem van disjunctie door zich te richten op tektoniek, in plaats van de architectuur tot beelden te reduceren. Adhocisme werkt met disjunctie – om met Jencks te spreken: 'Als de ontmoeting van tegengestelde betekenissen, als in essentie creativiteit (...) al is het maar voor 15 minuten. Zodra het creatieve element wordt herhaald en geïnstitutionaliseerd, is het niet langer

the critical dimension in favor of populism – a risk he had already identified nine years earlier.[9] In 1983, Frampton published his essay 'Towards a Critical Regionalism: Six Points for an Architecture of Resistance'.[10] This style was primarily concerned with place and tectonics, in opposition to the 'placelessness of the megapolis and Post-Modernism's reduction of everything to an image'.[11] With its focus on place, it aligned itself with the contextualism of early postmodernism.[12] In the second edition of *Modern Architecture: A Critical History* from 1985, the biennale from 1980 was described as an important moment in the popularisation of a postmodernist style; Frampton's alternative, outlined in his essay 'Towards a Critical Regionalism', was included as the final chapter.[13]

Two years later, in his 1987 book *Post-Modernism: The New Classicism in Art and Architecture*, Jencks labelled early postmodernism as 'adhocism', describing it as evolving into a language or style.[14] It's possible that Frampton recognized in *Adhocism* the same tendency that shifted early postmodernism towards an aesthetic. This can partly explain the distortions and the contempt in his review. But with that sympathy for early postmodernism, one would expect at least some appreciation of adhocism, of which there is very little.

Critical Regionalism is critical of the placelessness of the megapolis, which it tries to resist by focusing on local cultures. Adhocism is equally critical of that placenessness, but does so through subversion from within, without excluding the megapolis. Critical Regionalism transcends the problem associated with disjunction by focusing on tectonics instead of reducing architecture to an image. Adhocism works with disjunction – in Jenck's words: 'As the meeting of opposite meanings, as creativity in essence . . . if only for 15 minutes. As soon as the creative element is repeated and institutionalised it no longer is ad hoc or subversive.'[15] These parallels between Adhocism and Critical Regionalism, as well as their differences, can help to explain Frampton's distortions, as well as the contempt in his 1974 review.

1
Charles Jencks, 'Reply by Charles Jencks', *Oppositions* 3 (1974), 107. Considering the context, one must assume that by 'ercol', Jencks means 'erker', German for 'oriel window'.

2
Ibid., 104-106.

Jean-Louis Chanéac, Marcel Lachat, Bubble Nursery, Grand-Saconnex, Geneva/ Genève, 1970

ad hoc of ondermijnend.'[15] Zowel deze parallellen als de verschillen tussen adhocisme en kritisch regionalisme kunnen de verdraaiingen en minachting in Frampton's bespreking van 1974 helpen duiden.

Vertaling: InOtherWords, Maria van Tol

1
Charles Jencks, 'Reply by Charles Jencks', *Oppositions* 3 (1974), 107. Gezien de context mogen we aannemen dat Jencks met 'ercol' het Duitse woord 'erker' bedoelt.

2
Ibid., 104-106.

3
Charles Jencks, *The Language of Post-Modern Architecture* (Londen: Academy, 1977), 87-101.

4
Ibid., 7. Zie ook: Léa-Catherine Szacka, 'Kritiek van binnenuit: Kenneth Frampton en de terugtocht van het postmodernisme', *OASE* 97 (2016), 109-119.

5
Charles Jencks, *The Language of Post-Modern Architecture* (New York: Rizzoli, 1984), 147-154.

6
Kenneth Frampton, 'If It Is Reduced to an Aesthetic Package Architecture Loses the Game from the Modernising Force of the Megatrend', in: Gerard Bergers (red.), *Context and Modernity: A Post-Seminar Reading* (Delft: Stylos, 1991), 30.

7
Kenneth Frampton, Stan Allen en Hal Foster, 'A Conversation with Kenneth Frampton', *October* 106 (2003), 46.

8
Kenneth Frampton, *Modern Architecture: A Critical History* (Londen: Thames & Hudson, 1980), 288-290.

9
Kenneth Frampton, 'America 1960-1970: Notes on Urban Images and Theory', *Casabella* 359-360 (1971), 31-33.

10
Kenneth Frampton, 'Towards a Critical Regionalism: Six Points for an Architecture of Resistance', in: Hal Foster (red.), *The Anti-Aesthetic: Essays on Post-Modern Culture* (Seattle: Bay Press, 1983), 16-30.

11
Kenneth Frampton et al. (red.), 'Een gesprek met Kenneth Frampton', *OASE* 103 (2019), 142.

12
Esin Kömez Dağlioğlu, 'Over de paradoxale aard van Frampton's kritisch regionalisme', *OASE* 103 (2019), 58-67.

13
Kenneth Frampton, *Modern Architecture: A Critical History, 2nd edition* (Londen: Thames and Hudson, 1985), 290.

14
Charles Jencks, *Post-Modernism: The New Classicism in Art and Architecture* (New York: Rizzoli, 1987), 279-280.

15
Jencks, *Reply*, op. cit. (noot 1), 107.

3
Charles Jencks, *The Language of Post-Modern Architecture* (London: Academy, 1977), 87-101.

4
Ibid., 7. See also: Léa-Catherine Szacka, 'Criticism from Within: Kenneth Frampton and the Retreat from Postmodernism', *OASE* 97 (2016), 109-119.

5
Charles Jencks, *The Language of Post-Modern Architecture* (New York: Rizzoli, 1984), 147-154.

6
Kenneth Frampton, 'If It Is Reduced to an Aesthetic Package Architecture Loses the Game from the Modernising Force of the Megatrend', in: Gerard Bergers (ed.), *Context and Modernity: A Post-Seminar Reading* (Delft: Stylos, 1991), 30.

7
Kenneth Frampton, Stan Allen and Hal Foster, 'A Conversation with Kenneth Frampton', *October* 106 (2003), 46.

8
Kenneth Frampton, *Modern Architecture: A Critical History* (London: Thames & Hudson, 1980), 288-290.

9
Kenneth Frampton, 'America 1960-1970: Notes on Urban Images and Theory', *Casabella* 359-360 (1971), 31-33.

10
Kenneth Frampton, 'Towards a Critical Regionalism: Six Points for an Architecture of Resistance', in: Hal Foster (ed.), *The Anti-Aesthetic: Essays on Post-Modern Culture* (Seattle: Bay Press, 1983), 16-30.

11
Kenneth Frampton et al., 'A Conversation with Kenneth Frampton', *OASE* 103 (2019), 142.

12
Esin Kömez Dağlioğlu, 'On the Paradoxical Nature of Frampton's Critical Regionalism', *OASE* 103 (2019), 58-67.

13
Kenneth Frampton, *Modern Architecture: A Critical History, 2nd edition* (London: Thames and Hudson, 1985), 290.

14
Charles Jencks, *Post-Modernism: The New Classicism in Art and Architecture* (New York: Rizzoli, 1987), 279-280.

15
Jencks, *Reply*, op. cit. (note 1), 107.

Nikolaus Pevsner, Zonder titel, *Journal of the Society of Architectural Historians* 1 (1979), 52–53

Ada Louise Huxtable, *Kicked a Building Lately?* (New York: Quadrangle/The New York Times Book Co, 1976)

Nikolaus Pevsner, Untitled, *Journal of the Society of Architectural Historians* 1 (1979), 52–53

Ada Louise Huxtable, *Kicked a Building Lately?* (New York: Quadrangle/The New York Times Book Co, 1976)

'De beste nog levende criticus'

Kate Wagner

Kicked a Building Lately? van Ada Louis Huxtable (1921-2013), een dynamische verzameling kritiek uit wat waarschijnlijk de meest verdeelde periode voor de architectuur was, is een geweldig boek – een collectie stukken, allemaal ongeveer 1.500 woorden lang, geschreven tussen 1971 en 1976 voor *The New York Times*. Hoogtepunten zijn een afkraakstuk (dat trouwens overeind blijft) over het John F. Kennedy Center uit 1971 van Edward Durrell Stone, en haar genuanceerde ideeën over aanpasbaar bouwen, eerder dan museumachtige behoudzucht. 'Ik meet succes af,' zo besloot ze haar introductie, 'aan de straathoek. Mijn obsessies worden nu gedeeld en mijn samenzweerders zitten overal. Ervan uitgaande dat we kunnen overleven, zijn we in goed gezelschap voor de strijd om de toekomst. Ik zal nog een tijdje tegen gebouwen blijven aanschoppen.'

Nikolaus Pevsner (1902-1983) evalueerde het boek voornamelijk positief, met uitzondering van lichte pedanterie over de verschillen tussen monumentenzorg in Groot-Brittannië en de Verenigde Staten, en enkele esthetische meningsverschillen over architectuur (hij heeft Pei of Kahn niet zo hoog zitten als Huxtable). Bij het

'The Best Critic Now Alive'

Kate Wagner

Kicked a Building Lately? by Ada Louis Huxtable (1921-2013), a dynamic collection of criticism from what may have been architecture's most divisive time, is a great book – a collection of pieces, all of them of about 1,500 words, from 1971 to 1976, written for *The New York Times*. Highlights include Huxtable's pan of Edward Durrell Stone's John F. Kennedy Center from 1971 (which holds up), and her nuanced ideas about adaptive rather than museum-like preservation. 'I measure success,' so she concluded her introduction, 'by the street-corner. My obsessions are now shared and my co-conspirators are everywhere. Assuming survival, the battle for the future is well-joined. I'll still be kicking buildings for a while.'

Nikolaus Pevsner's assessment of the book was mostly positive, aside from some minor pedantry regarding the differences between preservation protocols in Great Britain and in the United States, and a few aesthetic disagreements on architecture (he does not think so highly as Huxtable of Pei or Kahn). At the start of his review, Pevsner described a cartoon by Alan Dunn, published in *The New Yorker* of

Edward Durell Stone, John F. Kennedy Center for the Performing Arts, Washington, DC, 1971

begin van zijn stuk beschrijft Pevsner een cartoon van Alan Dunn, gepubliceerd in *The New Yorker* van 15 juni 1968. Twee mannen staan op de bouwplaats, en een van hen zegt, wanhopig: 'Ada Louis Huxtable houdt er nu al niet van!' 'Dit,' schreef Pevsner, 'geeft je een indicatie van haar autoriteit' en hij noemde haar 'de beste nog levende criticus'.

Huxtable was misschien de meest invloedrijke architectuurcriticus die ooit die titel droeg. Ze schreef op een moment waarin het hoge modernisme – in dienst van óf het nieuwe internationale kapitalisme óf het algemeen belang – bezig was steden over de hele wereld in snel tempo te veranderen. Een architectuurcriticus was daarbij noodzakelijk als journalistieke vaste waarde. Maar het tijdperk van die sterke intellectueel, meestal verbonden aan een bepaalde stad, was historisch gezien een kort leven beschoren. Op het moment dat ik dit schrijf, zijn Lee Bay van de *Chicago Sun Times*, Mark Lamster van de *Dallas Morning*

15 June 1968. Two men are standing on a building site, and one of them says, despairingly: 'Ada Louis Huxtable already doesn't like it!' 'This,' Pevsner wrote, 'gives you a measure of her authority,' and he called her 'the best architectural critic now alive.'

Huxtable was perhaps the most powerful architecture critic who ever took up the title. She was writing at a time when high modernism – whether in the interests of newly international capitalism or the social good – was transforming cities all over the world at a rapid pace. An architecture critic was necessary as a journalistic fixture. But the age of that powerful intellectual, often specific to a particular city, was historically short-lived. At the time of writing, Lee Bay for the *Chicago Sun Times*, Mark Lamster of the *Dallas Morning News*, Inga Saffron of the *Philadelphia Enquirer* and Michael Kimmelman at *The New York Times* are the only city-specific architecture critics working in the United States.

News, Inga Saffron van de *Philadelphia Enquirer* en Michael Kimmelman van *The New York Times* de enige 'stedelijke' architectuurcritici werkzaam in de VS. Enkel Lamster en Saffron publiceren met grote regelmaat, zoals gespecialiseerde journalisten dat ooit deden. Vele andere critici (onder wie ikzelf, schrijvend voor *The Nation*) zijn gedwongen de architectuur *in algemene zin* te behandelen.

In tegenstelling tot Huxtable, heeft mijn werk voornamelijk te maken gehad met het vernaculaire, met een focus op de brede politieke implicaties van architectuur. Ik recenseer zelden individuele gebouwen. Dat is de grootste valkuil van nationaal schrijven – dat gebrek aan lokale betrokkenheid die op haast natuurlijke wijze uitnodigt tot polemiek. Daar komt nog bij dat een boek met kritische stukken zoals *Kicked A Building Lately?* niet langer een levensvatbaar economisch genre is. Uitgevers willen alleen nog boeken die een totaalvisie presenteren, of die de indruk wekken een

Of those, only Lamster and Saffron publish with high regularity, as beat journalists once did. Many other critics (including myself, writing for *The Nation*) must tackle architecture *in general.* Unlike Huxtable, my work has dealt primarily with the vernacular, and focuses on the broad political implications of architecture. I review individual buildings rarely. That's the major pitfall of writing nationally – this lack of local involvement, this generality that naturally invites polemics. Additionally, a book of critical essays like *Kicked a Building Lately?* is no longer a viable economic model. Publishers only want books that present a total vision, or that are supposed to solve a big-picture problem. Anthologies of essays are frowned on, especially if they've appeared before online. Has there ever been a worse time to write – about architecture or anything else?

Also the kind of public-facing historian, of which Pevsner is the most famous example from the twentieth century, no longer exists. The academicisation of history and theory – a field that has been entirely remade within the university since the 1980s – has rendered the historian an insular specialist rather than someone whose interest is in educating the public. The academic turn in theory has made it unrecognisable from the kind that was being written – by *architects,* not academics – in the 1970s and before. This is not a wholly negative development, but it is a changed landscape.

There used to be a general belief in the public intellectual, and a great deal of writing in architecture was produced for the layman. Much of the architecture discourse took place not in the halls of academia or in theory journals but in *public.* The battle between modernism and postmodernism leaked into the pages of *The Village Voice* and *The New York Times.* The Pevsner review, despite its setting in an academic journal, is similarly informal. He recalls a joke Philip Johnson told him: 'Nikolaus, you're the only man alive who can say "functionalism" with a straight face.' He doesn't argue it forcefully in the review, rather he cites it as a prior, a *belief:* 'My sympathy is still entirely on the side of Mies and Gropius and functionalism.' Huxtable was more malleable, preferring to tackle architecture from building to building, hence Pevsner's frustration. (Similarly stuck in the 1970s is Pevsner's snide closing comment, where he says there should be more photographs by Huxtable's husband.)

grootschalig probleem aan te pakken. Bloemlezingen van essays worden op gefrons onthaald, zeker als de teksten eerder online zijn verschenen. Is er ooit een slechtere tijd geweest om te schrijven – over architectuur of over iets anders?

Ook het soort publieksgerichte historicus, met Pevsner als het bekendste voorbeeld uit de twintigste eeuw, bestaat niet meer. De academisering van geschiedenis en theorie – een veld dat sinds de jaren 1980 volledig is veranderd binnen de universiteit – heeft van de historicus een naar binnen gekeerde specialist gemaakt, eerder dan iemand die erin geïnteresseerd is het publiek iets te leren. De academische draai richting theorie heeft haar onherkenbaar gemaakt, als je deze vergelijkt met wat er geschreven werd – door *architecten*, geen academici – in de jaren 1970 en daarvoor. Dit is niet een geheel negatieve ontwikkeling, maar het is wel een veranderd landschap.

Vroeger was er een algemeen geloof in de publieke intellectueel, en een groot deel van de teksten in de architectuurwereld werd gepubliceerd voor de leek. Veel architecturaal discours vond niet plaats in academische zalen of theorietijdschriften, maar in de publieke ruimte. De strijd tussen modernisme en postmodernisme kwam terecht op de pagina's van *The Village Voice* en *The New York Times*. De recensie van Pevsner is op net zo'n manier informeel, ondanks de setting van het academische tijdschrift. Hij herinnert zich een grap die Philip Johnson hem ooit vertelde: 'Nikolaus, jij bent de enige nog levende mens die het woord "functionalisme" kan uitspreken met een uitgestreken gezicht.' Hij betoogt het niet met kracht in de recensie, maar eerder citeert hij het als een gegeven, een *geloof*: 'Mijn sympathie ligt nog steeds volledig aan de kant van Mies en Gropius en het functionalisme.' Huxtable was flexibeler en verkoos het om architectuur aan te pakken van gebouw tot gebouw, en vandaar ook de frustratie van Pevsner. (Ook een typisch jaren 1970 verschijnsel is Pevsner's spottende opmerking dat er in het boek meer foto's zouden moeten staan van Huxtable's echtgenoot).

De grootste verandering is echter dat er over de meest besproken architectuur in de Engelstalige wereld niet meer gepraat kan worden in termen van stilistische bewegingen of debatten. De inzet, esthetisch gesproken, is laag. Architecten verkleden zich als tech-start-uppers en zetten de deur niet open voor het publiek, maar voor geldschieters en Saoedische prinsen. De bekendste nieuwe architectuur is pro-fotografie en anti-publiek. Ik

But the biggest change is that the most written about architecture in the anglophone world can no longer be talked about in terms of stylistic movements or debates. The stakes, aesthetically speaking, are low. Practitioners dress up like tech founders and hold open houses not with the public, but with financiers and Saudi princes. The most famous new architecture is pro-photography and anti-public. I wonder what Huxtable would have said about the moment we are living in.

Architecture is, of course, a public concern. How we get the public reinvested in it is a legitimate question. Pevsner and Huxtable knew that, and that's why they fought in non-public pages. Pevsner respected Huxtable for what she was and the role she played for architecture, which was slightly different than his – hers to persuade, his to inform. They bicker as colleagues. If anything, he is rather envious of her power.

The debate between modernism and postmodernism – and the interregnum of late modernism in which the review takes place – was the last great debate in architecture. Ordinary people had opinions on it because they read the newspaper and took sides. No such serious and wide-ranging debates take place today. To this critic, the situation is dire, and it is one in which a future for architecture beyond the same old techno-fetishism appears already foreclosed. There are no debates in criticism because there are no debates in architecture, no collective movements that battle at the same existential scale as those of the twentieth century. Everyone is their own meager, branded individual. All we critics can do now is argue over the same history and the overstayed welcome of its discontents. I read Pevsner's review of Huxtable, and the emotion that comes to mind first is, unfortunately, envy.

vraag me af wat Huxtable gezegd zou hebben over het moment waarin we leven.

Architectuur is, natuurlijk, een publieke aangelegenheid. Hoe we ervoor kunnen zorgen dat het publiek er opnieuw in investeert, is een legitieme vraag. Pevsner en Huxtable wisten dat, en dat is waarom ze strijd voerden op publieke pagina's. Pevsner respecteerde Huxtable voor wat ze was en voor de rol die ze speelde binnen de architectuur, die enigszins anders was dan de zijne – zij wou overtuigen, hij wou informeren. Ze kibbelen als collega's. Hij is in ieder geval nogal jaloers op haar macht.

Het debat tussen modernisme en postmodernisme – en het interregnum van het late modernisme waarin de recensie verschijnt – was de laatste grote architectuurdiscussie. Gewone mensen hadden er een mening over, omdat ze de krant lazen en een positie innamen. Zulke serieuze, wijdvertakte debatten zijn er vandaag niet meer. Voor deze criticus althans is de situatie verschrikkelijk, omdat de toekomst voor de architectuur, voorbij hetzelfde oude techno-fetisjisme, al beslecht lijkt te zijn. Er zijn geen debatten in de kritiek, omdat er geen debatten zijn in de architectuur, geen collectieve bewegingen die strijden op hetzelfde existentiële niveau als in de twintigste eeuw. Iedereen is zijn eigen schamele, gewaarmerkte individu. Het enige dat wij als critici nu kunnen doen, is discussiëren over dezelfde geschiedenis en de al te langdurende acceptatie van het onbehagen in die geschiedenis. Ik heb Pevsner's recensie van Huxtable gelezen, en de emotie die het eerst in me opkomt is, helaas, jaloezie.

Vertaling: Christophe Van Gerrewey

Joost Meuwissen, 'Architectuur als conversatie', *Plan* 11 (1981), 8-17

Philip Johnson, *Writings* (New York: Oxford University Press, 1979)

Joost Meuwissen, 'Architectuur als conversatie', *Plan* 11 (1981), 8-17

Philip Johnson, *Writings* (New York: Oxford University Press, 1979)

Deze oude leer

Maarten Janszen

'Heel het oeuvre van Johnson is een aaneenschakeling van mislukkingen en zo heeft hij het ook bedoeld; zijn werken dienen slechts als "doorgeefluik" van ideeën, die de architectuur kunnen stutten.' Joost Meuwissen (1950-2016) geeft het meteen aan in de inleiding van zijn bespreking van diens verzamelde geschriften uit de periode 1931 tot 1975: de ironie speelt een bepalende rol in het werk van Philip Johnson (1906-2005), maar het is geen postmoderne ironie – Johnson is een modernist. De inhoud van *Writings* bezit een 'ondeelbaarheid en eensluidendheid', zo constateert Meuwissen, 'tot het eind toe blijft de voorstelling van de these uit 1932 overeind', verwijzend naar de beginselen geformuleerd in het boek *The International Style: Architecture since 1922* van Johnson en Henry-Russell Hitchcock. De stelling van Meuwissen is helder: alle teksten van Johnson verkeren nog 'binnen het paradigma van de Internationale Stijl' en ook zijn bouwwerken 'hebben niets van doen met de kartonnen coffeeshopstijl die zich vorig jaar op de biënnale in Venetië op hem ging beroepen. Johnson zelf is modernist, geen postmodernist'. Het is een gewaagde stellingname in 1981, zo'n twee jaar nadat de Amerikaanse architect voor de cover van *Time* heeft geposeerd met een schaalmodel van zijn

This Old Doctrine

Maarten Janszen

'Johnson's entire oeuvre is nothing but a series of failures, and that is exactly what he intended; his works serve only as conduits for ideas that can support architecture.' In the introduction to his review of Philip Johnson's (1906-2005) collected writings from the period from 1931 to 1975, Joost Meuwissen (1950-2016) is quick to point it out: irony plays a defining role in Johnson's work, but his is not postmodern irony – Johnson is a modernist. The content of *Writings* has a certain 'indivisibility and uniformity', Meuwissen observes that 'the idea behind the 1932 thesis holds to the end', referring to the principles formulated in Johnson and Henry-Russell Hitchcock's book *The International Style: Architecture since* 1922. Meuwissen's position is clear: all of Johnson's writings are still 'in line with the paradigm of the International Style' and in addition, his buildings 'have nothing to do with the cardboard café style that seemed to be inspired by him at the Venice Biennale last year. Johnson himself is a modernist, not a postmodernist.' This is a bold position to take in 1981, some two years after the American architect posed for the cover of *Time Magazine* with a scale model of his Manhattan AT&T Tower, an instant icon of postmodernism.

AT&T toren in Manhattan, een instant icoon van het postmodernisme.

De vorm die de recensie van Meuwissen aanneemt is onconventioneel. Om zijn stelling te verdedigen, kiest hij er niet voor om de *Writings* te analyseren aan de hand van de modernistische principes, maar draait hij het om, door het fenomeen van de Internationale Stijl te analyseren met behulp van citaten uit de bloemlezing. De citaten stutten, met andere woorden, zijn argumentatie. Er ontstaat een mengvorm van boekbespreking en exposé, resulterend in wat te beschouwen valt als de meest diepgravende analyse van de Internationale Stijl in het Nederlandse taalgebied.

Onderdeel van de uiteenzetting is de manier waarop Johnson in zijn ontwerpen de doctrine van de Internationale Stijl zelf ondermijnt. De drie principes die ten grondslag lagen aan de Internationale Stijl – volume in plaats van massa, regelmatigheid in plaats van symmetrie, elegantie in plaats van ornament – zijn volgens Meuwissen 'ideëel', 'een soort dieptestructuur', maar ze laten de vormen en ontwerpkeuzen vrij. Die afstand tussen principes en vormen wordt vervolgens uitgebuit:

> Zo zou men bij Johnsons architecturen kunnen spreken van een ironie, voor zover zijn eenmaal beginselloos en willekeurig gekozen vormen bij de uitwerking tot gereed ontwerp toch afdalen in de diepte van de principes. De vormen worden in het ontwerpproces geschematiseerd naar de principes toe en laten de verwarrende en schandaleuze ontoereikendheid van de architectuur zien, die zulke principes oplevert.

De afbeeldingen die Meuwissen, als redacteur van *Plan*, bij zijn artikel plaatst, demonstreren hoe deze ironie werkt. Het gaat om een chronologisch geordende reeks van 18 ontwerpen: 14 van Mies van de Rohe, gevolgd door vier ontwerpen van Johnson. ('Zijn oeuvre staat in breukloze continuïteit met Oud en Mies. Vooral Mies, van wie hij op betooglijk vlak het spoor verder traceert'.) Het laatste, achttiende ontwerp, Johnson's eigen huis in Big Sur uit 1980, is vergeleken met de voorgaande projecten een schijnbare stijlbreuk; de reeks eindigt zo met een *non sequitur*, een anomalie, als de verrassende wending op het einde van een grap. De 'beginselloos en willekeurig gekozen vormen' (Haus Riehl van Mies, een *Shingle Style* kerkje in Monterey van Ernest Coxhead) dalen in dit ontwerp af 'in de diepte van de principes', met

The form of Meuwissen's review is unconventional. To defend his position, instead of analysing *Writings* according to modernist principles, he does the opposite and analyses the International Style phenomenon by means of quotations from the anthology. In other words, the quotations support his argument. The result is a combination of a book review and an exposé that can be considered the most in-depth analysis of the International Style in the Dutch-speaking world.

Central to this exposé is the way in which Johnson's designs undermine the doctrine of the International Style itself. According to Meuwissen, the three principles that underpin the International Style – volume rather than mass, regularity rather than symmetry, elegance rather than ornament – are 'ideal', 'a kind of deep structure', but they leave forms and design choices free. He then exploits this distance between principles and forms:

> In the case of Johnson's architectures, one might call them ironic, in that his initially unprincipled and arbitrarily chosen forms, when elaborated into a finished design, nevertheless descend into the depths of principles. The forms are schematised into principles in the design process, revealing the bewildering and scandalous inadequacy of the architecture that produces such principles.

The images that Meuwissen, as editor of *Plan*, publishes with his article demonstrate how this irony works. They are a chronological series of 18 designs: 14 by Mies van de Rohe, followed by four by Johnson. ('His work forms an unbroken continuity with that of Oud and Mies. Especially with that of Mies, in whose footsteps he follows on an argumentative level.) The final, eighteenth design, Johnson's 1980 private residence in Big Sur, seems to express a sudden change in style from the previous projects; the series ends with a *non sequitur*, an anomaly, like the surprising twist at the end of a joke. In this design, the 'unprincipled and arbitrarily chosen forms' (Mies's Riehl House, Ernest Coxhead's shingle-style church in Monterey) descend 'into the depths of principles', with a façade like a tightly stretched envelope to create the effect of volume. In design after design, Johnson presents this 'bewildering and scandalous inadequacy', time after time, he also celebrates a farewell to

Philip Johnson, House, Big Sur, 1980

een gevel als strakgespannen omhulsel voor het volume-effect. Met ieder ontwerp van Johnson wordt de 'verwarrende en schandaleuze ontoereikendheid' getoond, steeds opnieuw wordt ook het afscheid gevierd van het puritanisme en moralisme van de Moderne Beweging. De term die Meuwissen gebruikt is 'begrafenisfeest', en daarin ligt de overeenkomst tussen de ironische modernist Johnson en de postmodernisten. De laatste zin van de recensie luidt: 'Laten we de dood vieren van het modernisme! Er is in heel het postmodernisme – en niet alleen voor zover het zich op Johnson beroept – een preoccupatie met de dood.'

Hoewel de Internationale Stijl als doctrine bij de verspreiding in de architectonische cultuur allengs aan scherpte en kracht inboette – de principes werden 'geperverteerd' of losten uiteindelijk op in de 'oppervlakkigheid van een voor de moderne architectuur normale vakbeoefening zonder poespas'– betekende deze devaluatie echter niet het einde van de werkzaamheid van Johnson's

the puritanism and moralism of the Modern Movement. The term Meuwissen uses is 'funeral feast' and therein lies the similarity between the ironic modernist Johnson and the postmodernists. The last sentence of the review reads: 'Let us celebrate the death of modernism! Postmodernism is thoroughly preoccupied with death, and not just as far as it invokes Johnson.'

Although as a doctrine, the International Style gradually lost focus and power as it spread through architecture culture – its principles were 'perverted' or eventually dissolved into the 'superficiality of the fuss-free professional practice normal to modern architecture' – this devaluation did not mean the end of the effectiveness of Johnson and Hitchcock's doctrine. In 1994, 13 years after the book review, Meuwissen returned to the subject and drew attention to its continuing influence. In a contribution to *Wiederhall*, a journal he himself founded, he writes: 'As unfashionable as it may sound and

en Hitchcock's doctrine. In 1994, 13 jaar na de boekbespreking, komt Meuwissen terug op het onderwerp, om de persistente invloed ervan onder de aandacht te brengen. In een bijdrage aan het door hemzelf opgerichte tijdschrift *Wiederhall* schrijft hij: 'Hoe onmodieus het ook mag klinken en hoe ongaarne architecten het zullen willen horen, naar mijn mening is deze oude leer, zij het niet in de architectuurpraktijk van vandaag maar wel als architectonische esthetica, merkwaardig genoeg nog steeds het heersende paradigma.'[1] Wanneer esthetica, of esthetiek, wordt opgevat als het 'samenhangend systeem van categorieën dat de verschijningsvorm van alle werken van (bouw) kunst toegankelijk maakt opdat de werken apart, hun individuele inhoud, kan worden begrepen', dan is het probleem volgens Meuwissen dat poëtiek ('de eigen formulering van de bouwkunstenaar over waarde, inhoud en systematiek van het werk') en kritiek ('de formulering hierover van anderen') in de hedendaagse architectuur gebaseerd zijn op een verouderde esthetiek waarmee in de praktijk al is gebroken. In de Internationale Stijl uit 1932 lag de nadruk nog te veel op de vraag aan welke maatstaven de productie van een gebouw moest voldoen. Wat bij andere producten normaal is, namelijk consumptie, bleef buiten beschouwing – begrijpelijk, want 'de bloei van het consumptie-object, niet alleen als drager van economische groei maar van een levenswijze, inclusief een esthetiek van de consumentenblik, begint ook pas in de jaren vijftig'.

Precies rond dit vraagstuk wordt op donderdag 18 mei 1994 de 'First Annual Wiederhall Groszstadt Conference' in de Kunsthal georganiseerd, als 'Europese tegenhanger' van de *ANY* -conferenties, met op de flyers en posters de vraag: 'Is an aesthetic possible that can accommodate not just production but also consumption?' De VPRO komt televisieopnamen maken – het zijn de hoogtijdagen van de Nederlandse architectuurtheorie – en Meuwissen roept in zijn lezing op tot een amendering van de beginselen van de Internationale Stijl. Met behulp van een pagina uit Deleuze's *Différence et Répétition* uit 1968 worden de principes van vlak en volume benaderd in termen van uitbreidbaarheid en uitbreiding, en over regelmatigheid en elegantie wordt gesproken in termen van kwaliteit, vulling en hoe het object naar zichzelf verwijst. Het is een 'privé'-esthetica die succesvol wordt toegepast in de ontwerpprojecten die Meuwissen rond dezelfde tijd ontwikkelt met zijn bureau One Architecture. Als voorstel

as unwilling as architects may be to hear it, in my opinion this old doctrine, albeit not in contemporary architectural practice but rather as architectural aesthetics, is, curiously, still the dominant paradigm.' If aesthetics is understood as the 'coherent system of categories that makes the manifestation of all works of (architectural) art accessible so that the works, their individual content, can be understood separately', then the problem, according to Meuwissen, is that poetics ('the building artist's own formulation about value, content and systematics of the work') and criticism ('the formulation on this by others') in contemporary architecture are based on an outdated aesthetic that has already been abandoned in practice. In the International Style of 1932, there was still too much emphasis on what standards the production of a building had to meet. Something that is taken into account in other products, namely their consumption, was ignored here – understandably so, since 'the blossoming of the consumer object, not only as a carrier of economic growth but also as a way of life, including the aesthetics of the consumer gaze, only began in the 1950s'.

This was precisely the issue at the centre of the 'First Annual Wiederhall Groszstadt Conference' that took place in the Kunsthal in Rotterdam on Thursday 18 May 1994 as the 'European counterpart' of the ANY conferences. The question on the flyers and posters was: 'Is an aesthetic possible that can accommodate not just production but also consumption?' The public broadcaster VPRO recorded the event for television – this was the heyday of Dutch architecture theory – and Meuwissen, in his lecture, called for an amendment to the principles of the International Style. Using a page from Deleuze's 1968 *Différence et Répétition*, he approached the principles of plane and volume in terms of expandability and extension, and discussed regularity and elegance in terms of quality, filling and the way the object refers to itself. It was a 'private' aesthetic that was successfully applied in the design projects that Meuwissen developed around the same time with his firm One Architecture. As a proposal for a new collective, recognisable architectural aesthetic it was a failure, but no doubt that was his intention, following in the footsteps of Philip Johnson.

Translation: InOtherWords, Maria van Tol

tot een nieuwe collectieve, herkenbare esthetiek in de architectuur is het een mislukking, maar zo heeft hij het, in het spoor van Philip Johnson, ongetwijfeld ook bedoeld.

1

Joost Meuwissen, 'Aesthetics Now: A Conversation Piece', *Wiederhall* 17 (1994), 6-11.

1

Joost Meuwissen, 'Aesthetics Now: A Conversation Piece', *Wiederhall* 17 (1994), 6-11.

Janet Malcolm, 'Wolfe in Wolfe's Clothing', *New York Review of Books*, 17 december 1981

Tom Wolfe, *From Bauhaus to Our House* (New York: Farrar Straus Giroux, 1981)

Janet Malcolm, 'Wolfe in Wolfe's Clothing', *New York Review of Books*, 17 December 1981

Tom Wolfe, *From Bauhaus to Our House* (New York: Farrar Straus Giroux, 1981)

Buiten de omheining, naar buiten kijkend

Jayne Kelley

From Bauhaus to Our House, de op een groot lezerspubliek gerichte tirade tegen de moderne architectuur van de Amerikaanse auteur Tom Wolfe (1930-2018) uit 1981, roept zowel vanuit het perspectief van vandaag als kort na publicatie, een opvallend assortiment reacties op.[1] Het modernisme ondervond op dat moment nauwelijks nog bijval, en het merendeel van de kritische ontvangst was positief. Het boek werd een *New York Times* beststeller. De enkele negatieve reacties waren echter fel. Reyner Banham, Paul Goldberger, Hilton Kramer en Michael Sorkin, naast vele anderen, vonden onverwacht gemeenschappelijke grond in de ontmanteling van Wolfe's even opzwepende als nauwgezette kritiek van de moderne architectuur en de Amerikaanse samenleving die deze architectuur omarmde (tegen de eigen aard en het eigenbelang in, aldus Wolfe).

De urgentie die architecten aanzette om tegen het boek te ageren, kwam duidelijk naar voren in een door The Architectural League georganiseerde paneldiscussie in december 1981, met Peter Blake, Martin Filler en Susana Torre als panelleden en

Outside the Compound, Looking Out

Jayne Kelley

Seen both from today's vantage and in its own time, the 1981 mass-market diatribe *From Bauhaus to Our House* garnered a striking assortment of reviews.[1] At a moment when modernism found few defenders, much of the critical reception was positive; the book by American journalist Tom Wolfe (1930-2018) was also a *New York Times* bestseller. But the negative response was vehement. Reyner Banham, Paul Goldberger, Hilton Kramer and Michael Sorkin – among many others – found unexpected common ground in dismantling Wolfe's rollicking, embroidered takedown of modernist architecture and the American society that embraced it (per Wolfe, against its own nature and best interest).

The urgency driving the response to the book among architects was on display in a December 1981 panel discussion at The Architectural League in New York, featuring Peter Blake, Martin Filler and Susana Torre, with Suzanne Stephens as moderator.[2] Stephens framed the event as an effort to review the reviews of *From Bauhaus to Our House*, which appeared at such a clip that

Richard Meier & Partners, Douglas House, Harbor Springs, 1973

several were provided to the panel participants only at the last minute. In an audio recording now available on the League's website, she breathlessly recaps key jabs from assembled reviews to audible laughs from the audience. In a telling anecdote, Filler explains that four publications asked him to assess the book, but he thought it 'more judicious' not to dignify it with critical treatment.

One of the reviews quoted during the event, 'Wolfe in Wolfe's Clothing' by Janet Malcolm (1934-2021) in the *New York Review of Books*, stands out in this fracas, and not only because of the content of her critique. More than any other reviewer, Malcolm is a true peer of Wolfe's, a prestige longform journalist active in New York, well-credentialed to write about art and aesthetics, and celebrated for her acute, observational unpacking of cultures and professions (including her own).[3] Her review is distinctive in the way it skewers Wolfe squarely from his own turf, with his own tools: a sharp read of American society, and precise language wielded with an engaging self-consciousness.

After relaying the book's premise ('what Wolfe believes, or affects to believe'), Malcolm quickly delivers the substance of her review, appropriately engaging both *what* and *how* Wolfe argues. About halfway through the book, she explains: 'Wolfe's own high spirits and playfulness, which have been carrying forward a thesis that one would have thought it impossible to sustain for more than a sentence, begin to flag, and the thesis collapses like a soap bubble.' The book 'reduces the modernist revolution in art, literature, music, design, and architecture to the status of a junior high school afternoon program taken over by cliques of exhibitionistic bohemians'; in doing so, Wolfe 'writes about modern architecture as if it were something that had been put on earth simply to irk him, with no social and cultural history'. It is exactly these larger social and cultural dynamics that Wolfe purports to expose, but actually fails to grasp, that also establish the stakes of the book: 'When someone as smart as Wolfe feels that it's OK to come out publicly with views as retrograde as his in this book . . . it's time to start wondering about what is going on with us.'

The 'us' she invokes is, significantly, more than architects. Malcolm displays no need to defend modernism from 'within' architecture. Goldberger's, Kramer's and Sorkin's reviews all

met Suzanne Stephens als voorzitter.[2] Stephens presenteerde de bijeenkomst als een poging om de verschillende recensies van *From Bauhaus to Our House* te becommentariëren. Aangezien er op dat moment nog steeds met enige regelmaat recensies verschenen, werden sommige stukken pas kort voor het debat aan de deelnemers verstrekt. In een opname, te raadplegen op de website van de League, vat Stephens de belangrijkste aanvallen ademloos samen, tot hoorbare hilariteit van het publiek. In een veelzeggende anekdote legt Filler uit dat maar liefst vier publicaties hem gevraagd hadden het boek te recenseren, maar dat hij het 'verstandiger' had gevonden om het boek niet te verwaardigen met een kritische behandeling.

Een van de recensies die wel werden geciteerd en die opviel, niet alleen vanwege de inhoud, was de bespreking van Janet Malcolm: 'Wolfe in Wolfe's Clothing'. Meer dan andere recensenten was zij een echte collega van Wolfe, een prestigieuze journalist van lange artikelen, actief in New York, zeer goed gekwalificeerd om over kunst en esthetiek te schrijven, en geprezen vanwege de scherpe, observerende manier waarop ze cultuur en professies analyseerde (inclusief haar eigen beroepsgroep).[3] Haar recensie onderscheidt zich door de manier waarop Wolfe op zijn eigen terrein en met zijn eigen middelen wordt aangevallen: een scherpe lezing van de Amerikaanse samenleving, met precieze taal, en met een aanstekelijk zelfbewustzijn.

Na het uitgangspunt van het boek te schetsen ('wat Wolfe gelooft, of doet geloven') komt Malcolm tot haar punt door zowel in te gaan op Wolfe's argument als op zijn argumentatie. Ongeveer halverwege het boek, legt ze uit: 'Begint Wolfe's eigen opgewektheid en speelsheid, waarmee tot dan toe een stelling naar voren is gebracht die kennelijk niet langer dan een zin valt vol te houden, te verslappen, en de these klapt als een zeepbel in elkaar.' Het boek 'reduceert de modernistische revolutie in kunst, literatuur, muziek, ontwerp en architectuur tot de statuur van een middagprogramma van een middelbare school, overgenomen door een kliek van exhibitionistische bohémiens'. Daardoor schrijft Wolfe, volgens Malcolm, 'over moderne architectuur alsof die op aarde aanwezig is om hem te irriteren, zonder over een eigen sociale en culturele geschiedenis te beschikken'. Het is juist die grotere sociale en culturele dynamiek die Wolfe pretendeert te onthullen en die de inzet van het boek bepaalt, maar die hij duidelijk niet heeft begrepen. 'Wanneer

draw from this vein, which typically involves underlining Wolfe's status outside the same 'art compounds' he mocks: 'What Tom Wolfe doesn't know about architecture could fill a book. And so, indeed, it has' (Sorkin); 'There is, indeed, very little about modern architecture that [Wolfe] does understand' (Kramer); 'Tom Wolfe has no eye' (Goldberger).[4] Others – Robert Hughes in *Time*, for example – chastise Wolfe for his failure to credit the influence of American proto-modernists, like Louis Sullivan and Frank Lloyd Wright, on the Bauhaus.

Malcolm also takes issue with Wolfe's oversimplified historical narratives, but her lens is wider. Rather than in Sullivan and Wright, she locates the origins of the Bauhaus's 'plain forms and egalitarian rhetoric' in Abraham Lincoln, the Yale lock, the Shakers. She pulls in architectural figures and references – Mies, John Ruskin – with equal facility. Malcolm constructs an architecture discourse that is recognizable both as its own culture and for its integral contributions to a wider, common culture. A frequent refrain among other reviewers is that Wolfe is not really talking about architecture, anyway; instead, he is a critic of society. Rather than ending her argument there, Malcolm engages Wolfe on exactly these terms.

Unlike other reviewers, Malcolm does not lose her own footing in misguided attempts to channel (or match) Wolfe's singular voice and exuberant humour. As Goldberger rightly points out: 'It is hard to criticize writing like this and not seem like the prim schoolmaster.' She hardly discusses his style of writing at all – though she artfully redeploys Wolfe's own language ('yahoo-wahoo') to make her case. Her wit is drier. A hinge in her review is Adolf Loos's essay 'Ornament and Crime', which she characterises simply as 'brilliant, weird'. Her comment on Wolfe's 'unsettling' use of illustrations is more cutting than any whinging reminder that he is an architectural outsider: 'Gropius's Dessau Bauhaus, Corbusier's Villa Savoye, Rietveld's Schröder House [sic], Mies's Seagram Building, and Meier's Douglas House are among the terrible sights in *From Bauhaus to Our House*.'

Other reviews also condemned the nationalism and populism that course through Wolfe's book, but for all these reasons, Malcolm's counter lands with more force. Even if we easily recognise the 'retrograde' political undercurrents she identifies today, the feverish controversy around

iemand die zo slim is als Wolfe het gevoel heeft dat het OK is om publiekelijk naar buiten te komen met opvattingen die zo achterhaald zijn als de zijne in dit boek (…) is het tijd ons af te vragen, wat er met ons aan de hand is.'

Het 'ons' dat ze hier oproept gaat duidelijk om meer dan architecten alleen. Malcolm heeft geen behoefte om het modernisme te verdedigen 'van binnenuit' de architectuur. De recensies van Goldberger, Kramer en Sorkin zijn vanuit dat standpunt geschreven, waarbij doorgaans wordt onderstreept dat Wolfe het 'kunstzinnige domein' bespot als buitenstaander. 'Wat Tom Wolfe niet weet over architectuur zou een boek kunnen vullen. En inderdaad, dat is gebeurd' (Sorkin); 'Er is inderdaad heel weinig dat [Wolfe] begrijpt over moderne architectuur' (Kramer); 'Tom Wolfe heeft geen oog' (Goldberger).[4] Anderen, zoals Robert Hughes in *Time*, berispen Wolfe omdat hij de invloed van Amerikaanse proto-modernisten op het Bauhaus, zoals Louis Sullivan en Frank Lloyd Wright, niet onderkent.

Ook Malcolm maakt bezwaar tegen de over-gesimplificeerde historische verhaallijnen van Wolfe, maar haar lens is breder. In plaats van Sullivan en Wright ziet zij een verwantschap tussen de 'eenvoudige vormen en de egalitaire retoriek' van het Bauhaus met Abraham Lincoln, het Yale-slot en de Shakers. Met evenveel gemak behandelt ze figuren en referenties uit de architectuur – Mies of John Ruskin. Malcolm construeert een architectonisch discours dat zowel herkenbaar is dankzij de culturele eigenheid ervan, maar ook omdat het een integrale bijdrage levert aan de bredere gemeenschappelijke cultuur. Een veelgehoord refrein onder andere recensenten is dat Wolfe sowieso niet echt over architectuur spreekt, maar een criticus is van de samenleving. Malcolm eindigt haar betoog hier niet, maar gaat juist op dit punt met hem in gesprek.

Anders dan andere recensenten verliest ze bovendien niet haar zelfbeheersing in misplaatste pogingen om Wolfe's unieke stem en uitbundige humor te kanaliseren (of te evenaren). Zoals Goldberger terecht opmerkt: 'Het is moeilijk om dit soort teksten te bekritiseren zonder een tuttige schoolmeester te lijken.' Malcolm bespreekt nauwelijks zijn schrijfstijl, al gebruikt ze wel kundig zijn eigen taal (*yahoo-wahoo*) om een punt te maken. Haar humor is droger. Een scharnier in de recensie is het essay 'Ornament und Verbrechen' van Adolf Loos, dat ze simpelweg typeert als 'briljant, raar'. Haar commentaar op Wolfe's 'veront-

From Bauhaus to Our House feels dizzyingly far away. It may seem facetious to suggest that we can learn anything from a time when media conditions were so different, when dozens upon dozens of media outlets commissioned reviews of a book about architecture. But Malcolm offers a mode in which architects and writers on architecture might be able to address issues of our time with both authority and elegance: by thoughtfully positioning architecture within the dynamics of society, and gamely inviting outsiders to look inside our walls.

1
For an extensive overview of the reviews of *From Bauhaus to Our House*, see: Thomas Hines, 'Conversing with the Compound', *Design Book Review* 13 (1987), 13-19. Hines counts no fewer than 69 reviews of the book.

2
'Panel discussion: From Bauhaus to Our House', recorded 1 December 1981, The Architectural League, archleague.org/article/from-bauhaus-to-our-house/.

3
See, for example: *Psychoanalysis: The Impossible Profession* (New York: Alfred A. Knopf, 1981). For reflections on Malcolm's influence, see: 'Janet Malcolm, Remembered by Writers', *The New Yorker*, 19 June 2021.

4
Michael Sorkin, 'Wolfe at the Door', *The Nation*, 31 October 1981, 445-447; Hilton Kramer, 'Tom Wolfe vs. Modern Architecture', *Saturday Review* 8 (1981), 65-66; Paul Goldberger, 'An Ear for Buildings', *The New York Times*, 11 October 1981. In the League panel, Stephens, at least, is aware of this irony.

rustende' gebruik van afbeeldingen is vele malen vinniger dan al het gezeur om ons eraan te herinneren dat hij een buitenstaander is: 'Gropius's Dessau Bauhaus, Corbusier's Villa Savoye, Rietveld's Schröder House [sic], Mies' Seagram Building, en Meier's Douglas House behoren tot de vreselijke plaatjes in From *Bauhaus to Our House*.'

Andere recensies veroordeelden ook het nationalisme en populisme dat in het boek doorsijpelt, reden te meer dat Malcolm's tegenstem met meer kracht aankomt. Ook al herkennen we vandaag opnieuw de 'retrograde' politieke onderstromen die zij detecteerde, toch voelt de koortsachtige controverse rond *From Bauhaus to Our House* duizelingwekkend ver weg. Het lijkt grappig te suggereren dat we niets kunnen leren van een tijd waarin de media nog zo anders waren, toen tientallen uitgeverijen opdracht gaven om architectuurboeken te bespreken. Daarentegen presenteert Malcolm een manier van recenseren die architecten en schrijvers over architectuur de ruimte geeft om actuele onderwerpen met gezag en elegant aan te kaarten: door architectuur zorgvuldig te positioneren binnen de dynamiek van de samenleving, en door buitenstaanders speels uit te nodigen om een kijkje te nemen over onze muren heen.

Vertaling: Hans Teerds

1
Voor een uitputtend overzicht van recensies van *From Bauhaus to Our House*, zie: Thomas Hines, 'Conversing with the Compound', *Design Book Review* 13 (1987), 13-19. Hines telt niet minder dan 69 recensies.

2
'Panel discussion: From Bauhaus to Our House', 1 december 1981, The Architectural League, archleague.org/article/from-bauhaus-to-our-house/.

3
Zie bijvoorbeeld: Janet Malcolm, *Psychoanalysis: The Impossible Profession* (New York: Alfred A. Knopf, 1981). Over Malcolm's invloed, zie: 'Janet Malcolm, Remembered by Writers', *The New Yorker*, 19 juni 2021.

4
Michael Sorkin, 'Wolfe at the Door', *The Nation*, 31 oktober 1981, 445-447; Hilton Kramer, 'Tom Wolfe vs. Modern Architecture', *Saturday Review* 8 (1981), 65-66; Paul Goldberger, 'An Ear for Buildings', *The New York Times*, 11 oktober 1981. Tijdens het panelgesprek aan The League lijkt op zijn minst Stephens zich bewust van deze ironie.

Adrian Forty, 'Architecture as Punishment', *Art History* 4 (1983), 481-484

Robin Evans, *The Fabrication of Virtue: English Prison Architecture, 1750-1840* (Cambridge: Cambridge University Press, 1982)

Adrian Forty, 'Architecture as Punishment', *Art History* 4 (1983), 481-484

Robin Evans, *The Fabrication of Virtue: English Prison Architecture,* 1750-1840 (Cambridge: Cambridge University Press, 1982)

Hoe mensen samenleefden

Elena Martínez-Millana

Robin Evans (1944-1993) publiceerde tijdens zijn leven slechts één boek en daar had hij 13 jaar aan gewerkt. Zoals hij in zijn dankwoord opmerkte, was hij in 1969 begonnen met het verzamelen van materiaal voor dit project, het jaar waarin hij zijn studie aan de Architectural Association in Londen afrondde. Volgens Robin Middleton's overzicht van Evan's werk ging diens onderzoek uit die tijd vooral over 'hoe mensen samenleefden, vooral als ze dat op een anti-autoritaire manier deden'.[1] In *The Fabrication of Virtue* keerde Evans dit thema om, zodat hij de rol die architectuur en de gebouwde omgeving in de samenleving spelen, kon verduidelijken. En wat kon er in dit opzicht verhelderender zijn dan een studie naar de meest openlijk autoritaire vorm van huisvesting van allemaal?

Het boek uit 1982 is grotendeels gebaseerd op zijn proefschrift, *Prison Design 1750-1842: A Study of the Relationship Between Functional Architecture and Penal Ideology*, dat hij in 1975 afrondde onder leiding van de aan de University of Essex verbonden Joseph Rykwert. Zowel in het proefschrift als in het boek reconstrueert hij de evolutie van de gevangenisarchitectuur en het denken over straffen in een periode, waarin deze een centrale rol speelden in de

The Way People Lived Together

Elena Martínez-Millana

Robin Evans (1944-1993) published only one book during his lifetime, and it was the outcome of 13 years of work. As he remarked in the acknowledgments, he began collecting material for this project in 1969, the same year he completed his studies at the Architectural Association in London. At the time, the main concern of Evans's research, according to Robin Middleton's overview of his writings, was 'the way people lived together, and lived together, in particular, in an anti-authoritarian way'.[1] With *The Fabrication of Virtue*, Evans inverted this theme to offer insight into the role of architecture and the built environment in society. What could be more illuminating, in this regard, than studying the most overtly authoritarian form of housing?

The book from 1982 stems largely from his doctoral dissertation, *Prison Design* 1750-1842*: A Study of the Relationship Between Functional Architecture and Penal Ideology*, which he completed under the guidance of Joseph Rykwert in 1975 at the University of Essex. Both dissertation and book reconstruct the evolution of prison architecture and penal thought in a period in which it became a central issue in social reform,

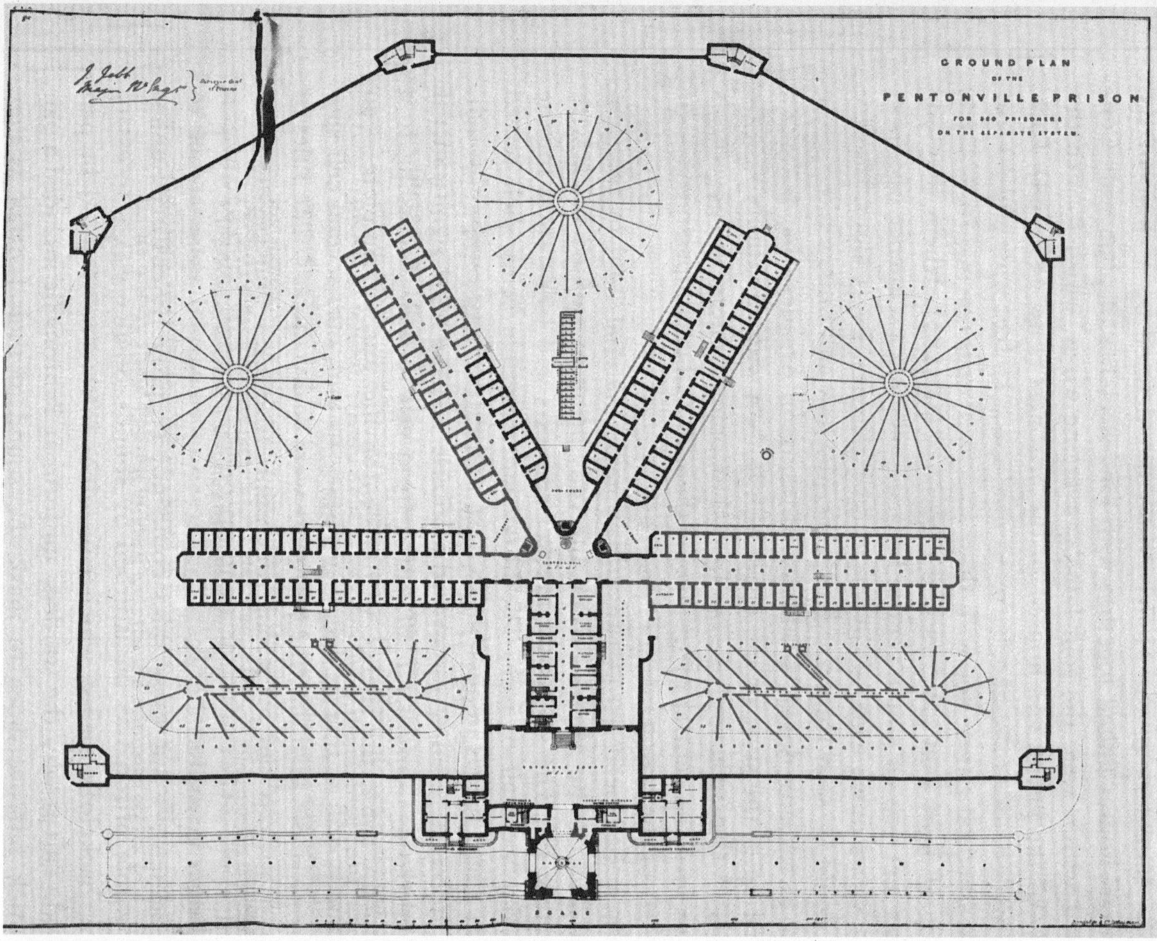

Joshua Jebb, model prison, Pentonville, 1842/ Joshua Jebb, modelgevangenis, Pentonville, 1842

maatschappelijke hervormingen en er veel over werd gedebatteerd in de politieke arena. Evans schreef over het thema, en richtte zich daarbij voornamelijk op gevangenissen. Hij onderzocht naast deze specifieke instellingen echter ook andere gebouwen, waaronder alle 'moderne' architectuur die na de achttiende eeuw was gebouwd.

In eerste instantie had Evans deze ideeën in essays uiteengezet. Hoofdstuk vijf van het boek was gebaseerd op artikelen over Bentham's Panopticon, die in 1970 verschenen in *Controspazio* en in 1971 in *AAQ*, terwijl delen van twee andere hoofdstukken in 1976 in *Lotus* waren verschenen.[2] Aan het eind van het boek, in hoofdstuk tien ('Architecture Limited and Unlimited'), trekt hij meer algemene conclusies, waarmee hij vooruitloopt op artikelen als 'Figures, Doors and Passages' en 'Rookeries and Model Dwellings: English Housing Reform and the Moralities of Private Space', beide uit 1978.[3] Ook eerdere teksten vertonen al sporen van zijn onderzoek naar gevangenissen, bijvoor-

widely debated in the political arena. Evans addressed the theme of 'multi-occupancy housing', focusing on prisons. However, he also explored buildings beyond these specific institutions, encompassing all 'modern' architecture built after the eighteenth century.

The initial formulations of these ideas had been outlined earlier by Evans in essays. Chapter five from the book draws on articles on Bentham's Panopticon that appeared in *Controspazio* in 1970 and in *AAQ* in 1971, while sections of two other chapters appeared in 1976 in *Lotus*.[2] At the end, in chapter ten 'Architecture Limited and Unlimited'), more general conclusions are drawn, anticipating articles such as 'Figures, Doors and Passages' and 'Rookeries and Model Dwellings: English Housing Reform and the Moralities of Private Space', both from 1978.[3] Traces of the research on prisons can be found in earlier texts, such as 'Towards Anarchitecture' (1970) and 'The Rights of

beeld 'Towards Anarchitecture' (1970) en 'The Rights of Retreat and the Rites of Exclusion: Notes Towards the Definition of Wall' in *AD* (1971).[4]

Vanwege het onderwerp van *The Fabrication of Virtue* wijdden ook wetenschappers uit niet-architectonische vakgebieden als geschiedenis, rechten, sociologie en criminologie relevante recensies aan het boek. Historica Joanna Innes beschreef *The Fabrication of Virtue* in *The English Historical Review* als 'in de eerste plaats een studie van de architect vanuit diens cerebrale vermogens', maar noemde ook 'de exclusieve preoccupatie met gevangenisontwerp' van het boek.[5] Dit punt van kritiek kwam ook tot uitdrukking in een recensie uit 1983 van Adrian Forty (1948), die later omvangrijke klassieke boeken als *Objects of Desire: Design and Society 1750-1980* (1986) en *Words and Buildings: A Vocabulary of Modern Architecture* (2000) zou schrijven. Volgens Forty maakte de benadering van Evans, die zich richtte op één functioneel gebouwtype, duidelijk deel uit van 'de trend om de traditionele onderwerpen van de architectuurhistorische monografie terzijde te schuiven'. Toch bleef er een sterk idealistische tendens waarneembaar. 'Onder het oppervlak van de tekst,' zo zei Forty, 'is er een sterke voorkeur voor de Warburg-traditie van architectuurgeschiedenis waar te nemen, dus een voorkeur voor ideeën en bedoelingen in plaats van maatschappelijke en materiële factoren om de geschiedenis van gebouwen te kunnen begrijpen.' Hierdoor kon Evans in *The Fabrication of Virtue* bijvoorbeeld niet uitleggen hoe het kwam – om een voorbeeld van Forty aan te halen – 'dat het op Pentonville Prison gebaseerde model [gevangenis] nog steeds werd gebouwd, terwijl de ideeën waar het zogenaamd op gebaseerd was, in diskrediet waren gebracht'.

> Voordat er grote industriële bedrijven ontstonden, vereisten omvangrijke bouwwerken de organisatie van arbeid op een schaal die elders, behalve de strijdkrachten, niet voorkwam, en de aard van de relaties tussen opdrachtgever, architect, aannemer en ambachtsman kon – en kan nog steeds – doorslaggevende invloed uitoefenen op de vormen die gebouwen aannamen.

Volgens Forty was Evans' focus op de ideeën achter gebouwen de grootste kracht zowel als de oorzaak van de grootste zwakte van het boek.

Forty vergeleek *The Fabrication of Virtue* met een essay van historicus Thomas A. Markus – een

Retreat and the Rites of Exclusion: Notes Towards the Definition of Wall' in *AD* (1971).[4]

Due to the object of study of *The Fabrication of Virtue*, relevant reviews were written by scholars from non-architectural fields, such as history, law, sociology and criminology. Historian Joanna Innes, writing in *The English Historical Review*, described the book as 'primarily a study of the architect in his cerebral capacity', but also mentioned 'its exclusive preoccupation with prison design'.[5] It is a point of criticism that was also expressed in a review from 1983 by Adrian Forty (1948), who would become the author of comprehensive classic books such as *Objects of Desire: Design and Society* 1750-1980 (1986) and *Words and Buildings: A Vocabulary of Modern Architecture* (2000). It was clear for him that Evans's approach, focusing on one functional type of building, belonged to a 'trend away from the traditional subjects of the architectural historical monograph'. Nevertheless, a strong idealistic tendency remained. 'Beneath the surface of the text,' Forty argued, 'there is a strong flavour of the Warburg tradition of architectural history, with its preference for ideas and intentions over social and material factors in understanding the history of buildings.' Because of this, in *The Fabrication of Virtue* Evans was not able to explain how – to quote one example provided by Forty – 'the Pentonville model [of prisons] continued to be built when the ideas of which they are supposed to have been the product had been discredited'.

> Before the creation of large industrial operations, extensive building works required the organisation of labour on a scale not otherwise found outside the armed services, and the nature of the relationships between client, architect, contractor and craftsman could – as indeed they still do – have decisive effects on the forms that buildings took.

According to Forty, Evans's focus on the ideas behind buildings was the book's greatest strength, but also the cause of its greatest weakness.

Forty confronted *The Fabrication of Virtue* with an essay by historian Thomas A. Markus – a contribution to the edited volume *Order in Space and Society: Architectural Form and its Context in the Scottish Enlightenment*.[6] He did so mainly to bring about 'the subtlety of Dr Evans's work',

bijdrage aan de bundel *Order in Space and Society: Architectural Form and its Context in the Scottish Enlightenment*.[6] Hij deed dit vooral om 'de subtiliteit van het werk van dr. Evans' naar voren te brengen: Markus maakte namelijk gebruik van een 'modern architectonisch of cultureel discours' – de formele 'theorie van de ruimtelijke syntax' – om historische gebouwen te analyseren, wat leidde tot observaties over de samenleving die niet 'worden bevestigd door andere soorten historisch bewijs'. De fundamentele vraag aan de architectuurgeschiedenis die bij Evans aan de orde kwam, was of het inderdaad mogelijk is om erachter te komen via de architectuur van één gebouwtype 'hoe mensen samenleefden'. Adrian Forty waarschuwde (en concludeerde) in zijn recensie dat deze benadering op zichzelf net zomin onberispelijk was als eerder gebruikte historiografische methoden: 'De studie van gebouwtypen leidt niet automatisch tot een dieper sociaal begrip van de architectuur, maar kan deze juist isoleren, net zoals de geschiedenissen die gebaseerd zijn op het begrip stijl, dezelfde neiging hadden en daarvoor zijn bekritiseerd.'

Vertaling: InOtherWords, Maria van Tol

1
Robin Middleton, 'Robin Evans: Writings', in: Robin Evans, *Translations from Drawing to Building and Other Essays* (Londen: Architectural Association Publications, 1997), 278-287.

2
Robin Evans, 'Bentham', *Controspazio* 10 (1970), 4-18; 'Bentham's Panopticon. An Incident in the Social History of Architecture', *Architectural Association Quarterly* 2 (1971), 21-37; 'Ordine e Produzione', *Lotus International* 12 (1976), 6-15.

3
Robin Evans, 'Figures, Doors and Passages', *Architectural Design* 4 (1978), 267-278; 'Rookeries and Model Dwellings: English Housing Reform and the Moralities of Private Space', *Architectural Association Quarterly* 1 (1978), 24-35.

4
Robin Evans, 'Towards Anarchitecture', *Architectural Association Quarterly* 1 (1970), 58-69; 'The Rights of Retreat and the Rites of Exclusion: Notes Towards the Definition of Wall', *Architectural Design* 6 (1971), 335-339.

5
Joanna Innes, [Zonder titel], *The English Historical Review* 395 (1985), 426. Zie voor een andere bespreking uit de architectuursector: Andrew Rabeneck, [Zonder titel], *Design Book Review* 1 (1983), 14-15.

6
Thomas A. Markus, 'Building for the Sad, the Bad and the Mad in Urban Scotland 1780-1830', in: Thomas A. Markus (red.), *Order in Space and Society: Architectural Form and its Context in the Scottish Enlightenment* (Edinburgh: Mainstream Publishing Company, 1982), 25-114.

because Markus used 'modern architectural or cultural discourse' – the formal 'theory of spatial syntax' – to analyse historical buildings, leading to observations about society that are not 'corroborated by other kinds of historical evidence'. The fundamental question for architecture history addressed by Evans was whether it is indeed possible to understand 'the way people lived together' by means of architecture, and the architecture of one kind of building in particular. In his review, Adrian Forty warned – and concluded – that this approach was not flawless in itself, just like previous historiographic methods: 'The study of building types does not automatically lead to a deeper social understanding of architecture, but can indeed isolate it in just the same way that histories based on the concept of style have been criticised for doing.'

1
Robin Middleton, 'Robin Evans: Writings', in Robin Evans, *Translations from Drawing to Building and Other Essays* (London: Architectural Association Publications, 1997), 278-287.

2
Robin Evans, 'Bentham', *Controspazio* 10 (1970), 4-18; 'Bentham's Panopticon. An Incident in the Social History of Architecture', *Architectural Association Quarterly* 2 (1971), 21-37; 'Ordine e Produzione', *Lotus International* 12 (1976), 6-15.

3
Robin Evans, 'Figures, Doors and Passages', *Architectural Design* 4 (1978), 267-278; 'Rookeries and Model Dwellings: English Housing Reform and the Moralities of Private Space', *Architectural Association Quarterly* 1 (1978), 24-35.

4
Robin Evans, 'Towards Anarchitecture', *Architectural Association Quarterly* 1 (1970), 58-69; 'The Rights of Retreat and the Rites of Exclusion: Notes Towards the Definition of Wall', *Architectural Design* 6 (1971), 335-339.

5
Joanna Innes, '[Untitled]', *The English Historical Review* 395 (1985), 426. For another review from the field of architecture, see: Andrew Rabeneck, '[Untitled]', *Design Book Review* 1 (1983), 14-15.

6
Thomas A. Markus, 'Building for the Sad, the Bad and the Mad in Urban Scotland 1780-1830', in: Thomas A. Markus (ed.), *Order in Space and Society: Architectural Form and its Context in the Scottish Enlightenment* (Edinburgh: Mainstream Publishing Company, 1982), 25-114.

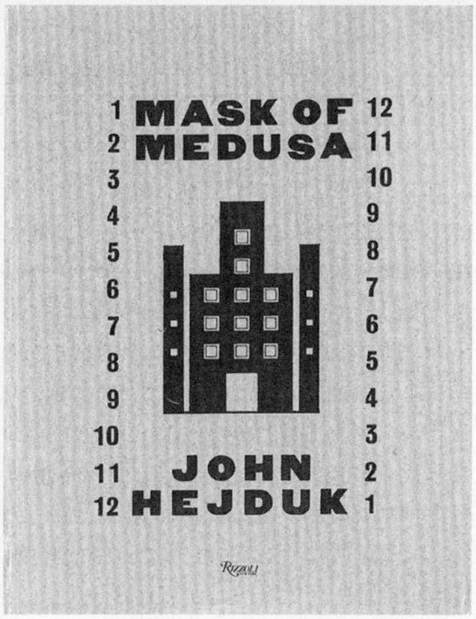

Peter Eisenman, 'Metaphysics, Mystique and Power', *AA Files* 12 (1986), 107

John Hejduk, *Mask of Medusa: Works 1947-1983* (New York: Rizzoli, 1985)

Peter Eisenman, 'Metaphysics, Mystique and Power', *AA Files* 12 (1986), 107

John Hejduk, *Mask of Medusa: Works 1947-1983* (New York: Rizzoli, 1985)

Niets is ooit in steen veranderd

Alan Cohl

De jaren 1980 waren een overgangstijd voor Peter Eisenman (1932-). De toonaangevende architect die bekendheid genoot om zijn theoretisch-grafische notatie, ontwikkelde zich tot een overtuigende bouwer van met theorie doorspekte projecten. Zijn *Fin D'ou T Hou S* uit 1983 betekende het einde van zijn mathematische woonexperimenten. Zijn werk aan een tuin in het Parijse Parc de la Villette in 1987 representeerde de filosofische houding die zijn toekomstige bezigheden zou inspireren; de opname van dat werk in het Wexner Center for the Arts bij de universiteit van Ohio in Columbus (1989) betekende dat zijn naam vanaf dat moment was gevestigd.

In 1986, tijdens deze piekperiode waarin hij zijn theorieën 'letterlijk' kon bouwen, nam Eisenman een moment de tijd om te reflecteren op een monografie. Het door Kim Skhapich geredigeerde *The Mask of Medusa* bevat een heroïsche bloemlezing uit bijna vier decennia werk van een van Eisenman's collega's (die in 1972 ook lid was van de New York Five), John Hejduk (1929-2000). Eisenman's boekbespreking verscheen in *AA Files*, de destijds door Mary Wall geredigeerde annalen van de Londense Architectural Association.

Nothing Ever Turned to Stone

Alan Cohl

The 1980s were a transitional time for Peter Eisenman (1932), as he emerged from being the premier architect of theoretical graphic notation towards becoming a convincing builder of projects laced with theory. His *Fin D'ou T Hou S* of 1983 signaled the end of his mathematical experimentation with dwelling. The project for a garden in Parc de la Villette in Paris of 1987 formulated his philosophical stance that nurtured future pursuits; the inclusion of that work in the Wexner Center for the Arts at Ohio University in Columbus (1989) meant that his name was established from then on.

In 1986, during this culminating upsurge of *literally* building his theories, Eisenman took a moment to reflect on a monograph. *The Mask of Medusa*, edited by Kim Skhapich, was a heroic anthology of almost four decades of work by one of Eisenman's colleagues (and co-member of the New York Five in 1972), John Hejduk (1929-2000). The book review was published in *AA Files*, edited at the time by Mary Wall as the annals of the Architectural Association in London. The text, however, was uncharacteristically written in an anecdotal storybook style, exuding respectful

Peter Eisenman, Wexner Center for the Arts, Ohio, 1989

Anders dan gebruikelijk was de tekst geschreven in een anekdotische romanstijl die weliswaar respectueus was, maar ook voorzien van gepeperde kritiek.

Eisenman's inventieve parabel liep over van zowel subtiele als opvallende verwijzingen naar Hejduk's hoogtijdagen als decaan van de New Yorkse Cooper Union (van 1975 tot 2000). De hoofdpersoon in het verhaal is een wereldvreemde reus die in een huis woont dat 'veel te klein voor hem is'. Hij passeert bruggen op weg naar zijn werk als verpleeghulp in een instelling, mogelijk een sanatorium, maar waarschijnlijk een weeshuis, dat is gevestigd in een ijspaleis. Elke dag, na gedane arbeid, keert hij terug naar zijn kleine huis om te dromen en te tekenen. Tegen de kinderen in het weeshuis praat hij over zijn werk van de vorige nacht, maar hij vertelt ze ook 'wat hij haar de volgende keer als hij haar ziet, zal laten zien'.

De vraag is natuurlijk, schrijft Eisenman: wie is die *zij*? En hij vervolgt: 'Dit is het moeilijke

grace yet peppered with underlying criticism.

The inventive parable that Eisenman composed overflows with both subtle and blatant references to Hejduk's heydays as the dean of New York's Cooper Union (from 1975 to 2000). The main character in the story is an unworldly giant, living in a house 'much too small for him'. He travels across bridges to work as an orderly in an institution, possibly a sanatorium but more likely an orphanage, located in an ice palace. Every day, after work, he returns to his tiny house to dream and draw. To the children at the orphanage, he speaks about his work from the previous night, but also about 'what he was going to show her the next time he saw her'.

As Eisenman writes, the question is, of course: 'Who was she?' And he continues: 'This is the difficult part of the story.' Though never formally introduced, *she* is undoubtedly the snake-haired protectress from Greek mythology with the 'petrifying' gaze: Medusa. In what fol-

deel van het verhaal.' Hoewel nooit formeel geïntroduceerd, is *zij* ongetwijfeld de bewaker uit de Griekse mythologie wier haardos uit slangen bestond en die over een 'verstenende' blik beschikte: Medusa. In het vervolg wordt de mythische relatie tussen onze theoretische bouwer en zijn twistzieke muze meesterlijk geregisseerd. Eisenman geeft elke speler een rol in een dialoog, zodat ze hun filosofische posities in de architectuur kunnen onderbouwen, als een echo van zijn eigen, nieuwe standpunt. Praktisch bouwen wordt tegenover Hejduk's verdiepende zienswijze gesitueerd: het vergeestelijken van het programma. Om het ongebruikelijke poëtische drama dat zich ontvouwt toe te lichten, zal ik hier enkele delen van de dialoog samenvatten, parafraseren en annoteren, als in een pseudoscenario, om de scène van onze spelers beter te visualiseren en zelfs te 'horen': de verteller/beoordelaar (Eisenman), de reusachtige maker (hij – Hejduk), en zijn onthoofde, opvallend gekapte cohort (zij – Medusa).

lows, the mythical relationship between our theoretical builder and his argumentative muse is masterfully orchestrated. Eisenman gives each performer a role in a dialogue to substantiate their philosophical positions in architecture, echoing his own newly fashioned stance. Building edifices is placed opposite Hejduk's deepening outlook: spiritualising the programme. To highlight the unusual poetic drama that unfolds, I will summarise, paraphrase and annotate some sections of the dialogue, as in a pseudo screenplay format, to better visualise and even 'hear' the scene of our players: the storyteller assessor (Eisenman), the colossal originator (he – Hejduk), and his beheaded, distinctively coiffed cohort (she – Medusa).

While muffled Gregorian chants are remotely heard in the ice palace at night, the narrator explains how 'he and she argued continually. Sometimes they argued about metaphysics and about mystique, but always about power'. Only moonlight illuminates the room. She says: 'The metaphysics of architecture, unlike that of any other discipline, was reality and the agent of reality bricks and mortar, shelter and function, house and home.' He says: 'Architecture must confront and dislocate this deeply rooted perception in order to be.' He shows her his wall houses, shattering the image of the gabled roof and the centric, vertebrate hearth mimetic of man. He continues: 'No longer must the wall enclose and the container contain, center and keep whole. Now it can divide and fragment.' 'She would nod, but nothing ever turned to stone.' He returns to her with his diamond houses cast in axonometric drawings which confound perception and traditional notions of representation. She argues: 'Real architecture already accomplishes this, paradoxically, out of itself, out of the stuff that holds it together. It does not represent another reality like language does.' He doesn't agree: 'It is precisely the opposite. Because architecture always is – it is the most powerful vehicle for the mystical and collective desire to move.' And he continues with an arguing timbre: 'Architecture once was powerful because it created and changed institutions, while now it merely serves those same institutions.' They look away from each other and begin to slowly walk in opposite directions, enveloped in worlds of thought. 'He was resigned, but no less optimistic to the fact that she would never turn his dreams into stone.' Slow fade to black.

Terwijl er 's nachts in het ijspaleis van verre gedempte gregoriaanse gezangen klinken, legt de verteller uit hoe 'hij en zij voortdurend ruzie maken. Soms hadden ze ruzie over metafysica en mystiek, maar het ging altijd over macht'. Alleen maanlicht verlicht de kamer. Zij zegt: 'De metafysica van de architectuur was, anders dan welke andere discipline, de realiteit, en het instrumentarium van de realiteit was baksteen en mortel, beschutting en functie, huis en thuis.' Hij zegt: 'De architectuur moet deze diepgewortelde perceptie confronteren en ontwrichten, om te kunnen zijn.' Hij laat haar zijn muurhuizen zien, waarmee hij het beeld van het zadeldak en de centrale, gewervelde haard die de bouw van de mens nabootst, doet kantelen. Hij vervolgt: 'De muur moet niet langer omsluiten en de container moet niet langer bevatten, centreren en bewaren. Nu kan hij verdelen en fragmenteren.' 'Dan knikt zij, maar er verandert nooit iets in steen.' Hij gaat opnieuw naar haar toe, met zijn diamanten huizen in axonometrische tekeningen die de waarneming verstoren en traditionele noties van representatie ondergraven. Zij betoogt: 'Dit krijgt de echte architectuur al voor elkaar, paradoxaal genoeg, uit zichzelf, uit het spul dat haar bij elkaar houdt. De architectuur vertegenwoordigt geen andere werkelijkheid, zoals taal dat wel doet.' Hij is het daar niet mee eens: 'Het is precies andersom. Omdat architectuur altijd 'is' – het is de krachtigste drager van het mystieke en collectieve verlangen om te bewegen.' En hij vervolgt op twistzieke toon: 'De architectuur was ooit sterk, omdat ze instituties creëerde en veranderde, terwijl ze diezelfde instituties tegenwoordig slechts dient.' Ze kijken van elkaar weg en beginnen langzaam in tegengestelde richtingen te lopen, opgaand in hun eigen gedachtewereld. 'Hij was gelaten, maar was niettemin optimistisch dat zij zijn dromen nooit in steen zou kunnen veranderen.' Het beeld wordt langzaam zwart.

Op het moment dat deze lyrische boekbespreking werd geschreven, was het creatieve meningsverschil tussen Bernard Tschumi, Jacques Derrida en Peter Eisenman, die aan de tekst over (of op de plek van) het Parc de la Villette werkten, in volle gang. Cynisch genoeg lijken er delen van het discours in de recensie, zowel qua inhoud als cadans, te zijn overgenomen uit Derrida's essay 'Point de folie – maintenant l'architecture', dat 'toevallig' in hetzelfde nummer van *AA Files* stond en waarin bijvoorbeeld deze passage staat:

At the time this lyrical book review was penned, the creative collision between Bernard Tschumi, Jacques Derrida and Peter Eisenman taking part in the text (or site) of Parc de la Villette was in full swing. Cynically, parts of the discourse in the review, both in content and cadence, appear cribbed from Derrida's essay 'Point de folie – maintenant l'architecture', which 'coincidentally' was published in the very same issue of *AA Files*, and that contains, for example, this passage:

> We appear to ourselves only through an experience of spacing which is already marked by architecture. What happens through architecture both constructs and instructs this *us*. The latter *finds itself* engaged by architecture before it becomes the subject of it: master and possessor. On the other hand, the imminence of what happens to us *maintenant* announces not only an architectural event but, more particularly, a writing of space, a mode of spacing which makes a place for the event.[1]

By using the word 'maintain' to signify Hejduk's essence and contribution to architecture, Eisenman obliquely correlates Derrida's *maintenant* and its attempted definition as a tightrope walk between imminence and presence, instruction and construction and – for our agenda – the built and non-built. Eisenman laments that his colleague did not always position himself in the venue of building his works. Those initiated into the orbit of John Hejduk, however, do know: his texts, lectures, poems, drawings, paintings, watercolours, sketches and constructions – they all manifest the concretisation of *her* gaze. Victor Hugo's archdeacon would be able to embrace the heavy grey volume of *Mask of Medusa*, the book under review, and state: 'This *is* that.'

1
Jacques Derrida, 'Point de folie – maintenant l'architecture', *AA Files* 12 (1986), 65.

> We verschijnen alleen maar aan onszelf door een ervaring van spatiëring die reeds gemarkeerd is door architectuur. Wat plaats vindt door architectuur construeert en instrueert dit *ons*. Dit ons *vindt zich* verbonden door de architectuur voordat het er het subject van wordt: heer en meester. Aan de andere kant, de nabijheid van wat er *maintenant* met ons gebeurt kondigt niet alleen een architectonische gebeurtenis aan, maar, meer in het bijzonder, een ruimtelijk schrijven, een wijze van spatiëren die een plaats maakt voor de gebeurtenis.[1]

Eisenman gebruikt het woord *maintain* om Hejduk's essentie en bijdrage aan de architectuur te duiden en legt zo indirect een verband met Derrida's *maintenant* en diens poging om dit te definiëren als een koorddans tussen immanentie en presentie, instructie en constructie en (in deze context) het gebouwde en niet-gebouwde. Eisenman betreurt het dat zijn collega zich niet altijd in de posities wist te plaatsen van waaruit hij zijn werk had kunnen bouwen. Degenen die ingewijd zijn in de wereld van John Hejduk, weten het echter zeker: zijn teksten, lezingen, gedichten, tekeningen, schilderijen, aquarellen, schetsen en bouwwerken zijn allemaal manifestaties van de concretisering van 'haar' blik. De aartsdiaken van Victor Hugo zou in staat zijn geweest om het zware, grijze volume van *The Mask of Medusa*, het besproken boek, in zijn armen te nemen en te zeggen: 'Dit *is* dat.'

Vertaling: InOtherWords, Maria van Tol

1
Jacques Derrida, 'Point de folie – maintenant l'architecture', *AA Files* 12 (1986), 65. Nederlandse vertaling door Erik Terlouw en Frans Sturkenboom in: *Forum* 2 (1988), 11-12.

Michael Sorkin, 'A Bunch of White Guys (and Three Japanese) Sitting Around Talking, or the Three PPP', *Design Book Review* 9 (1986), 34-35

Jacquelin Robertson (red.), *The Charlottesville Tapes* (New York: Rizzoli, 1985)

Michael Sorkin, 'A Bunch of White Guys (and Three Japanese) Sitting Around Talking, or the Three PPP', *Design Book Review* 9 (1986), 34-35

Jacquelin Robertson (ed.), *The Charlottesville Tapes* (New York: Rizzoli, 1985)

Kritiek op rijm

John Hill

Het is november 1982 als 25 'VIP' architecten samenkomen op de architectuurschool van de University of Virginia. Enkele maanden tevoren hebben ze een uitnodiging ontvangen, verzonden door 'P3' en ondertekend door Peter Eisenman, Jacquelin Robertson, en drie andere architecten van de Amerikaanse Oostkust. De genodigden zullen twee dagen lang, achter gesloten deuren, hun werk-in-uitvoering aan elkaar presenteren en becommentariëren. De transcripties van deze besloten conferentie werden drie jaar later gepubliceerd als *The Charlottesville Tapes*. Nu, bijna 40 jaar later, is dit boek om meerdere redenen een gewaardeerd document. Het verslaat de openhartige gesprekken tussen beroemde architecten (twee van hen waren al Pritzker Prijs winnaars ten tijde van de conferentie, acht wonnen de prijs nadien). Bovendien biedt het een compact beeld van de postmoderne architectuur in de jaren 1980. En ten slotte wordt het grafisch ontwerp van Massimo Vignelli gewaardeerd. Hij structureerde het boek aan de hand van de tweedaagse presentaties, op zo'n manier dat de architecten, als persoon, samen met hun projecten op gelijke voet gepresenteerd werden. Vanwege deze kwaliteiten nam ik het boek op als een van de 100 belangrijke architectuurboeken in *Buildings in Print*, al moet ik toegeven

Criticism in Verse

John Hill

Months after receiving invitations sent by 'P3' and signed by Peter Eisenman, Jaquelin Robertson and a trio of other East Coast architects, 25 VIP architects converged on the University of Virginia School of Architecture to present and critique each other's in-progress projects behind closed doors over two days in November 1982. Transcriptions of the hush-hush conference were published three years later. Nearly 40 years after its publication, *The Charlottesville Tapes* is a prized document, owing to the candid conversations between famous architects (two of them Pritzker Prize laureates at the time, eight more in the years since), the book acting as a compact snapshot of postmodern architecture in the 1980s, and the graphic design by Massimo Vignelli, structured to follow the two days of presentations and graphically putting the architects' personalities on par with their projects. These qualities led me to include it as one of 100 notable architecture books in *Buildings in Print*, though I'll admit my initial familiarity with the book came by way of a review of it by Michael Sorkin (1948-2020), first published in *Design Book Review* and reprinted in 1991 in *Exquisite Corpse*, alongside other critiques he wrote in the 1980s.[1] The lasting infamy

dat mijn aanvankelijke bekendheid met het boek gebaseerd was op een recensie van Michael Sorkin (1948-2020), voor het eerst gepubliceerd in *Design Book Review* en vervolgens herdrukt in *Exquisite Corpse*, naast andere kritieken uit de jaren 1980.[1] Sorkin's besluit om het boek in rijmend proza te ontleden, heeft zeker bijgedragen aan de beruchtheid van *The Charlottesville Tapes*.

Nadat architect, pedagoog en criticus Michael Sorkin op 26 maart 2020 was overleden, beschreven de overlijdensberichten zijn architectuurkritiek als 'bitter' en 'scherp'. Meestal werden deze beschrijvingen gevolgd door de opmerking 'wel humoristisch' of 'wel geestig'. Sorkin had het uitgesproken vermogen om een gebouw, een architect, of een ander onderwerp dat hij uitkoos te hekelen, om de lezer het ene moment te choqueren en het volgende moment aan het lachen te brengen. Zijn vaardigheid om bijtende sneren te combineren met humoristische opmerkingen paste hij ook toe in zijn kritiek op een van zijn favoriete doelwitten – en waarschijnlijk zijn minst favoriete mens – Philip Johnson, die aan het begin van zijn carrière het modernisme als stijl verdedigde, maar vervolgens, toen het modernisme uit de gratie raakte, overstapte naar het postmodernisme. In een harde uithaal verweet Sorkin Johnson antisemitisme en (in de jaren 1940) 'stilzwijgende pro-nazi-berichten'.[2] Nog gedenkwaardiger was de hoofdrol die hij Johnson toebedeelde in zijn recensie van *The Charlottesville Tapes*, opgezet als een 'toneelstuk' met één scène, getiteld 'A Bunch of White Guys (and Three Japanese) Sitting Around Talking, or the Three PPP'.

Dat toneelstuk, in rijmend proza en met een cast die aanwezig was bij het evenement, is snedig en hilarisch. Dat is toepasselijk, want het boek vat enkele van de ergste tendensen van het postmodernisme en van de Amerikaanse architectuur van die tijd samen. In de proloog verklaart Peter Eisenman de cryptische 'P3' waarmee de uitnodigingen waren ondertekend, die naar:

> The Whites and the Greys (but no women or blacks) /
> Just the usual stars (and the usual hacks).

werden verstuurd, met de volgende boodschap:

> I've deployed deft conceptual notation /
> A 3's just an E awaiting rotation /
> Plus P connotes mystery, fascist, Masonic /
> What a marvellous joke, never mind it's moronic.

of *The Charlottesville Tapes* can be partly attributed to Sorkin's decision to dissect it in rhyming verse.

After architect, educator and critic Sorkin died on 26 March 2020, obituaries celebrating his life described his architectural criticism as 'acerbic' and 'searing'. More often than not, these descriptors were followed by phrases like 'yet humorous' or 'yet witty'. Sorkin had the distinct ability to lambast a building, an architect or any other subject, shocking the reader one instant and eliciting a laugh the next. His ability to combine biting barbs and laughable zingers applied to the critiques levied at one of his favourite targets – and probably his least favourite human being – Philip Johnson, who championed modernism as a style early in his career but pivoted to postmodernism when modernism fell out of favour. In one harsh takedown, Sorkin took Johnson to task for his anti-Semitism and his 'tacitly pro-Nazi dispatches' from the 1940s.[2] Even more memorable was his review of *The Charlottesville Tapes* in *Design Book Review*, in which he made Johnson the lead in a one-scene 'play' titled 'A Bunch of White Guys (and Three Japanese) Sitting Around Talking, or the Three PPP'.

Told entirely in rhyming verse with a cast of characters drawn from the event, Sorkin's piece is scathing yet hilarious – appropriately so, since the book he was reviewing summarised some of the worst tendencies of postmodernism and in American architecture at-large at the time. A prologue by Peter Eisenman explains the cryptic 'P3' name that accompanied the invitations sent to:

> The Whites and the Greys (but no women or blacks) /
> Just the usual stars (and the usual hacks).

Which *Design Book Review* appended to the review's lengthy title:

> I've deployed deft conceptual notation /
> A 3's just an E awaiting rotation /
> Plus P connotes mystery, fascist, Masonic /
> What a marvellous joke, never mind it's moronic.

Johnson follows the prologue by stating:

> Bonjour, I'm a whore /
> Here's a building that should make a buck'.

Philip Johnson, John Burgee, One International Place, Boston, 1987

Johnson vervolgt de proloog met de woorden:

> Bonjour, I'm a whore /
> Here's a building that should make a buck'.

De zaal reageert: *It's ugly as sin*! en Johnson antwoordt: *I don't give a fuck*! Vervolgens noemt Rem Koolhaas het project *pathetic* en *creatively bare*, waarop Johnson slechts '*I yam what I yam'*, à la Popeye, en *'I don't give a damn'* kan stamelen. Het project dat door Johnson wordt gepresenteerd – One International Place, een groot kantoorgebouw in het financiële hart van Boston, in 1987 opgeleverd – wordt in de recensie genoemd noch getoond. Architectuurkritiek helpt ontwerpers vaak om hun projecten verder te ontwikkelen en te relateren aan andere perspectieven. Het commentaar dat de architecten elkaar gaven tijdens deze tweedaagse, lijkt echter niet zo constructief te zijn geweest. In plaats daarvan lijkt de ontmoeting door de aanwezigen te zijn gebruikt om hun theorieën en meningen een beetje uit te proberen – Sorkin wees op de onzinnigheid ervan en vatte hun hyperbolen in rijm samen.

De recensie richt zich niet alleen op Johnson's dubieuze architectuur en de onbegrijpelijke coderingen van Eisenman. Er volgen meer verzen over de andere *white guys* (Krier, Stern, Tigerman, Ungers, Robertson, Roche); Carlo Aymonino's vreemde oproep een petitie te ondertekenen om het Colosseum te herbouwen; en woorden van 'de zesentwintigste man', Gianfranco Monacelli:

> I've taped everything wholly (...) /
> I'm the man from Rizzoli.' (...).

Hier vestigt Sorkin respectievelijk de aandacht op de gender- en rassenongelijkheid die inherent was aan de architecturale professie, maar die op dat moment nog niet breed bediscussieerd werd; steekt de draak met het onvermogen van postmoderne architecten om overeenkomsten te vinden of om een sterk ethisch standpunt in te nemen; en vat de transcriptie samen als zowel publiciteit voor de aanwezigen als architectuuruitgeverijen. En tegen Monacelli zeggen de 25 architecten: *If this man weren't here, we wouldn't be famous*.

> Let's give three cheers for all we hold holy /
> The first for ourselves, number two for Rizzoli /
> And a third for the thing that unites all our nations /
> Our outstanding sense of public relations.

'It's ugly as sin!' they reply, to which Johnson shoots back, 'I don't give a fuck!' Rem Koolhaas calls the project 'pathetic' and 'creatively bare', but Johnson can only say, 'I yam what I yam', à la Popeye, and 'I don't give a damn'.

Not shown or mentioned in the review, the project presented by Johnson and his partner, John Burgee, was One International Place, a large office building designed for a site in Boston's Financial District. It was completed in 1987 fairly accurate to the rendering presented to the group and included in the book. Architecture crits often serve as a means to help designers develop their projects relative to outside perspectives, but the commentary the architects levied at each other in November 1982 doesn't appear to have served such constructive purposes. Instead, the gathering found architects merely flexing their theories and opinions – Sorkin called out the bullshit and funnelled their hyperbole into rhymes.

The review-in-verse does not solely target Johnson's dubious architecture and the abstruse codings employed by Eisenman. What follows is more verse from some of the other 'white guys' (Krier, Stern, Tigerman, Ungers, Robertson, Roche); Carlo Aymonino's odd plea to sign a petition to rebuild the Roman Coliseum; and words from 'The 26th Man', Gianfranco Monacelli:

> I've taped everything wholly . . . /
> I'm the man from Rizzoli.' . . . .

Here, respectively, Sorkin draws attention to the gender and racial imbalances inherent in the architectural profession, but not widely discussed at the time; pokes fun at the inability of postmodern architects to find common ground or take strong ethical stances; and summarises the proceedings as publicity in concert with architectural publishing. 'If this man weren't here, we wouldn't be famous,' the twenty-five architects say together to Monacelli:

> Let's give three cheers for all we hold holy /
> The first for ourselves, number two for Rizzoli /
> And a third for the thing that unites all our nations /
> Our outstanding sense of public relations.

Yet the importance of 'The Three PPP' lies elsewhere: in Sorkin broaching topics – the profes-

Het belang van 'The Three PPP' ligt echter elders: namelijk hoe Sorkin zijn onderwerpen aansnijdt – het seksisme, racisme, elitisme en de afhankelijkheid van de beroepsgroep – en dat door middel van een populistische positie en in toegankelijke versvorm, In het tijdperk van Donald Trump heeft populisme uiterst rechtse connotaties die de term besmetten, maar voor Sorkin was populisme een vorm van tegencultuur, een middel om de greep van het bedrijfsleven en de overheid te bestrijden. De kwesties die hij in de recensie (en in zijn oeuvre) met humor aansnijdt zijn nog belangrijker geworden, nu mensen die van oudsher rechteloos zijn, vechten voor gelijkheid. Critici die aan die strijd meedoen, doen er goed aan om kennis te nemen van Sorkin's verzen.

Vertaling: Hans Teerds

1
John Hill, *Buildings in Print: 100 Influential and Inspiring Illustrated Architecture Books* (München: Prestel, 2021), 262-263. Michael Sorkin, *Exquisite Corpse: Writing on Building* (Londen: Verso, 1991), 166-170.

2
Michael Sorkin, 'Where Was Philip?', *Spy*, oktober 1988, 138-140.

sion's sexism, racism, elitism and embeddedness within media – through a populist stance, and in popular verse. Today, in the era of Donald Trump, populism has far-right connotations that tarnishes the phrase, but for Sorkin it was countercultural, a means of fighting corporate and governmental control. The issues Sorkin humorously addressed in his review – and in his oeuvre – have even more importance today, as people traditionally disenfranchised fight for equality. Critics partaking in such fights would do well to heed Sorkin's verse.

1
John Hill, *Buildings in Print: 100 Influential and Inspiring Illustrated Architecture Books* (Munich: Prestel, 2021), 262-263. Michael Sorkin, *Exquisite Corpse: Writing on Building* (London: Verso, 1991), 166-170.

2
Michael Sorkin, 'Where Was Philip?', *Spy* (October 1988), 138-140.

Nils-Ole Lund, 'Postmodernisme i Norge', *Arkitekten* 17 (1987), 452

Christan Norberg-Schulz, *Modern Norwegian Architecture* (Oslo: Norwegian University Press, 1986)

Nils-Ole Lund, 'Postmodernisme i Norge', *Arkitekten* 17 (1987), 452

Christan Norberg-Schulz, *Modern Norwegian Architecture* (Oslo: Norwegian University Press, 1986)

De boekbespreking die een Noorse ster (in Denemarken) deed doven

Angela Gigliotti

Christian Norberg-Schulz (1926-2000) was een Noorse architect, pedagoog, onderzoeker en een bijkans onbetwiste autoriteit op het gebied van de geschiedenis en theorie van de architectuur. Zijn boeken – bijvoorbeeld *Intentions in Architecture* (1963), *Existence, Space & Architecture* (1971) en *Genius Loci* (1980) – werden op grote schaal verspreid, ook ver buiten Scandinavië. Het was een man die door zijn Deense collega Nils-Ole Lund (1930-2021) in 1991 werd beschreven als 'de enige internationaal erkende architectuurhistoricus in de Scandinavische regio'.[1]

Opmerkelijk genoeg had Lund vier jaar daarvoor ook een van de bijtendste kritieken geschreven die ooit over de boeken van Norberg-Schulz waren verschenen. Hij had van het Deense tijdschrift *Arkitekten* in 1987 opdracht gekregen om diens *Modern Norwegian Architecture* te recenseren. Lund had bijna 20 jaar in Noorwegen gewoond en

The Book Review That Killed a Norwegian Star (in Denmark)

Angela Gigliotti

Christian Norberg-Schulz (1926-2000) was a Norwegian architect, educator, researcher and a nearly undisputed authority in the history and theory of architecture. His books – such as *Intentions in Architecture* (1963), *Existence, Space & Architecture* (1971) and *Genius Loci* (1980) – have been widely distributed, far beyond his Nordic origins. He was the individual to whom his Danish colleague Nils-Ole Lund (1930-2021) referred in 1991 as 'the only internationally recognised architecture historian in the Nordic region'.[1]

Remarkably, Lund had also written one of the harshest reviews of Norberg-Schulz's books four years earlier. He was commissioned by Danish journal *Arkitekten* in 1987 to review *Modern Norwegian Architecture*. Lund had lived and worked in Norway for almost 20 years, and he had advocated the reception of Norwegian

Jan Digerud, Jon Lundberg, Normann House (Façade/ voorgevel), Jessheim (NOR), 1979

gewerkt, en hij had altijd achter de introductie van de Noorse architectuur in Denemarken gestaan. Hoewel de omstandigheden voor het schrijven van een lovende recensie ideaal leken, was het resultaat van de boekbespreking allesbehalve dat. In plaats van het lezerspubliek aan te moedigen, nam Lund het Deense publiek vooral in tegen de argumenten en geschriften van Norberg-Schulz.

De recensie is beknopt: Lund heeft maar 1.000 woorden nodig om de Noorse ster te doen uitdoven. De titel – 'Postmodernism in Norway' – is veelzeggend: Lund richt zich op de 20 pagina's (van de 160) waaruit het hoofdstuk 'Environmental Crisis and Need of Place' bestaat. Hij laveert tussen geloof in de noodzaak van dit soort boeken en teleurstelling over wat Norberg-Schulz te bieden heeft. De toon is ironisch:

> En dan is er eindelijk een boek over de Noorse architectuur (...) en dan is de auteur Norberg-Schulz. (...) [Hij] is in de loop der jaren minder

architecture in Denmark. While the circumstances seemed ideal for writing an endorsement, the outcome of the book review was quite the opposite. Rather than encouraging readership, it made the Danish audience particularly hesitant to embrace Norberg-Schulz's arguments and writings.

The review is succinct: 1,000 words suffice to 'kill' the Norwegian star. The title – 'Postmodernism in Norway' – is declarative: Lund focuses on the 20 pages (out of 160) of the chapter 'Environmental Crisis and Need of Place'. He swings between the belief in the necessity of this kind of book and the disappointment with what Norberg-Schulz offers. The tone is ironic:

> At last, here is a book about modern Norwegian architecture . . . and of course Norberg-Schulz is the author. . . . [He] has become less judgmental over the years. . . . The choice of examples is naturally guided

kritisch geworden (...) De selectie van de voorbeelden vindt vanzelfsprekend plaats op basis van de filosofie over betekenisvolle architectuur van de auteur, maar omdat die niet erg concreet is, is er altijd ruimte voor iets nieuws.

Lund's bespreking draait om twee punten van kritiek. Ten eerste ziet hij 'een conflict tussen de gevormde theorie en de gekozen voorbeelden'. Meer specifiek bespeurt hij een gebrek aan samenhang: het postmoderne 'uitgangspunt [ligt] in de visuele chaos die Norberg-Schulz verafschuwt'. Daarom moet de selectie wel 'ver verwijderd zijn van het verlangen van de auteur naar een goed gestructureerde architectuur'. Ten tweede verwijt hij Norberg-Schulz dat hij 'pure kunstgeschiedenis' heeft geschreven. Volgens Lund zouden er in een werk over architectuurgeschiedenis twee belangrijke punten aan de orde moeten komen: 'het hele spectrum, van ontwikkelings- tot regionale plannen' en de maatschappelijke ontwikkelingen achter die visuele chaos, die door Norberg-Schulz alleen formeel worden besproken. Het resultaat is, volgens Lund, een 'politieke naïviteit [die] tot veel eigenaardigheden leidt', terwijl de weinige opgenomen beschrijvingen van stedelijke projecten volgens hem 'magere kost' zijn.

Lund en Norberg-Schulz waren op dat moment de rectoren van Scandinavië's twee jongste architectuurprogramma's, die zich in, respectievelijk, Oslo en Aarhus bevonden. Je zou kunnen zeggen dat de recensie verscheen op een crisismoment, als een weerspiegeling van een nieuw Deens gevoel van inferioriteit ten opzichte van Noorwegen, en hij kan zelfs worden gelezen als een laatste, wanhopige poging van de Deense architectuurcultuur om een leidende positie te behouden. De architectuurkritiek werd gebruikt om de Deense superioriteit ten opzichte van een land dat in feite een voormalige kolonie was, strategisch te versterken, vooral in *Arkitekten*. De bespreking was niet alleen een symptoom van een zekere Deense weerstand tegen één van Norberg-Schulz' stellingen, namelijk dat Noorwegen 'immers deel uitmaakt van de moderne wereld', Lund probeerde ook om de retorische constructies van Norberg-Schulz te ondermijnen, maar zijn standpunt was dat van iemand die voor een Deens lezerspubliek schreef. Hoewel Lund toegaf dat het boek 'een leemte opvult en ondanks de genoemde beperkingen waardevol is', liet hij ook een vraag onbeantwoord: wat zou er zijn gebeurd als Lund zijn boekbespre-

by the author's philosophy of meaningful architecture, but since this is not very concrete, it allows for a constant inclusion of the new.

Lund's review revolves around two points of critique. First, Lund sees a 'conflict between theorisation and the selection of case studies'. More specifically, he detects a lack of coherence: the postmodern 'starting point [lies] in the visual chaos that Norberg-Schulz detests'. Therefore, the selection 'must be far from the author's desire for a well-structured architecture'. Second, Lund blames Norberg-Schulz for writing 'pure art history'. In his perspective, an architectural history would have to address two key points: 'the entire spectrum from development plans to regional plans' and the societal development behind that visual chaos, which is addressed by Norberg-Schulz only formally. The result is, according to Lund, a 'political naivety (that) leads to many oddities', while the few urban projects included are a 'meagre fare'.

Lund and Norberg-Schulz were, at the time, rectors of the two youngest architecture programmes in the Nordics, respectively in Oslo and Aarhus. The review can be positioned in a moment of crisis, reflecting a new Danish perception of inferiority compared to Norway, and it can even be read as a final, desperate attempt by the Danish architecture culture to maintain a prime position. Especially in *Arkitekten*, architecture criticism was used to strategically reinforce superiority towards what was, indeed, a formerly colonised land. The review was not only symptomatic of a certain Danish resistance to what Norberg-Schulz asserted – that Norway 'after all, forms part of the modern world'. Lund also aimed to undermine Norberg-Schulz's rhetoric constructions, but he did so from the vantage point of writing for a Danish readership. Although Lund admitted that the book 'fills a gap, and despite the limitations mentioned, is valuable', he also left one question unanswered: what if Lund would review this publication, 'modest in scope and compactly written', not for a Danish but for a Norwegian audience? After all, it was the very same Lund who waited four years to more or less apologise to Norberg-Schulz by republishing, in Danish, a praising profile of Norberg-Schulz in his own seminal book *Nordisk Arkitektur* from 1991 – a profile that originally had been written for *Byggekunst*, a Norwegian magazine, in 1986.[2]

king, die 'bescheiden van opzet en compact geschreven' was, niet voor een Deens, maar voor een Noors publiek had bedoeld? Het was immers precies dezelfde Lund die Norberg-Schulz vier jaar later in zijn eigen baanbrekende boek *Nordisk Arkitektur* uit 1991 min of meer zijn excuses aanbod, door in zijn boek een lovende tekst over Norberg-Schulz op te nemen, die oorspronkelijk in 1986 was verschenen in het Noorse tijdschrift *Byggekunst*.[2]

In Lund's boek, *Nordisk Arkitektur*, komen de twee punten van kritiek uit zijn recensie uit 1987 ook aan bod. Dit keer wordt het gebrek aan samenhang echter opgevat als een waardevol perspectief: het postmodernisme is voor Norberg-Schulz 'een verdere ontwikkeling van het modernisme, dat monumentalisme en regionalisme toevoegt aan de oorspronkelijke ideale basis'.[3] En nu wordt politieke naïviteit geprezen als uitzonderlijk, omdat Norberg-Schulz, interessant genoeg, 'afwijkt van de professionele traditie in Scandinavië, waar de ontwikkeling van de architectuur altijd is gezien als een weerspiegeling van de veranderingen in de maatschappij en waar maatschappelijke betrokkenheid als een noodzakelijk onderdeel van de professionele bagage wordt beschouwd'.[4] De onverbeterlijke zondaar Norberg-Schulz werd dus in 1986 door Nils-Ole Lund in het Noorse tijdschrift *Byggekunst* nog afgeschilderd als een nationale held!

Het is moeilijk vast te stellen welke van de twee posities het standpunt van Lund weerspiegelde, maar zijn flexibele kritische houding is ontegenzeggelijk opmerkelijk. Hechtte hij zoveel waarde aan de mening van zijn lezerspubliek dat hij hun opvattingen bijna anticipeerde en weerspiegelde? De toon van Lund's stuk over Norberg-Schulz in het Noorse tijdschrift *Byggekunst* (1986) contrasteert sterk met de boodschap van de boekbespreking in het Deense tijdschrift *Arkitekten* een jaar later. Hoewel de Denen van 1991 waarschijnlijk minder bezwaar hadden tegen een Noorse geleerde als theoretische autoriteit dan die van 1986, werkte Lund zijn recensie, voordat hij het stuk in zijn boek opnam, toch een beetje bij, namelijk door beweringen als 'het is terecht om [Norberg-Schulz'] bijdragen monumentaal te noemen' te schrappen.[5] Dat was misschien toch nog een brug te ver voor zijn Deense publiek.

Vertaling: InOtherWords, Maria van Tol

In this book, *Nordisk Arkitektur*, the two critical points from the review from 1987 are also addressed. This time, however, the lack of coherency is interpreted as a valuable perspective: postmodernism, for Norberg-Schulz, is 'a further development of modernism that adds monumentalism and regionalism to the original ideal basis'.[3] And now, the political naivety is praised as an exceptionality, since Norberg-Schulz interestingly 'differs from the professional tradition in the Nordics, where the development of architecture has always been seen as a reflection of the changes in society, and where a social commitment has been considered a necessary part of the professional baggage.'[4] Norberg-Schulz, an unforgivable sinner, was depicted a year earlier, in 1986, by Nils-Ole Lund as a national hero!

It is hard to ascertain which of the two positions reflected Lund's standpoint, but the flexibility of his critical stance is undeniably remarkable. He valued his readership to such an extent that he almost anticipated and mirrored their sentiments. The tone of Lund's profile of Norberg-Schulz in the Norwegian magazine *Byggekunst* (1986) contrasts sharply with the message of the book review in the Danish periodical *Arkitekten* a year later. Although the Danes would probably have embraced a Norwegian scholar as a theoretical authority with fewer reservations in 1991 than in 1986, Lund nevertheless edited his profile gently when it was republished in the book, by omitting claims such as 'it is fair to name [Norberg-Schulz's] contributions monumental'.[5] That might have still been too much for his Danish audience.

1
Nils-Ole Lund, *Nordisk Arkitektur* (Copenhagen: Arkitektens Forlag, 1991), 201.

2
Nils-Ole Lund, 'Drømmen om mening: Christian Norberg-Schulz som teoretiker', *Byggekunst* 7 (1986), 401-407, republished as 'Periodens arkitekturteorier med Christian Norberg-Schulz som eksempel', in: Lund, *Nordisk Arkitektur*, op. cit. (note 1), 200-209.

3
Lund, *Nordisk Arkitektur*, op. cit. (note 1), 203.

4
Ibid.

5
Lund, 'Drømmen om mening', op. cit. (note 2), 401.

1
Nils-Ole Lund, *Nordisk Arkitektur* (Kopenhagen: Arkitektens Forlag, 1991), 201.

2
Nils-Ole Lund, 'Drømmen om mening: Christian Norberg-Schulz som teoretiker', *Byggekunst* 7 (1986), 401-407, ook verschenen als 'Periodens arkitekturteorier med Christian Norberg-Schulz som eksempel', in: Lund, *Nordisk Arkitektur*, op. cit. (noot 1), 200-209.

3
Lund, *Nordisk Arkitektur*, op. cit. (noot 1), 203.

4
Ibid.

5
Lund, 'Drømmen om mening', op. cit. (noot 2), 401.

Manfredo Tafuri, 'La città rovesciata', *L'indice dei libri del mese* 3 (1993), 12-13

James S. Ackerman, *The Villa: Form and Ideology of Country Houses* (Londen: Thames & Hudson, 1990)

Manfredo Tafuri, 'La città rovesciata', *L'indice dei libri del mese* 3 (1993), 12-13

James S. Ackerman, *The Villa: Form and Ideology of Country Houses* (London: Thames & Hudson, 1990)

Het alter ego van de stad

Marson Korbi en Michela Bonomo

In veel westerse landen was na de Tweede Wereldoorlog de verspreiding van 'villa's' onderdeel van een neoliberaal project om het territorium te verstedelijken. Het betekende zowel een bouwgolf als de commercialisering van het 'landhuis', vaak in de meest ontspannen vorm, voor gezinnen uit de middenklasse. Tegen het einde van de twintigste eeuw was de secularisatie van de villa zo goed als voltooid.

Toen Manfredo Tafuri in 1993 de Italiaanse vertaling van James S. Ackerman's boek *The Villa: Form and Ideology of Country Houses* uit 1990 besprak, was het bijna tien jaar geleden dat Italië een wet had aangenomen die de eerste 300 m van de kustlijn beschermde tegen bebouwing. Het doel van de wet was om speculatie tegen te gaan, vooral in afgelegen gebieden. Was deze wet eerder afgekondigd, dan zou die de bouw van enkele van de beroemdste villa's uit de architectuurgeschiedenis hebben tegengehouden. Veel architecten beschouwen de beroemde, in 1940 voltooide Villa Malaparte als een 'gerealiseerde utopie' en die heeft dan ook als een navolgenswaardig voorbeeld gediend, waarbij de negatieve gevolgen van de democratisering van dit type bouwwerk – zoals de

The Alter Ego of the City

Marson Korbi and Michela Bonomo

In many Western countries after the Second World War, the proliferation of 'villas' was part of a neoliberal project to urbanise the territory. It meant both a building boom and the commercialisation of the 'country house', often in its most leisurely form, for middle-class families. By the end of the twentieth century, the secularisation of the villa was virtually complete

When Manfredo Tafuri reviewed the Italian translation of James S. Ackerman's book *The Villa: Form and Ideology of Country Houses* in 1993, it had been almost ten years since a law in Italy had been enacted to protect the first 300 m of shoreline from construction. The aim of the law was to curb speculation, particularly in remote areas. If it had been promulgated earlier, it would have prohibited the construction of some of the most celebrated villas in the history of architecture. While the renowned Villa Malaparte, completed in 1940, represents a 'realised utopia' for many architects, it also served as an epitome that many have tried to emulate, deliberately ignoring (or ignorant of) the negative consequences of the democratisation of this kind of building – such as the con-

consumptie van het territorium en de vernietiging van het landschap – opzettelijk (of onbewust) zijn genegeerd.

Tafuri's bespreking van *The Villa* verscheen in maart 1993 in *L'indice dei libri del mese*, een maandblad dat tien jaar eerder was opgericht als de Italiaanse tegenhanger van *The Times Literary Supplement* en *The New York Review of Books*. Op het moment van schrijven liep Tafuri's leven ten einde: zijn laatste belangrijke werk, *Ricerca del rinascimento: Principi, città, architettura*, dat in 2006 naar het Engels is vertaald, was in 1992 verschenen; hij zou in februari 1994 na een lang ziekbed aan een hartaanval overlijden. Tafuri was positief over Ackerman's boek en prees diens aanpak, die hij beschreef als een mengsel van Angelsaksisch-empirisch en Duits-filologisch. Hij plaatste het boek in de historiografische traditie van de *longue durée* zoals naar voren komt in de genealogische studie van het villatype, dat 11 hoofdstukken beslaat en vele eeuwen omspant. Ackerman begint zijn onderzoek naar de oorsprong van de villa in het oude Rome inderdaad met een gedetailleerde analyse van de term. Vervolgens beschrijft hij de eerste heropleving van de villa in de Renaissance en Palladio's herinterpretatie in de zestiende eeuw. De hoofdstukken in de tweede helft gaan over de terugkeer van de villa en de uitvinding van het landschap in de achttiende en negentiende eeuw, waarvoor hij projecten naar ontwerp van Thomas Jefferson, Andrew Jackson Downing, Frank Lloyd Wright en Le Corbusier tot in detail analyseert. Ackerman presenteert de villa niet alleen als een type dat het resultaat is van heldere (psychologische, maatschappelijke en politieke) behoeften, maar ook als het product van een fantasie die eeuwenlang heeft standgehouden. De villa was een gebouw op het platteland, dat was ontworpen voor plezier en ontspanning, maar dat nooit helemaal wist los te komen van de stad, hoewel het als tegenhanger van de stad werd gebouwd. Zowel de perioden van wederopbloei als het voortbestaan van het type waren gebaseerd op ideologische principes en beïnvloed door culturele fantasieën, in woord en beeld, over de pastorale idylle van het platteland.

Tafuri benadrukte het sterke contrast – de bijna polaire tegenstelling – tussen het platteland en de stad. Hij wees op de spanning tussen enerzijds het verwerven van *virtus* door zich af te zonderen van de zaken van de stad (*negotium*) en anderzijds op het genot van ontspanning (*otium*) en intellectuele ontwikkeling (*humanitas*). In feite lag aan deze geïdealiseerde retraite een eeuwenlang

sumption of the territory and the destruction of the landscape.

Tafuri's review of *The Villa* from March 1993 was published in *L'indice dei libri del mese*, a monthly founded ten years earlier as an Italian counterpart to *The Times Literary Supplement* and *The New York Review of Books*. At the time of writing, he was near the end of his life: his last major book, *Ricerca del rinascimento: Principi, città, architettura*, translated into English in 2006, had been published in 1992, and Tafuri would die of a heart attack, after a long period of illness, in February 1994. About Ackerman's book, he was positive, praising the approach, which he described as a blend of Anglo-Saxon empiricism and German philology. He situated the book within the historiographical tradition of the *longue durée*, visible in the genealogical examination of the villa type, as an exploration spanning 11 chapters and many centuries. Ackerman starts by unpacking the origin of the villa in Ancient Rome through a detailed analysis of the term. He then moves on to describe its first revival in the Renaissance and its reinterpretation in the sixteenth century by Palladio. The chapters in the second half focus on the return of the villa and the invention of the landscape in the eighteenth and nineteenth centuries, by means of a detailed analysis of projects by Thomas Jefferson, Andrew Jackson Downing, Frank Lloyd Wright and Le Corbusier. Ackerman presents the villa as a type originating in precise needs (psychological, social and political), but also as the product of a fantasy that endured across centuries. As a building in the countryside designed for enjoyment and relaxation, the villa was never totally detached from the city, but nevertheless constructed in opposition. Both the revivals and the endurance of the type were driven by ideological underpinnings, influenced by the cultural imagination, in words and images, of the pastoral idyllic countryside.

The stark contrast – the nearly polar opposition – between the countryside and the city, was highlighted by Tafuri. He underlined the tension between, on the one hand, acquiring *virtus* by isolating oneself from the city business (*negotium*) and, on the other, embracing relaxation (*otium*) alongside intellectual development (*humanitas*). The backdrop of this idealised retreat, in reality, was a centuries-long process of land expropriation, enclosures and exploitation of resources.

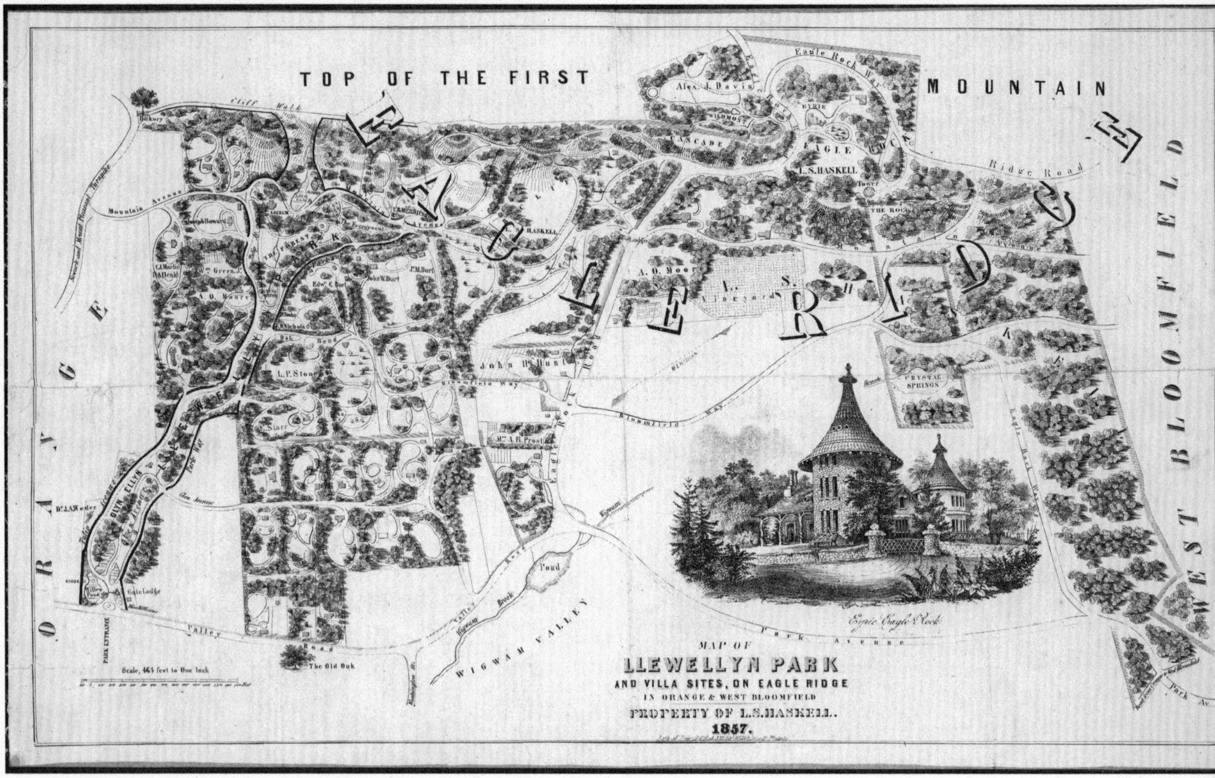

Alexander Jackson David, Map of Llewellyn Park and Villa Sites, 1857

proces van landonteigening, omheining en de exploitatie van natuurlijke bronnen ten grondslag.

Tafuri benoemde verschillende aandachtspunten, zoals de suggestie dat Ackerman's hoofdstuk over Andrew Jackson Downing en de Amerikaanse romantische villa, in samenhang met het hoofdstuk over Thomas Jefferson, baat zou hebben gehad bij verdere uitwerking en contextualisering. Hij onderschreef ook dat de villa historisch gezien altijd het alter ego van de stad is geweest. Haar 'democratisering' in de negentiende eeuw, gefaciliteerd door figuren als de Engelsman John Claudius Loudon en de Amerikanen Alexander Jackson Davis en Andrew Jackson Downing, markeerde een belangrijke schaalverschuiving: de villa werd toegankelijk voor de middenklasse. Tafuri beschouwde projecten als Llewellyn Park in New Jersey en Riverside in Illinois, die Ackerman slechts terloops had genoemd, als baanbrekend, omdat ze een belangrijk signaal waren van hoe de villa bezig was suburbaan te integreren met de

Tafuri identified some areas of concern. He suggested that Ackerman's chapter on Andrew Jackson Downing and the American Romantic Villa could have benefitted – in conjunction with the chapter on Thomas Jefferson – from a further elaboration and contextualisation. He also affirmed that from a historical perspective, the villa has always been the alter ego of the city. Its 'democratisation' in the nineteenth century, facilitated by figures like John Claudius Loudon in England and Alexander Jackson Davis and Andrew Jackson Downing in the United States, signalled a significant shift in scale, as the villa became accessible to the middle class. For Tafuri, projects like Llewellyn Park in New Jersey and Riverside in Illinois, which Ackerman had only mentioned in passing, were pivotal projects that illustrated a significant shift towards the suburban integration of the villa with downtown infrastructure.

infrastructuur van de binnenstad. Het was het begin van een overgangssituatie voor de villa, die zich ontwikkelde tot een 'omgekeerde stad' – de titel van Tafuri's bespreking luidde: 'La città rovesciata' – en het einde markeerde van haar naturalistische en antistedelijke ethiek. Daarnaast benadrukte Tafuri de secularisatie en 'mundanisatie' van de villa, die Ackerman impliciet had blootgelegd in het hoofdstuk over Wright en Le Corbusier. Le Corbusier week af van de ideologische traditie waarin de villa een geïsoleerd type was. Dit bleek niet alleen uit prototypen als zijn Maison Citrohan en Villa Stein-de-Monzie, die tot doel hadden het stedelijk leven te vieren – iets wat duidelijk tot uitdrukking werd gebracht door de 'chambre à ciel ouvert', het beroemde dak van het appartement van Charles de Beistegui – maar, later, ook uit zijn experimenten met de Immeuble Villas en het Plan Obus.

Wanneer we Tafuri's recensie en het boek van Ackerman naast elkaar leggen, duiken twee belangrijke gezichtspunten op. Ackerman beschouwde de villa en het ondersteunende apparaat aan literatuur, kunst en theorie als een type en het villaleven als een manier van leven die meer dan 2.000 jaar onveranderd waren gebleven. Tafuri echter benadrukte haar geschiedenis als een era van sterke onderbrekingen. Volgens hem vertegenwoordigt de *longue durée* van de villa haar essentiële vermogen om de tijd te doorstaan en te weerstaan, en om te reageren op een 'krachtige neiging' om de stad te ontvluchten, die al in het patricische Rome bestond.

Tafuri wees erop dat Ackerman uitgebreid gebruik maakte van referenties uit de literatuur, en niet alleen uit de geschiedenis van het denken. De auteur van *The Villa* wilde inderdaad een breder publiek aanspreken, inclusief kunsthistorici en economische, theoretische en politieke historici. Zo verweefde hij de literatuur naadloos met politiek, mecenaat en – uiteindelijk – met architectuur. Deze integratie is cruciaal, omdat ze licht werpt op ideologische, architectonische en contextuele kwesties. Tafuri's nadruk op het belang van context in de historische methodologie, een terugkerend thema in zijn professionele leven, heeft ook Ackerman's benadering beïnvloed.

Concluderend prees Tafuri Ackerman's vermogen om complexe historiografische kwesties aan de orde te stellen en zijn boek door zijn heldere schrijfstijl toegankelijk te maken voor zowel studenten als leken. *The Villa* representeert niet alleen, net als een aantal andere invloedrijke teksten

It marks a transformative period for the villa, which evolved into a 'reversed city' – 'La città rovesciata' was the title of Tafuri's review – marking the end of its naturalistic and anti-urban ethics. Moreover, Tafuri stressed the secularisation and 'mundanisation' of the villa, implicitly exposed in Ackerman's chapter on Wright and Le Corbusier. Le Corbusier departed from the villa's ideological tradition as an isolated type. This was evident not only in prototypes like his Maison Citrohan and Villa Stein-de-Monzie, which aimed to celebrate urban life – something clearly expressed by the 'chambre à ciel ouvert', the famous roof of Charles de Beistegui's apartment – but, later, also in his experiments with the Immeuble Villas and the Plan Obus.

Reading Tafuri's review and Ackerman's book side by side, it is possible to see two significant perspectives. Ackerman viewed the villa, and its supportive apparatus of literature, arts and treatises, as a type and as a form of life that remained unaltered for over 2,000 years. Tafuri stressed its history of strong discontinuities. In his mind, the *longue durée* of the villa represents its quintessential ability to endure and resist time, as well as to respond to the 'operative mentality', already present in patrician Rome, of escaping the city.

Tafuri highlighted Ackerman's extensive use of literary references, not merely coming from the history of ideas. The author of *The Villa* did indeed try to speak to a wider audience, including art historians, but also historians of economics, theory and politics. In this way, he seamlessly intertwined literature with politics, patronage and – ultimately – architecture. This integration is crucial, because it sheds light on the issue of ideology, architecture, and context. Tafuri's emphasis on the importance of context in historical methodology, a theme recurrent throughout his career, also significantly influenced Ackerman's approach.

Ultimately, Tafuri concluded by commending Ackerman's capacity to tackle complex historiographical questions, and to make his book accessible to both students and non-specialists thanks to a clear writing style. *The Villa*, alongside other seminal texts of its time like George Teyssot's early writings and Dolores Hayden's *The Grand Domestic Revolution* from 1981, not only reflects the influence of feminist movements by addressing gender, reproduction and

uit die tijd, zoals de vroege geschriften van George Teyssot en *The Grand Domestic Revolution* van Dolores Hayden uit 1981, de invloed van de feministische beweging door gender, voortplanting en familie in de architectuur aan de orde te stellen, maar hielp ook het discours over de domestieke ruimte op de agenda van de architectuurgeschiedenis te krijgen.

Vertaling: InOtherWords, Maria van Tol

family in architecture. It also contributed significantly to placing the discourse on domestic space on the agenda of architecture history.

Geert Bekaert, Zonder titel, *Archis* 9 (1992), 53

Françoise Choay, *L'Allégorie du patrimoine* (Parijs: Éditions du Seuil, 1992)

Geert Bekaert, Untitled, *Archis* 9 (1992), 53

Françoise Choay, *L'Allégorie du patrimoine* (Paris: Éditions du Seuil, 1992)

Bouw-bekwaamheid

Christophe Van Gerrewey

We worden tegenwoordig daadwerkelijk geconfronteerd met de alleenheerschappij van de techniek en de wereldwijde verspreiding van de 'ruimte van de inplugbare systemen'. Die tendens moet worden gestopt, zonder in nostalgie te vervallen. Het probleem waarmee we worden geconfronteerd, is hoe we ervoor kunnen zorgen dat technische vooruitgang kan bestaan naast het proces van institutionalisering, dat met name dankzij 'bouwbekwaamheid' uitgaat van het behoud en de permanente herschepping van onze fysieke, levende band met de wereld om ons heen.[1]

Deze fundamentele bezorgdheid deelde de Franse architectuur- en stadstheoreticus Françoise Choay (1925-) in een interview uit 2006 met Lionel Devlieger, een van de oprichters van Rotor. Choay vroeg zich af of we de band met de geschiedenis niet aan het verliezen zijn – de titel van het gesprek is niet toevallig 'Rampzalig geheugenverlies' – en daardoor ook het vermogen om überhaupt nog aan architectuur te doen.

Eenzelfde soort bekommernis klinkt door in een van haar belangrijkste publicaties: *L'Allégorie*

Competence to Build

Christophe Van Gerrewey

These days we are indeed faced with the hegemony of technology and the worldwide spread of the 'space of plug-in space'. We must stop that trend without resorting to nostalgia. The problem confronting us is: how do we ensure that technical progress can coexist with the process of institutionalization which implies the preservation and the permanent re-creation, through our 'competence to build', of the physical, living bond with the world around us?[1]

This fundamental concern was expressed by French architecture and urban theorist Françoise Choay (b. 1925) in an interview in 2006 with Lionel Devlieger, one of the co-founders of Rotor. Choay suggested that we are losing the connection to history – the title of the conversation is, not coincidentally, 'On The Disaster of Amnesia' – and therefore also the general ability to produce architecture.

A similar concern is reflected in one of her most important publications: *L'Allégorie du patrimoine*, published in French in 1992, and translated in 2001 into English.[2] The book is well-known

Dominique Perrault, Bibliothèque Nationale de France, Paris/ Parijs, 1995

du patrimoine, gepubliceerd in het Frans in 1992, en in 2001 in het Engels vertaald.[2] Het boek is vooral bekend geworden dankzij het onderscheid dat Choay maakt tussen de rationele restauratieaanpak van Eugène Viollet-le-Duc en het meer romantische respect voor ruïnes zoals John Ruskin dat bepleitte. *L'Allégorie du patrimoine* was een van de inspiratiebronnen van de tentoonstelling 'Cronocaos' die Rem Koolhaas in 2010 maakte op de architectuurbiënnale van Venetië. Een van de waarschuwingen in het boek is, dat respect voor patrimonium en

thanks to the distinction Choay makes between the rational conservation approach of Eugène Viollet-le-Duc and the more romantic respect for ruins as advocated by John Ruskin. *L'Allégorie du patrimoine* was one of the sources of inspiration for the exhibition *Cronocaos* that Rem Koolhaas curated in 2010 at the Venice Architecture Biennale. One of the warnings in the book is indeed that respect for heritage and the past is gradually making change (and therefore contemporary architecture) impossible – a

verleden verandering (en dus hedendaagse architectuur) stilaan onmogelijk maakt – een waarschuwing die door Koolhaas werd samengevat in de slogan: 'Preservation is overtaking us'.[3]

In zijn bespreking van *L'Allégorie du patrimoine*, dat net als het interview in *Archis* gepubliceerd werd, wees de Belgische architectuurcriticus Geert Bekaert (1928-2016) op een dieperliggend, en eigenlijk nog pessimistischer thema van Choay: het probleem is niet zozeer dat we niet meer *mogen* bouwen, omdat instituten voor monumentenzorg

warning that Koolhaas summarised in the slogan: 'Preservation is overtaking us.'[3]

In his review of *L'Allégorie du patrimoine*, published in *Archis* just like the interview from 2006, Belgian architecture critic Geert Bekaert (1928-2016) pointed out a deeper, and actually more pessimistic theme of Choay: the problem is not so much that we are prevented from building by preservation institutions – the problem is that, in a Heideggerian way, we can no longer build, even if we wanted to. That, according to Choay, is the true allegory of patrimony: even when we build something new, we can no longer develop a deep, self-evident bond with what has been built, and buildings remain only as images, stripped of meaning. It undermines any 'competence to build' or *compétence d'édifier* – a term that was not only used in the conversation with Devlieger, but that also dominates *L'Allégorie du patrimoine*. One symbolic example is described in the final chapter of the book, which was referred to as a 'concluding jeremiad' in a review of the English translation, published in *Harvard Design Magazine*.[4] Concerning the Bibliothèque Nationale de France, designed by Dominique Perrault and completed in 1995, the architect indicated that in ten or twenty years it would feature on the most beautiful postcards of Paris. It is therefore photography, together with all other technologies, that ultimately 'de-realises' architecture and expels the human scale from the city – something Choay would point out even more ominously in a 1994 article entitled 'Le règne de l'urbain et la mort de la ville'.[5]

In his review in *Archis*, Bekaert countered Choay's cultural pessimism by providing her thesis with an antithesis, and by discussing another book, also published in French in 1992: *Dédale le héros* by writer Jean-Pierre Le Dantec (b. 1943).[6] As the title indicates, this is a very different publication, in which the mythical figure Daidalos is put forward as a role model for the contemporary architect. Bekaert quoted from the foreword, in which Le Dantec admits to having written the book with:

> . . . passion for the urban civilization that determines our destiny, passion for the architecture that I love – and even for the architecture that I do not like so much – passion for our time, sometimes so disappointing, and finally passion for everything I believe to be true and for what moves me.

het verhinderen – het probleem is dat we het, op een *heideggeriaanse* manier, niet meer kunnen, zelfs al zouden we willen. Dat is, volgens Choay, de ware allegorie van het patrimonium: ook als we iets nieuws bouwen, kunnen we er geen diepe, vanzelfsprekende band meer mee ontwikkelen, en blijven gebouwen slechts als afbeeldingen over, ontdaan van betekenis. Het ondergraaft elke vorm van 'bouwbekwaamheid' of *compétence d'édifier* – een term die niet alleen in het gesprek met Devlieger uit 2003 viel, maar die ook *L'Allégorie du patrimoine* beheerst. Eén symbolisch voorbeeld wordt beschreven in het slothoofdstuk, dat in een recensie van de Engelse vertaling in *Harvard Design Magazine* als een 'afsluitende jeremiade' werd aangeduid.[4] Wat betreft de Bibliothèque Nationale de France, ontworpen door Dominique Perrault en geopend in 1995, gaf de architect aan dat het over tien tot twintig jaar zou prijken op de mooiste ansichtkaarten van Parijs. Het is dan ook de fotografie, samen met alle andere technieken, die uiteindelijk de architectuur 'ontwerkelijkt' en de menselijke schaal uit de stad verdrijft – iets wat Choay nog dreigender zou aangeven in een artikel uit 1994, getiteld 'Le règne de l'urbain et la mort de la ville'.[5]

In zijn bespreking in *Archis* weerlegde Bekaert het cultuurpessimisme van Choay door haar these van een antithese te voorzien, en door een ander boek in de recensie te betrekken, eveneens in het Frans gepubliceerd in 1992: *Dédale le héros* van schrijver Jean-Pierre Le Dantec (1943-).[6] Zoals de titel aangeeft, is dat een heel ander soort publicatie, waarin de mythische figuur Daidalos als een rolmodel voor de hedendaagse architect wordt gepresenteerd. Bekaert citeerde uit het voorwoord, waarin Le Dantec bekent het boek geschreven te hebben met:

> (...) passie voor de stedelijke beschaving die ons lot bepaalt, passie voor de architectuur waarvan ik houd – en zelfs voor die waarvan ik niet zo houd – passie voor onze tijd, soms zo teleurstellend, en passie ten slotte voor alles wat ik voor waar aanzie en wat me ontroert.

Ook Le Dantec onderkent een crisis in de architectuur en in de stad, maar hij ziet een uitweg uit de impasse in wat hij, met behulp van Gilles Deleuze, omschrijft als het *baroquisme*, een aanpak die, zoals Bekaert het omschreef, 'het zintuiglijke, imaginaire, symbolische karakter van de architectuur en haar herinneringswaarde' onderkent,

Le Dantec also recognises a crisis in architecture and in the city, but he sees a way out of the impasse in what he describes, with the help of Gilles Deleuze, as 'baroquism', an approach that – as Bekaert put it – 'recognises' the sensory, imaginary, symbolic character of architecture and its memory value, in order to regain the 'competence to build' that has disappeared, according to Choay.

By dialectically placing Choay opposite Le Dantec, Bekaert postponed a conclusion, as it were – he agreed with neither of them and left open whether anything definitive can be said about the competence to build, and whether it can be solved as a problem of thought. The richness of both books, he concluded:

> . . . lies in the often brilliant development of an idea, which makes reading, thinking, and responding a pleasure, even though neither the pessimism of Choay nor the optimism of Le Dantec is, finally, convincing. One gets the impression that neither has quite managed to break with the pattern of thinking they reject.

It is a cunning, sovereign strategy: not only is excessive radical pessimism or optimism avoided, it also shows a more general intellectual position, and a way of writing, reading and discussing books. Choay and Le Dantec, Bekaert indicated at the start of his review, 'give in to the current trend of leaving the quiet and patient study to enter into debate in the agora. . . . Today, we probably have a greater need for thoughtful reflection and precise argumentation than for passionate viewpoints.' This, too, is a competence that, despite all technological developments, belongs to the heritage of architecture.

1
Lionel Devlieger, 'On The Disaster of Amnesia: An Interview with Françoise Choay', *Archis* 3 (2004), 27-28.

2
Françoise Choay, *The Invention of The Historic Monument*, translated by Lauren O'Connell (Cambridge: Cambridge University Press, 2001).

3
See also: Rem Koolhaas and Jorge-Otero Pailos, *Preservation Is Overtaking Us* (New York: Graduate School of Architecture, 2014).

4
Brian Ladd, 'The Invention of the Historic Monument', *Harvard Design Magazine* 17 (2003), 90.

om daarmee de volgens Choay verdwenen bouwbekwaamheid te herwinnen.

Door Choay dialectisch tegenover Le Dantec te plaatsen, stelde Bekaert een conclusie als het ware uit – hij gaf geen van beiden gelijk, en liet in het midden of er überhaupt iets definitiefs over bouwbekwaamheid te zeggen valt, en of het als denkprobleem valt op te lossen. De rijkdom van beide boeken, zo besloot hij:

> (…) ligt in de vaak briljante ontplooiing van een gedachte, die het lezen, meedenken en reageren tot een plezier maakt, ook al is noch het pessimisme van Choay, noch het optimisme van Le Dantec, ten slotte overtuigend. Men krijgt de indruk dat geen van beiden er helemaal in geslaagd is om zelf te breken met het denkpatroon dat ze afwijzen.

Het is een sluwe, soevereine strategie: niet alleen wordt al te radicaal pessimisme of optimisme vermeden, het getuigt ook van een meer algemene intellectuele positie, en van een manier van schrijven, lezen en boeken bespreken. Choay en Le Dantec, zo gaf Bekaert aan bij aanvang van zijn recensie, 'geven toe aan de huidige trend de stille en geduldige studeerkamer te verlaten om op de agora het debat aan te gaan. (…) We hebben vandaag de dag waarschijnlijk grotere behoefte aan bedachtzame reflectie en nauwkeurige argumentatie dan aan bevlogen standpunten'. Ook dat is een bekwaamheid die, ondanks alle technische ontwikkelingen, tot het erfgoed van de architectuur behoort.

1
Lionel Devlieger, 'Over rampzalig geheugenverlies: Gesprek met Françoise Choay', *Archis* 3 (2004), 26.

2
Françoise Choay, *The Invention of the Historic Monument,* vertaling Lauren O'Connell (Cambridge: Cambridge University Press, 2001).

3
Zie ook: Rem Koolhaas en Jorge-Otero Pailos, *Preservation Is Overtaking Us* (New York: Graduate School of Architecture, 2014).

4
Brian Ladd, 'The Invention of the Historic Monument', *Harvard Design Magazine* 17 (2003), 90.

5
Françoise Choay, 'Le règne de l'urbain et la mort de la ville', in: Jean Dethier en Alain Guiheux (red.), *La ville, art et architecture en Europe, 1870-1993* (Parijs: Centre Georges Pompidou, 1994), 26-35.

6
Jean-Pierre Le Dantec, *Dédale le héros* (Parijs: Balland, 1992).

5
Françoise Choay, 'Le règne de l'urbain et la mort de la ville', in: Jean Dethier and Alain Guiheux (eds.), *La ville, art et architecture en Europe,* 1870-1993 (Paris: Centre Georges Pompidou, 1994), 26-35.

6
Jean-Pierre Le Dantec, *Dédale le héros* (Paris: Balland, 1992).

Angelika Schnell, 'Der Berg muss ein Buch werden', *ARCH+* 175 (2005), 78-82

OMA/Rem Koolhaas, Bruce Mau, *S,M,L,XL* (Rotterdam: Uitgeverij 010, 1995)

Angelika Schnell, 'Der Berg muss ein Buch werden' *ARCH+* 175 (2005), 78-82

OMA/Rem Koolhaas, Bruce Mau, *S,M,L,XL* (New York: Monacelli Press, 1995)

Te traag

Holger Schurk

In 2005 wijdde het Duitse tijdschrift 'voor discours in het veld van de architectuur en stedenbouw' *ARCH+* twee opeenvolgende nummers aan het werk van Rem Koolhaas (1944-) en zijn twee teams. De redacteuren, Nikolaus Kuhnert, Sabine Kraft, Julia von Mende en Anh-Linh Ngo, verzamelden artikelen over recente (gebouwde) projecten van OMA in nummer 174, getiteld 'Pro-jekte'; in nummer 175 ('Pro-jektionen') werd aandacht besteed aan OMA's tegenhanger voor cultuur en onderzoek, AMO. In dat laatste nummer van *ARCH+* schreef architectuurtheoreticus Angelika Schnell (1962-) over *S,M,L,XL*, een decennium na verschijning van het boek in 1995. Haar recensie, die te beschouwen valt als een afsluiting van de tien jaar durende receptie van *S,M,L,XL*, verscheen dus in die fase van OMA's ontwikkeling waar de eerste resultaten al zichtbaar werden van de uitbreiding van het bureau met zijn 'virtuele tweeling' AMO die een paar jaar eerder had plaatsgevonden. De onderliggende motivaties, organisatorische mechanismen en effecten op de lange termijn waren echter nog niet uitgekristalliseerd.

Als voormalig redacteur van *ARCH+*, had Schnell zich jarenlang intensief beziggehouden met de werkmethoden van het Office for Metropolitan Architecture. Ze was ook betrokken

Too Slow

Holger Schurk

In 2005, the German magazine 'for discourse in the fields of architecture and urbanism' *ARCH+* devoted two subsequent issues to the work of Rem Koolhaas (1944) and his two teams. The editors at the time, Nikolaus Kuhnert, Sabine Kraft, Julia von Mende and Anh-Linh Ngo, collected articles on recent (built) projects by OMA in issue 174, entitled 'Pro-jekte'; issue 175 ('Pro-jektionen') concentrated on OMA's pendant for culture and research, AMO. In the latter issue of *ARCH+*, architecture theoretician Angelika Schnell (1962) wrote about *S,M,L,XL* with a ten-year time lag. Her review, which can be considered as the conclusion of the book's ten-year reception, thus appeared in that phase of OMA's development in which the first results of the expansion of the office with its 'virtual twin' AMO a few years prior were already becoming visible. The underlying motivations, organisational mechanisms and long-term effects, however, had not yet crystalised.

As a former editor of *ARCH+*, Schnell had been intensively engaged with the working methods of the Office for Metropolitan Architecture for many years. She was also involved in the publication by *ARCH+* of the German translation of Koolhaas's book *Delirious New York* in 1999. Accordingly, her review of *S,M,L,XL* from 2005

bij de publicatie door *ARCH+* van de Duitse vertaling van Koolhaas' boek *Delirious New York* in 1999. Daarom kan haar recensie van *S,M,L,XL* uit 2005 beschouwd worden als een diepe duik in de intellectuele wereld van Koolhaas. Schnell vermeldt de architecturaal-intellectuele hybride OMA/AMO niet één keer, maar toch is er een duidelijke boodschap in de twee thematische nummers van *ARCH+*: wie het boek *S,M,L,XL* niet begrepen heeft, zal ook nooit OMA/AMO kunnen begrijpen.

De recensie begint met een korte beschrijving en contextualisering. Schnell vermeldt de welbekende 'epische schaal' van het boek, de oorsprong ervan in een 'bureaucrisis', de controversiële ontvangst en de bijna unanieme consensus over de 'enorme externe invloed' ervan. Onmiddellijk daarna richt ze haar aandacht op het centrale punt van haar analyse: het samenspel tussen 'formaat en ontwerp' aan de ene en 'inhoud en (...) programma' aan de andere kant. De these van Schnell is dat *S,M,L,XL* beide met elkaar versmelt: 'Formaat en ontwerp (...) zijn van zichzelf inhoud en programma'. Hoewel in de meeste publicaties het grafisch ontwerp vooral dienstbaar is, worden in de vormgeving van *S,M,L,XL* 'alle ontwerpprincipes van het Office for Metropolitan Architecture gebundeld en toegepast'. Schnell zet haar onderwerp helder en zonder omwegen meteen al aan het eind van de eerste alinea op de kaart, door *S,M,L,XL* te labelen als 'een artistiek boek'. Het centrale punt is de manier van ordening in de titel. Volgens haar argumentatie is dit enkel op een oppervlakkig niveau een kwantitatieve hiërarchie, en eigenlijk een 'eenvoudige nevenschikking' van een heleboel zeer verschillende dingen, die dan 'een relatie aangaan die rijk is aan associaties', die 'incoherentie en contradicties' creëren en die 'oncontroleerbare onderliggende emoties' in gang zetten. Schnell herkent hierin duidelijk het artistieke basisprincipe van het surrealisme: 'een proces dat zo universeel is dat het toegepast kan worden op alle culturele velden en artistieke disciplines (...) objecten of mensen (...) architecturale of boekprojecten'.

De conceptuele achtergrond van het surrealisme verbindt ze met talrijke 'benaderingen van (...) ogenschijnlijk vreemde elementen op een niveau dat vreemd is aan hun essentie'. Eén voorbeeld is de woordenlijst, aanwezig 'in het gehele boek met onregelmatige tussenpozen aan de rechterzijde van de kolom in de marge' en, volgens Schnell, een representatie van 'een mix tussen privé archief en *objets trouvés*'. Een ander voorbeeld is te vinden

can be considered as a veritable deep dive into Koolhaas's intellectual world. Schnell does not mention the architectural-intellectual hybrid OMA/AMO even once, but there is a clear message throughout the two thematic issues of *ARCH+*: anyone who has not understood the book *S,M,L,XL*, will never be able to understand OMA/AMO either.

The review begins with a brief description and contextualisation. Schnell mentions the book's well-known 'epic scale', its origins in a 'crisis of the office', its controversial assessment by the audience and the almost unanimous consensus on its 'enormous external impact'. Immediately afterwards, she turns her attention to the central point of her analysis: the interplay of 'format and design' on the one hand and 'content and . . . programme' on the other. Schnell's thesis is that *S,M,L,XL* merges both into one another: 'Format and design . . . are themselves its content and its programme.' Whereas in most publications, graphic design is mainly subservient, the design of *S,M,L,XL* 'bundles and applies all the design principles of the Office for Metropolitan Architecture'. Schnell qualifies her subject matter clearly and straightforwardly right at the end of the first paragraph, by labelling *S,M,L,XL* as 'an artistic book'. The pivotal point is its titular ordering structure. According to her argumentation, this is only superficially a quantitative hierarchy, and in fact a 'simple juxtaposition' of a multitude of very different things, which then 'enter into a relationship rich in associations', create 'incoherence and contradictions' and set 'uncontrollable affects' in motion. Schnell clearly recognises the basic artistic principle of surrealism: 'A process so universal that it can be applied to all cultural fields and artistic disciplines . . . objects or people . . . architectural or book projects.'

With the conceptual background of surrealism, she identifies numerous 'approximation(s) of . . . seemingly alien elements on a plan that is alien to their essence'. One example is the glossary, accompanying 'the entire book at irregular intervals on the left-hand side in the marginal column' and, according to Schnell, representing 'a mixture of private archive and *objets trouvés*'. Another example can be found in the 'strange and provocative' images stemming from 'probably everywhere', which are used extensively and arranged at close intervals next to more 'serious architectural drawings'. Schnell speaks of 'image

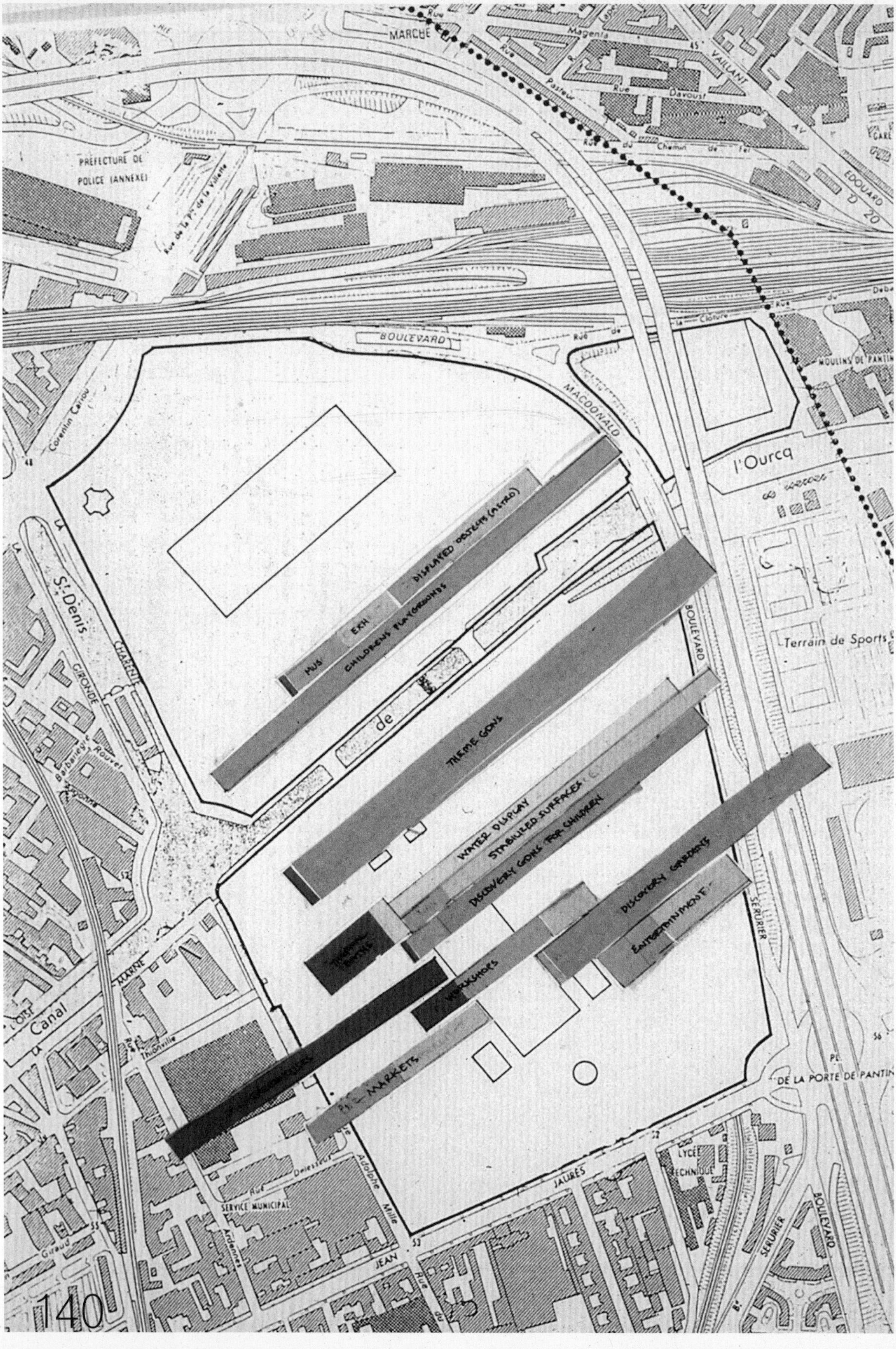

OMA/Rem Koolhaas, Parc de la Villette, Paris/ Pariis, 1982

in de 'rare en provocatieve' beelden die 'waarschijnlijk overal vandaan komen', die veelvuldig gebruikt worden en op korte afstand van 'serieuzere architectuurtekeningen' worden geplaatst. Schnell heeft het over 'beeldverstoringen' en noteert dat het vaak onduidelijk blijft wie de verbanden legt tussen die beelden: Koolhaas, zijn co-auteur en grafisch ontwerper Bruce Mau, of de lezer zelf. Ze vindt die benaderingen ook terug in de architectuur- en stadsprojecten die in het boek gepresenteerd worden. In het project voor Parc de la Villette in Parijs uit 1982, worden 'paden, groen, gebouwen, water, openbare voorzieningen, etc. (...) elk afzonderlijk en onafhankelijk (...) als ontwerplagen over elkaar gelegd' om, eenmaal in gebruik, 'een kettingreactie van nieuwe, onvoorspelbare gebeurtenissen op gang te brengen'.

Hoe dieper de analyses van Schnell gaan, hoe meer ze zich concentreert op de belangrijkste termen die Koolhaas zelf hanteert in geschriften en interviews. Bovenaan de lijst staan 'onzekerheid', 'onvoorspelbaarheid', 'een delirium van interpretatie' en – vooral – 'maalstroom', een term die, volgens Schnell, voor het eerst opdook in een kortverhaal van Edgar Allan Poe, daarna geïnterpreteerd werd door Marshall McLuhan en uiteindelijk door Koolhaas werd hergebruikt 'als een synoniem voor de draaikolkachtige krachten van globalisering en modernisering'. Ze ontdekt strategisch potentieel in de term 'collectieve matrix', die Koolhaas gebruikt in *Delirious New York* om de collectieve totstandkoming van het Rockefeller Center te verklaren. In de 'kwaliteitsverhoging' die wordt bereikt doordat elk van de actoren zijn ideeën inbrengt in een gemeenschappelijk 'abstract diagram', waarvan de 'uitwerking zo lang mogelijk wordt uitgesteld', ziet zij niet alleen de methode die OMA hanteert om architecturale en stedenbouwkundige projecten te ontwikkelen, maar ook het 'levende model voor *S,M,L,XL*': 'zoveel fragmenten en individuele oplossingen stapelen zich op, met verschillende oorsprongen en betekenissen', maar die bij elkaar toch 'een artistiek geheel' vormen. Net zoals een berg van ogenschijnlijk onverenigbare bouwprogramma's leidt tot de 'schaamteloze architectuur' van Manhattan, speculeert Schnell, zo kan een berg van ogenschijnlijk onverenigbare gedrukte media makkelijk een 'schaamteloos architectuurboek' worden – wat ook de betekenis onthult van de metafoor in de titel van de recensie.

De meest fundamentele categorisering wacht op het einde van de tekst, en is ook een gevolg

disturbances' and notes that it often remains unclear who actually creates the connections between those images: Koolhaas, his co-author and graphic designer Bruce Mau, or the reader him- or herself. She also identifies those approximations within the architectural and urban planning projects presented in the book. In the project for the Parc de la Villette in Paris from 1982, 'paths, greenery, buildings, water, public facilities, etc. . . . are each individually and independently . . . superimposed as design layers' in order to trigger, once in use, 'a chain reaction of new, unpredictable events'.

The deeper Schnell's analyses go, the more she focuses on key terms used by Koolhaas himself in writings and interviews. At the top of the list are 'uncertainty', 'unpredictability', 'delirium of interpretation' and – above all – 'maelstrom', a term that, according to Schnell, first appeared in a short story by Edgar Allan Poe, was then interpreted by Marshall McLuhan, and is finally reused by Koolhaas 'as a synonym for the vortex-like forces of globalisation and modernisation'. She discovers strategic potential in the term 'collective matrix', which Koolhaas uses in *Delirious New York* to explain the collective creation of the Rockefeller Center. In the 'increase in quality' that is achieved by each of the actors feeding their ideas into a common 'abstract diagram', the 'elaboration of which is delayed as long as possible', she sees not only the method that OMA uses to develop architectural and urban planning projects, but also the 'living model for *S,M,L,XL*': 'so many fragments and individual solutions accumulate, whose origins and meanings are different and incoherent', but which, taken together, can nevertheless form 'an artistic whole'. Just as a mountain of seemingly incompatible building programmes leads to the 'shameless architecture' of Manhattan, Schnell speculates, so a mountain of seemingly incompatible print media can easily become a 'shameless architecture book' – also revealing the meaning of the metaphor in the title of the review.

The most fundamental categorisation awaits at the end of the text, and it is also a consequence of the author's ten-year head start in 2005. Schnell uncompromisingly classifies *S,M,L,XL* as a product of the twentieth century, first because of the condensation and reflection of the aforementioned 'artistic strategies . . . from the pre-electronic era' and second because

van de tienjarige voorsprong van de auteur in 2005. Schnell classificeert *S,M,L,XL* compromisloos als een product van de twintigste eeuw, in de eerste plaats vanwege de condensatie en reflectie van de eerdergenoemde 'artistieke strategieën (...) uit het pre-elektronische tijdperk' en ten tweede vanwege het langzame maakproces van meer dan vijf jaar. Dat alles is, zoals Schnell Koolhaas in de allerlaatste zin citeert, 'duidelijk te langzaam voor de eenentwintigste eeuw'. In de context van het dubbelportret, gemaakt door *ARCH+* van de twee instituten OMA en AMO, en in het bewustzijn van de eenentwintigste eeuw die al is begonnen, wordt OMA/AMO de surrealistische versie van de geglobaliseerde architectuurpraktijk in een gedigitaliseerd tijdperk.

Vertaling: Christophe Van Gerrewey

of its slow production process of more than five years. All that is, as Schnell quotes Koolhaas in her very last sentence, 'clearly too slow for the twenty-first century'. In the context of the double portrait made by *ARCH+* of the two institutions OMA and AMO, and in the awareness of the twenty-first century that has already begun, OMA/AMO is the surrealist version of global architectural practice in a digitised era.

Bernard Hulsman, 'Veel moderner kan het niet meer: Het onwaarschijnlijke succes van de Nederlandse architectuur', *NRC Handelsblad*, 5 januari 2001

Bart Lootsma, *Superdutch: De tweede moderniteit van de Nederlandse architectuur* (Amsterdam: SUN, 2000)

Bernard Hulsman, 'Veel moderner kan het niet meer: Het onwaarschijnlijke succes van de Nederlandse architectuur', *NRC Handelsblad*, 5 January 2001

Bart Lootsma, *Superdutch: New Architecture in the Netherlands* (London: Thames & Hudson, 2000)

Is het een vogel, is het een vliegtuig, is het . . . Superdutch?

Lara Schrijver

In 1990 droeg het afscheidssymposium van Rem Koolhaas aan de TU Delft de titel 'Hoe modern is de Nederlandse architectuur?'.[1] De kop boven deze recensie van Bernard Hulsman (1958), tien jaar later, lijkt daar polemisch naar te verwijzen. Hulsman besprak niet allen *Superdutch* van Bart Lootsma (1957), maar nam en passant ook nog het boek *Het kunstmatig landschap* mee, eveneens gepubliceerd in 2000 en samengesteld door Hans Ibelings.[2] 'Superdutch' werd de blinkende term voor de hoogtijdagen van de Nederlandse architectuur in de jaren 1990, vooral in het kielzog van het groeiende succes van Rem Koolhaas en OMA. Een kleine selectie uit de verschillende bloedlijnen van de Nederlandse architectuur werd door Lootsma gebundeld onder noemers zoals 'abstracte compositie' (Wiel Arets) en 'architecture parlante' (Neutelings Riedijk). Hulsman besteedt relatief weinig aandacht aan de meer concrete duidingen en taxonomie, en staat vooral uitgebreid stil, in het inleidend essay, bij de tekortkomingen in de theorievorming.

It's a Bird, It's a Plane, It's . . . Superdutch?

Lara Schrijver

The 1990 Delft University of Technology farewell symposium in honour of Rem Koolhaas was entitled 'Hoe modern is de Nederlandse architectuur?' (How Modern Is Dutch Architecture?).[1] The headline of the above review that Bernard Hulsman (1958) published ten years later seems to refer to this polemically. Hulsman not only reviewed *Superdutch* by Bart Lootsma (1957), but in passing also wrote about the book *Het kunstmatig landschap* (*The Artificial Landscape*), which had also been published in 2000 and had been compiled by Hans Ibelings.[2] 'Superdutch' became the code name for the heyday of 1990s Dutch architecture, especially in the wake of the growing success of Rem Koolhaas and OMA. Lootsma compiled a small selection from the various bloodlines of Dutch architecture, under headings such as 'Abstract Composition' (Wiel Arets) and 'Architecture Parlante' (Neutelings Riedijk). Hulsman devoted relatively little attention to more concrete interpretations and taxonomies, concentrating mainly, in the introductory essay, on the shortcomings of the theory development.

NL Architects, BasketBar, Utrecht, 2003

Vanuit het heden bezien zijn in deze recensie drie aspecten van belang die spelen rond de tijd van Superdutch: optimisme, neoliberalisme en versplintering die zich uit in identiteitspolitiek. Heldhaftig was deze periode ongetwijfeld: groots, meeslepend en verleidelijk. Verschillende Amerikanen kwamen kijken wat er in Nederland gebeurde: Michael Speaks cureerde de tentoonstelling 'Big Soft Orange' over vier jonge bureaus (Crimson, Maxwan, NL Architects en One architecture), en ondertussen landden Cynthia Davidson en Peter Eisenman met het congres Anyhow in 1997 in het toenmalige Nederlands Architectuurinstituut. Het optimisme had in eerste instantie een aardige voedingsbodem: tijdens de publicatie van *Superdutch* stonden de Twin Towers in New York nog overeind, de Y2K-angst voor de millenniumbug was zonder grote incidenten voorbij, en de effecten van het neoliberalisme waren nog relatief positief. De irritaties over het kapitalisme werden enigszins gedempt door de grote belofte van vrij

In retrospect, three aspects at play around the time of *Superdutch* are important in this review: optimism, neoliberalism and fragmentation expressed through identity politics. The period was undoubtedly heroic: grand, compelling and seductive. Several Americans came over to see what was happening in the Netherlands. Michael Speaks curated the exhibition 'Big Soft Orange', about four young offices (Crimson, Maxwan, NL Architects and One architecture), and in the meantime, Cynthia Davidson and Peter Eisenman landed at what was then the Netherlands Architecture Institute with the conference Anyhow in 1997. Initially, the optimism fell on fertile ground: at the time *Superdutch* was published, the Twin Towers in New York were still standing, the Y2K fears of the millennium bug had passed without major incident and the effects of neoliberalism were still relatively positive. Irritations about capitalism were somewhat muted by the great promise of the free

internet: Google had nog ernstige concurrentie van onder andere Yahoo, Lycos en Ask Jeeves, en 'sociale media', dat was gewoon een chatroom met een Unix-shell. Geen wonder dus dat optimisme hoogtij leek te vieren. In Nederland was het beleid voor architectuur bovendien bijzonder gunstig. De Vinexwijken vormden een grote woningbouwopdracht, naast de vele publieke opdrachten (musea, bibliotheken, universiteiten). Boeken werden gesubsidieerd en de export van Nederlandse architectuur werd gesteund. Dit was de periode van de 'paarse' kabinetten, waarin de socialistische PvdA en de liberale VVD samenwerkten onder gunstige economische omstandigheden.

Dat Hulsman wat nukkig opmerkt dat er naast alles rondom omtrent Superdutch ook heel wat postmodernistische architectuur in Nederland werd gerealiseerd, lijkt destijds over het hoofd gezien, of in ieder geval weinig serieus genomen. De vraag was niet onterecht – waarom werden Sjoerd Soeters en Rob Krier niet opgenomen in de architectuurdebatten, maar wel omarmd door opdrachtgevers, ontwikkelaars en gemeenten? Waarom niet ook dit werk zien als deel van een rijke architectuurcultuur? De toenmalige scheidslijn tussen dominante en marginale culturen bevatte zo al de sporen van de huidige identiteitspolitiek en uitsluitingsmechanismen. Destijds was Hulsman's verwijzing naar traditionalisme, postmodernisme en een verscheidenheid aan retro-bewegingen eerder een teken van wat Simon Schama een *embarrassment of riches* heeft genoemd – de titel van zijn analyse uit 1987 van de Nederlandse Gouden Eeuw. Het ging hier té goed, het architectuurfeest was té groot, dat kon niet lang meer duren.

En het einde bleek inderdaad in zicht. Nog vóór de mondiale financiële crisis van 2008 verscheen in 2005 *OASE* 67, getiteld *After the party*, met als centrale vraag: hoe verder? Nederland was misschien wel gidsland, maar ook klein. Ieder bureau had al een boek, de Vinexwijken stonden er al, dus waar kon de architectuur heen? Grootsheid was misschien even niet meer het antwoord. En stilletjes was via het architectuurbeleid een aanpak geïntroduceerd die we met de blik van vandaag neoliberaal zouden noemen, maar die toen nog als 'publiek-private samenwerking' werd omarmd. Zo werd de basis gelegd voor de verwaarlozing van sociale woningbouw en de opkomst van grote ontwikkelaars, mede gefaciliteerd door de overtuiging dat marktwerking een oplossing kan bieden voor vraagstukken waarin het beleid tekort lijkt te schieten.

Internet: Google still faced serious competition from Yahoo, Lycos and Ask Jeeves, among others, and 'social media' was still just a chatroom with a Unix shell. No wonder, then, that optimism seemed to reign supreme. In the Netherlands, moreover, architecture policy was particularly favourable. The Vinex-locations represented a major housing commission alongside many public commissions (museums, libraries, universities). Books were subsidized and the export of Dutch architecture was supported. This was the period of the so-called 'purple' cabinets, in which the socialist PvdA and the liberal VVD worked together under favourable economic conditions.

Hulsman points out, somewhat petulantly, that there was quite a lot of postmodern architecture being built in the Netherlands alongside all the Superdutch stuff, but this seems to have been overlooked at the time, or at least hardly taken seriously. The question was legitimate: why were Sjoerd Soeters and Rob Krier not included in the architecture debate, while they were embraced by clients, developers and municipalities alike? Why was their work not also considered part of a rich architecture culture? The dividing line between dominant and marginal cultures already contained the seeds of today's identity politics and exclusionary mechanisms. At the time, Hulsman's reference to traditionalism, postmodernism and a variety of retro movements was more of a symptom of what Simon Schama has called 'an embarrassment of riches' – the title of his 1987 analysis of the Dutch Golden Age. Things were going too well here, the architecture party was out of control, it couldn't last.

And indeed, the end was near. Even before the global financial crisis of 2008, *OASE* 67, titled *After the Party*, appeared in 2005, its central question: What's next? The Netherlands may have been a pilot country, but it was also a small one. Every office already had a book out, the Vinex-locations already had been built, so where was architecture to turn? Perhaps grandeur was no longer the answer, at least for a while. And quietly, through architecture policy, an approach had been introduced that, in retrospect, we would call neoliberal, but which was still embraced as that of the 'public-private partnership' at the time. This laid the groundwork for the neglect of social housing and the rise of big developers, facilitated in part by the belief that market forces could provide solutions to issues if policy appeared to fall short.

Allemaal kennis vanuit het heden natuurlijk, want toen in 2003 de BasketBar van NL Architects werd gerealiseerd in Utrecht, was de stemming nog vrolijk en konden we overtuigd zijn van de waarde van het nieuwe pragmatisme. Het is ook wel goed – ondanks de zuinige toon van Hulsman en zijn wens om het postmodernisme zichtbaar te maken – om ook stil te staan bij de *yes we can* -attitude van de jonge Superdutchers.

Om de architectuur heen verschoof ondertussen het maatschappelijk debat van overvloed naar onbehagen. De provocatieve statements van Koolhaas waren misschien opgesteld als droge observatie; ze werkten ook door als ambivalentie en vrijblijvendheid in (en na) deze generatie. Hulsman vond de theorievorming problematisch, maar het was evengoed kenmerkend voor deze periode: de fluïde, gemakkelijke manier waarop stedelijke, sociologische en filosofische ideeën werden opgepakt, ingebed en gebruikt voor vernieuwende architectuur, maakte ook een geruisloze inbedding van het geloof in de markt mogelijk. Het doet denken aan hoe al in 1995 K. Michael Hays zijn ongemak uitdrukte bij de toenemende 'ideologische gladheid' van de architectuur.[3]

Of de recensie van Hulsman doorslaggevend was in de ontvangst van *Superdutch* is twijfelachtig. Daarvoor was de receptie van de Nederlandse architectuur te mondiaal, en de reikwijdte van dit stuk te beperkt: het verscheen in een Nederlandstalige krant in een tijd zonder volautomatische zoek- en vertaalalgoritmen. Toch geeft de terugblik een hernieuwd perspectief op de late jaren 1990. Hulsman betreurde het dat geen van beide boeken een 'compleet overzicht' gaf van de Nederlandse architectuur (want er ontbrak die postmodernistische familietak), maar wat ze wel deden is een beeld geven van de dominante cultuur van die tijd. Een tijd van plezier en zelfvertrouwen, van bluf en bouwen. En ook een tijd waarin andere stemmen stilletjes verdwenen, waarin duurzaamheid nog geen vraag was en waarin 'de markt' alles zou oplossen.

1
Bernard Leupen (red.), *Hoe modern is de Nederlandse architectuur?* (Rotterdam: 010 Uitgevers, 1990).

2
Hans Ibelings (red.), *Het Kunstmatig Landschap: Hedendaagse architectuur, stedenbouw en landschapsarchitectuur in Nederland* (Rotterdam: NAi Uitgevers, 2000).

3
K. Michael Hays, 'Architecture Theory, Media, and the Question of Audience', *Assemblage* 27 (1995), 41-46.

All with hindsight, of course, because when NL Architects' BasketBar was realized in Utrecht in 2003, the mood was still cheerful and we were still convinced of the value of the new pragmatism. It is also a good thing – despite Hulsman's frugal tone and his desire to make postmodernism visible – to reflect on the 'yes we can' attitude of the young Superdutchers.

All around architecture, meanwhile, the social debate shifted from abundance to unease. Koolhaas's provocative statements may have been written up as dry observations, they also radiated the ambivalence and non-commitment of this (and the next) generation. Hulsman found the theory development problematic, but it was nevertheless characteristic of this period: the fluid, easy way in which urban, sociological and philosophical ideas were adopted, embedded and used for innovative architecture also allowed for a noiseless embedding of trust in the market. It brings to mind the way in which, as early as 1995, K. Michael Hays expressed his discomfort at the increasing 'ideological slipperiness' of architecture.[3]

Whether Hulsman's review was decisive in the reception of *Superdutch* is doubtful. For that, the reception of Dutch architecture was too global and the scope of his piece too limited: it appeared in a Dutch-language newspaper at a time without fully automated search and translation algorithms. Nevertheless, in retrospect it provides a renewed perspective of the late 1990s. Hulsman lamented that neither book gave a 'complete overview' of Dutch architecture (because it lacked the postmodern family branch), but what they did do is paint a picture of the dominant culture of the time, a time of fun and confidence, of boasting and building. And also, a time when other voices quietly disappeared, when sustainability was not yet an issue and when 'the market' was expected to solve everything.

Translation: InOtherWords, Maria van Tol

1
Bernard Leupen (ed.), *Hoe modern is de Nederlandse architectuur?* (Rotterdam: 010 Publishers, 1990).

2
Hans Ibelings (ed.), *Het Kunstmatig Landschap: Hedendaagse architectuur, stedenbouw en landschapsarchitectuur in Nederland* (Rotterdam: NAi Uitgevers, 2000), published in English as *The Artificial Landscape: Contemporary Architecture, Urbanism, and Landscape Architecture in the Netherlands.*

3
K. Michael Hays, 'Architecture Theory, Media, and the Question of Audience', *Assemblage* 27 (1995), 41-46.

Philippe Duboÿ, 'Élevage de poussière', *L'Architecture d'aujourd'hui* 360 (2005), 4

Catherine de Smet, *Le Corbusier: Architect of Books* (Baden: Lars Muller, 2005)

Philippe Duboÿ, 'Élevage de poussière', *L'Architecture d'aujourd'hui* 360 (2005), 4

Catherine de Smet, *Le Corbusier: Architect of Books* (Baden: Lars Muller, 2005)

Tussen het boek en de leeslamp

Pierre Chabard

Architect en kunsthistoricus Philippe Duboÿ (1942-) begint vanaf zomer 1998 regelmatig bijdragen te leveren aan *L'Architecture d'Aujourd'hui*, wanneer uitgever Jean-Michel Place het beroemde Franse tijdschrift overneemt, tot aan herfst 2007, wanneer het blad financieel ter ziele gaat. Het is de periode waarin Axel Sowa en Sophie Treclat het tijdschrift leiden. Duboÿ schrijft in bijna elk nummer over publicaties die hij interessant vindt: Frans neoclassicisme (Jean-Jacques Lequeu was het onderwerp van zijn proefschrift), stedelijke utopieën, de 'Grote Stad', maar vooral het werk van Le Corbusier, het onderwerp van twee derde van de 20 boeken die hij besprak. Aan het katern met boek- of tentoonstellingsbesprekingen, getiteld 'Actualités', dragen veel andere critici, historici en theoretici bij, zoals Mario Carpo, Marc Dessauce, Richard Klein, Alina Payne, Georges Sebbag, Cyrille Simonnet en Dirk van den Heuvel. Wat Duboÿ van deze groep onderscheidt – als historicus die in Venetië werkte met Manfredo Tafuri en in Parijs met Hubert Damisch – is venijn en ironie, een nu en dan verwarrende manier van schrijven, kritische

Between the Book and the Reading Lamp

Pierre Chabard

Architect and art historian Philippe Duboÿ (b. 1942) starts to regularly contribute to *L'Architecture d'Aujourd'hui* in the summer of 1998, when publisher Jean-Michel Place takes over the famous French magazine, until the fall of 2007, when its financial bankruptcy forces it into judicial liquidation. It is the period in which the periodical is edited by Axel Sowa and Sophie Trelcat. Duboÿ writes in almost every issue about publications that intersect with his interests: French neoclassicism (Jean-Jacques Lequeu was the subject of his dissertation), urban utopias, the 'Big City', but most of all the work of Le Corbusier, the subject of two thirds of the 20 books he reviewed. Many other critics, historians and theoreticians, including Mario Carpo, Marc Dessauce, Richard Klein, Alina Payne, Georges Sebbag, Cyrille Simonnet and Dirk van den Heuvel, contribute to the section with book or exhibition reviews, entitled 'Actualités'. What distinguishes Duboÿ – a historian who worked in Venice with Manfredo Tafuri and in Paris with Hubert Damisch – from this group is his virulence

Le Corbusier, Ville Radieuse, 1930

onversaagdheid, de complexe knoop van zijn beweringen, en extreme aandacht voor details.

In zijn bijdrage aan het septembernummer van 2005 van *L'Architecture d'Aujourd'hui* worden deze eigenschappen geïntensiveerd. De besproken boeken zijn twee catalogi van tentoonstellingen over Le Corbusier als auteur, of zelfs als architect: 'Le Corbusier et ses livres', gecureerd door Catherine de Smet (1959-), was een tentoonstelling in Prato, Trente en Straatsburg, terwijl 'Le Corbusier i el llibre' plaatsvond in Barcelona, Madrid en Cadix, met Fernando Marzà en Josep Quetglas als curatoren.[1] De dubbelrecensie van Duboÿ functioneert als een soort Droste-effect waar lezen en schrijven onophoudelijk op elkaar reageren. De lezer van deze tekst wordt uitgenodigd om een recensie te lezen van een architect-auteur van twee boeken over een architect die niet alleen boeken schreef, maar ook veel las – zoals Duboÿ aangaf in de context van zijn bestudering van de leesnotities van Charles-Édouard Jeanneret uit 1915 in de Bibliothèque nationale.[2]

and his irony, his now and then confusing way of writing and his critical intransigence, the complex tangle of his arguments, and his extreme attention to detail.

In his contribution to the September 2005 issue of *L'Architecture d'Aujourd'hui*, these characteristics become even more intense. The books analysed are two exhibition catalogues dealing with Le Corbusier as author, or even as architect: 'Le Corbusier et ses livres', curated by Catherine de Smet (b. 1959), was an exhibition in Prato, Trente and Strasbourg, while 'Le Corbusier i el llibre' took place in Barcelona, Madrid and Cadix, with Fernando Marzà and Josep Quetglas as curators.[1] Duboÿ's double review functions as a kind of *mise en abyme* in which reading and writing continually respond to each other. The reader of this text is invited to read a review by an architect-author of two books dealing with an architect who is not only an author of books, but who also read a lot – as Duboÿ pointed out in the

Het is het soort ononderbroken tekstuele overlap die Duboÿ alleen maar plezier bezorgde, aangezien zijn manier om de geschiedenis te behandelen – gemodelleerd op *Das Passagenwerk*, Walter Benjamin's onvoltooide, encyclopedische project over Parijs als de hoofdstad van de twintigste eeuw – niet zozeer gedefinieerd kan worden als de ontwikkeling van een doorlopend verhaal, maar wel als de assemblage van fragmenten, citaten en visuele en tekstuele documenten. Het is dát arrangement, die spanningen, die nieuwe interpretaties in werking zetten; geschiedenis wordt beoefend als een soort hyperlectuur, een eindeloze exploratie van een corpus opgebouwd, in de termen van Foucault, als een enorme 'tropologische ruimte', doorweven met duizenden referenties, analogieën, overeenkomsten en suggesties.[3]

Zoals in het merendeel van zijn recensies verdiept Duboÿ zich nauwelijks in de boeken zelf, die hij nochtans zegt te lezen met 'onvermoeibare aandacht', zich bewust dat 'het imaginaire plaatsvindt tussen het boek en de leeslamp', om nog een uitdrukking van Foucault te gebruiken.[4] Hij kiest er daarentegen voor om op elementen te wijzen die hem persoonlijk interesseren. In het boek van De Smet raakt hij gefascineerd door de analyse van 'de heel particuliere en onderbouwde lay-outkunst van Le Corbusier', terwijl hij van de catalogus van Marzà en Quetglas de inventarisatie vermeld, die Arnaud Dercelles, hoofd van het documentatiecentrum van de Fondation Le Corbusier, opstelde van de bibliotheek van de architect, met onder meer alle aantekeningen bij de manuscripten. Hoewel hij 'deze twee excellente initiatieven' prijst, kaart hij toch meteen ook de interpretaties van de auteurs aan, en stelt hij voor hun wel 'heel conventionele clichés' overboord te zetten. Hij nodigt Catherine de Smet uit om 'Breton en Le Corbusier op elkaar te betrekken', zoals ook Walter Benjamin voorstelde, om het grafisch ontwerp van de boeken van deze moderne architect anders uit te leggen.[5] En om de rapsodische en samengestelde aard van zijn publicaties te begrijpen, inclusief de bijdragen van auteurs als L'Éplattenier, Ozenfant, Dermée of Stonorov, maant hij Josep Quetglas en Fernando Marzà aan om hun 'bruikbare maar onvolledige' bibliografie verder uit te werken.

Uiteindelijk is de boekrecensie voor Duboÿ niet zozeer een plek voor receptie als voor productie, een kader om zijn erudiete en iconoclastische hypotheses over Le Corbusier door te ontwikkelen, zoals hij ze al eerder uittestte, in 1987, in zijn boek *Jean-Jacques Lequeu: Une énigme*. Het

context of his study of the reading notes of Charles-Édouard Jeanneret at the Bibliothèque Nationale in 1915.[2] It's the kind of uninterrupted intertextual overlap that Duboÿ adored, as his practice of history – modelled on *Das Passagenwerk*, Walter Benjamin's unfinished encyclopaedic project on Paris as the capital of the twentieth century – could be defined not as the development of a continuous narrative, but rather as the assembly of fragments, quotations and visual and textual documents. It is their arrangement, and the tensions that arise, that opens up new interpretations; history is practiced as a hyper-lecture, an endless exploration of a corpus conceived, in Foucault's terms, as a vast 'tropological space', woven with a thousand references, analogies, correspondences and innuendoes.[3]

As in most of his reviews, Duboÿ hardly describes the books, which he nevertheless claims to read with 'constant vigilance', conscious of the fact that 'the imaginary now resides between the book and the reading lamp', to use another of Foucault's expressions.[4] Instead, he prefers to point at elements that interest him. In the book by De Smet, he is fascinated by the analysis of 'the very particular and well-referenced art of the layout by Le Corbusier', while from the volume edited by Marzà and Quetglas, he mentions the inventory made by Arnaud Dercelles, head of the documentation centre of the Fondation Le Corbusier, of the library of the architect, including all of the manuscript annotations. Although he praises 'these two excellent initiatives', he immediately sets out to challenge the interpretations of the authors, and to go beyond their 'very conventional clichés'. He invites Catherine de Smet 'to encompass both Breton and Le Corbusier', as proposed before by Walter Benjamin, to explain the graphic design of the books of this modern architect differently.[5] And, to understand the rhapsodic and composite nature of his publications, including the contributions of authors such as L'Éplattenier, Ozenfant, Dermée or Stonorov, he urges Josep Quetglas and Fernando Marzà to exploit their 'useful but incomplete' bibliography.

Basically, for Duboÿ the book review is not so much a space for reception, but rather for production, a framework for developing his erudite and iconoclastic hypotheses on Le Corbusier, tested before, in 1987, in his book *Jean-Jacques Lequeu: Une énigme*. The work of art *Élevage de poussière* by Marcel Duchamp – a photograph taken by

kunstwerk *Élevage de poussière* van Marcel Duchamp, een foto van Man Ray uit 1921, illustreert de recensie in *L'Architecture d'aujourd'hui*, precies omdat het, althans volgens Duboÿ, 'de ironische representatie is van een plan of een stadsproject, net zoals ze verschijnen in de talrijke publicaties van Le Corbusier: het is een foto van *La Grande Verre* (*V.R., Ville Radieuse*)!' – nog een cryptische plaagstoot aan het adres van de Frans-Zwitserse architect.[6] Door de moderne Le Corbusier te analyseren in het licht van de postmoderne menswetenschappen (Foucault, Derrida, Lacan, Ginzburg, enzovoort), neemt Duboÿ de positie in van buitenstaander in het veld van de Corbu-studies. Het is tot gerenommeerde specialisten – zoals Jean-Louis Cohen, begeleider van het proefschrift van Catherine de Smet uit 2022 – dat hij, aan het einde van zijn recensie, deze provocerende, maar diepdoordachte vraag richt: 'Wie schreef de boeken van Le Corbusier?'

Vertaling uit het Frans: Christophe Van Gerrewey

1
Fernando Marzà en Josep Quetglas (red.), *Le Corbusier et le livre: Les livres de Le Corbusier dans leurs éditions originales* (Barcelona: Collegi d'Arquitectes de Catalunya, 2005). Het boek van Catherine de Smet verscheen ook in een Franse, Italiaanse en Duitse versie.

2
Philippe Duboÿ, 'Ch.E. Jeanneret à la Bibliothèque nationale, Paris 1915', *AMC* 49 (1979), 9-12.

3
Michel Foucault, *De woorden en de dingen: Een archeologie van de menswetenschappen* (Amsterdam: Boom, 2006), 152.

4
Geciteerd door Duboÿ in: Philippe Duboÿ, *Jean-Jacques Lequeu: Une énigme* (Parijs: Hazan, 1987), 29. De passage komt uit Foucault's essay over *La tentation de Saint Antoine* van Flaubert, in: *De verbeelding van de bibliotheek* (Nijmegen: SUN, 1986), 137.

5
Walter Benjamin, *Das Passagen-Werk: Gesammelte Schriften Band V-1* (Frankfurt am Main: Suhrkamp, 1991), 573.

6
Duboÿ, *Jean-Jacques Lequeu*, op. cit. (noot 4), 90.

Man Ray in 1921 – illustrates the review in *L'Architecture d'Aujourd'hui*, exactly because it is, at least according to Duboÿ, 'the ironic representation of a plan or an urban project, just like they appear in the numerous publications by Le Corbusier: it is a photograph of *La Grande Verre* (*V.R., Ville Radieuse*)!' – another cryptic attack aimed at the French-Swiss architect.[6] By analysing the modern Le Corbusier in the light of postmodern human sciences (Foucault, Derrida, Lacan, Ginzburg and so forth), Duboÿ occupies an outsider position in the sphere of Corbusian studies. It is to renown specialists – such as Jean-Louis Cohen, supervisor of Catherine de Smet's PhD from 2002 – that he addresses, at the end of his review, this provocative but long-premeditated question: 'Who wrote Le Corbusier's books?'

Translation from French: Christophe Van Gerrewey

1
Fernando Marzà and Josep Quetglas (eds.), *Le Corbusier et le livre: Les livres de Le Corbusier dans leurs éditions originales* (Barcelona: Collegi d'Arquitectes de Catalunya, 2005). The book by Catherine de Smet was also published in a French, Italian and German version.

2
Philippe Duboÿ, 'Ch.E. Jeanneret à la Bibliothèque nationale, Paris 1915', *AMC* 49 (1979), 9-12.

3
Michel Foucault, *The Order of Things: An Archaeology of the Human Sciences* (New York: Random House, 1970), 115.

4
Quoted by Duboÿ in: Philippe Duboÿ, *Jean-Jacques Lequeu: Une énigme* (Paris: Hazan, 1987), 29. The passage comes from Foucault's essay on Flaubert's *The Temptation of Saint Anthony*, 'Fantasia of the Library', in: Donald F. Bouchard (ed.), *Language, Counter-Memory, Practice: Selected Essays and Interviews by Michel Foucault* (Ithaca: Cornell University Press, 1977), 90.

5
Walter Benjamin, *The Arcades Project* (Cambridge/London: The Belknapp Press of Harvard University Press, 1999), 459.

6
Duboÿ, *Jean-Jacques Lequeu*, op. cit. (note 4), 90.

V. Mitch McEwen, 'The Art of Medium Design: Knowing How to Work on an AntiBlack World,' *The Avery Review* 53 (2021)

Keller Easterling, *Medium Design: Knowing How to Work on the World* (Londen: Verso Books, 2021)

V. Mitch McEwen, 'The Art of Medium Design: Knowing How to Work on an AntiBlack World,' *The Avery Review* 53 (2021)

Keller Easterling, *Medium Design: Knowing How to Work on the World* (London: Verso Books, 2021)

Toon me je voetnoten

Hans Teerds

Kan ik deze recensie van een recensie eigenlijk wel schrijven? Al in de tweede alinea waarschuwt de auteur ervan, de Amerikaanse architect en hoogleraar aan Princeton University, V. Mitch McEwen (1978-), in hoofdletters bovendien, dat wat volgt gericht is op een zwart publiek. 'Hoezo?' dacht ik. 'Hoe zou deze recensie mij, als wit persoon, uitsluiten?' Uitgesloten voelde ik me niet. Integendeel, ik voelde me aangesproken.

In *Medium Design* betoogt Keller Easterling (1959-), architect en hoogleraar aan Yale University, dat ontwerp zich niet moet richten op dat ene specifieke en singuliere ontwerp, maar op relaties. Niet het 'ding' moet centraal staan, maar het krachtenveld, het samenspel of het medium waarin de dingen tot stand komen. Zonder dit verder uit te leggen, formuleert ze een scherpe kritiek op filosoof Graham Harman's objectgeoriënteerde ontologie, die in het Amerikaanse debat over architectuur veel aandacht krijgt.[1] Easterling beschouwt de gerichtheid op één singulier object als te marginaal. De ondertitel van *Medium Design* verwijst niet voor niets naar de kennis die noodzakelijk is, niet alleen om binnen de wereld te opereren, maar ook om aan de wereld zelf te werken.

Show Me Your Footnotes

Hans Teerds

Can I actually write this review of a review? In the second paragraph, the author of the review, American architect and professor at Princeton University V. Mitch McEwen (b. 1978), already warns in capitals that what will follow is aimed only at a Black audience. 'What do you mean?' I thought. 'Why would this review exclude me, as a white person?' I didn't feel excluded. On the contrary. I felt addressed.

In *Medium Design* Keller Easterling (b. 1959), architect and professor at Yale University, argues that design should not focus on a specific and singular design, but on relationships. It is not the 'thing' that should be central, but the field of tensions, the interplay or the medium through which things come into being. Without making this explicit, she formulates a sharp critique of philosopher Graham Harman's object-oriented ontology, which receives a lot of attention in the American debate on architecture.[1] Easterling qualifies the focus on a singular object as too marginal. It is not without reason that the subtitle of *Medium Design* refers to the knowledge that is necessary, not only to operate within the world, but also to work on the world

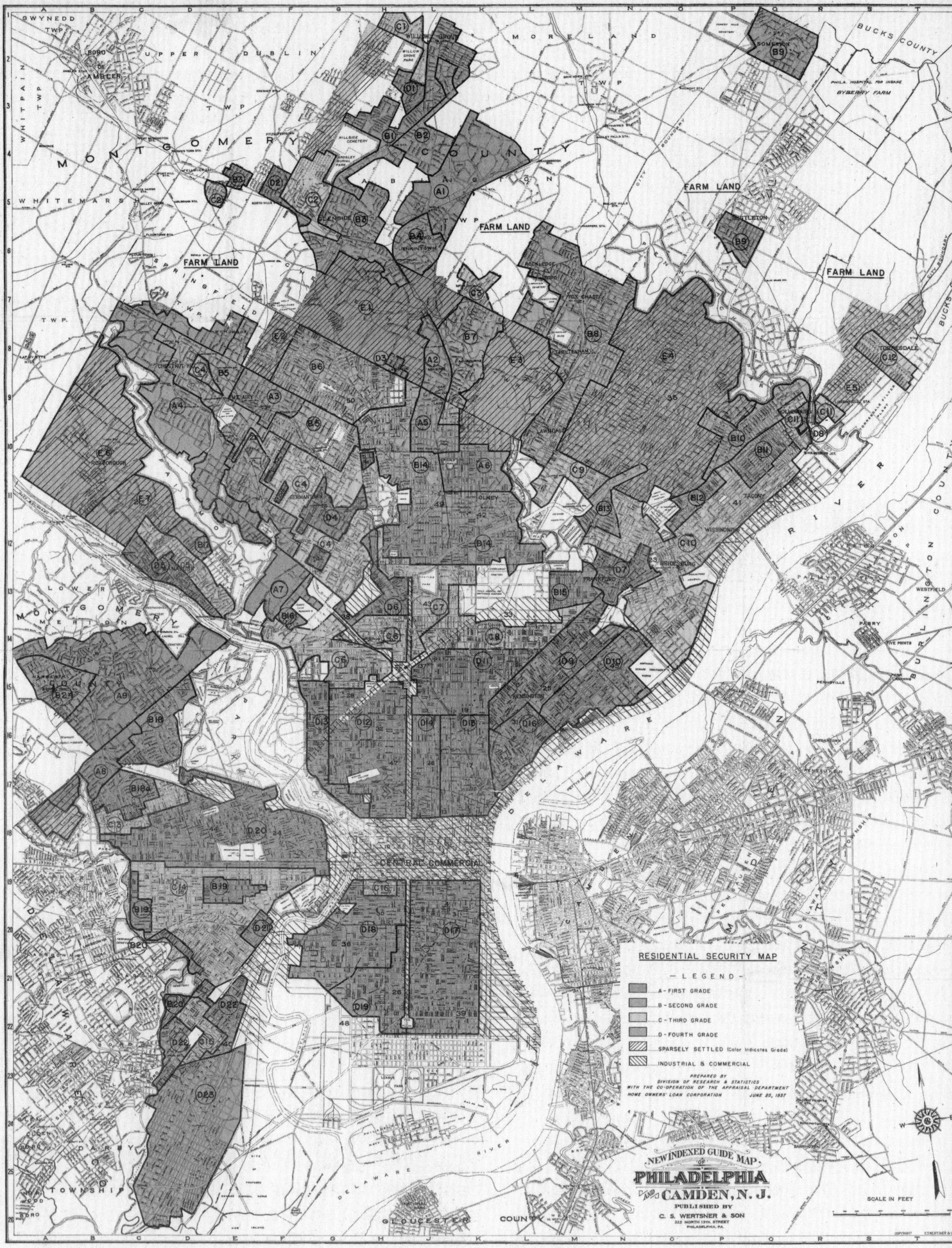

Home Owners' Loan Corporation, Residential Security Map, Philadelphia, 1937

Wereld duidt hier op het geheel, op de manier waarop objecten, economie, sociale en politieke structuren samenhangen, of beter gezegd, samenwerken. Keller Easterling presenteert de ontwerper als iemand die weet 'te werken aan de wereld', een wereld die wordt gekenmerkt door 'gebrokenheid', door systemische ongelijkheid. Haar positie is af te leiden uit eerdere publicaties, waarin ze repetitieve ruimtelijke fenomenen onderzoekt, zoals de infrastructuur van vrije handelszones, de snelweg of de Amerikaanse eengezinswoning.[2] Voor dergelijke fenomenen, stelt ze, is het verzinnen van een alternatief niet genoeg. De desastreuze kracht zit in de herhaling, in het systeem dat zichzelf in stand houdt, zo niet uitbreidt. In *Medium Design* noemt Easterling deze fenomenen *superbugs*. De ambitie van *Medium Design* is helder: in het licht van stedelijke en klimatologische uitdagingen moet ontwerp kennis opdoen van deze systemen. Ontwerpen als 'werken aan de wereld' betekent weerstand bieden aan de financialisering van het publieke domein en de machtsconsolidatie van grote (technologische) bedrijven. Beide ontwikkelingen noemt ze stompzinnig, maar we kunnen ze niet negeren. Sterker nog, we moeten er mee werken, er *aan* werken. Met *Medium Design* propageert Easterling een pragmatische aanpak, door 'mee te denken', om onderdelen van het systeem te kunnen veranderen, zo niet te ontregelen. Easterling is daarbij een meester in het omdraaien van perspectieven. Fouten hoeven niet persé hersteld te worden, schrijft ze, want ze kunnen kansen bieden; problemen hoeven niet opgelost te worden, het kunnen troeven zijn om van richting te veranderen.

Dat V. Mitch McEwen respect heeft voor Easterling, maakt ze meer dan duidelijk. Een deel van haar werk betekent een directe dialoog met Easterling's publicaties. Bovendien wijst ze erop dat *Medium Design* geschreven is vóór de recente pandemie, maar pas ná die pandemie is gepubliceerd. Het boek houdt stand, stelt McEwen, Easterling's pleidooi is nog noodzakelijker geworden. De pandemie heeft onrechtvaardige ruimtelijke fenomenen alleen maar scherper gesteld, niet het minst de toenemende kloof tussen zwart en wit Amerika. 2020 is niet alleen het jaar van Covid-19, maar ook van de dood van George Floyd, symbool van politiegeweld tegen de zwarte bevolking, en voor McEwen dus ook symbool van wat ze de *antiBlack world* noemt. Het is die ervaring van witte overmacht die Easterling over het hoofd ziet, of beter, niet benoemt als een van de *superbugs*, hoewel ze racisme niet onbesproken laat.

itself. World here refers to a whole, to the manner in which objects, economy, social and political structures are interrelated, or rather, interact. Easterling presents the designer as someone who knows how to 'work on the world', a world characterised by 'brokenness', by systemic inequality. Her position can be deduced from previous publications, in which she investigates repetitive spatial phenomena, such as the infrastructure of free trade zones, the motorway, or the American single-family home.[2] It is not enough to design an alternative to these phenomena, she argues. The disastrous force is in the repetition, in the system that perpetuates, if not expands itself. In *Medium Design* Easterling calls these phenomena *superbugs*. The ambition of *Medium Design* is clear: facing urban and climatic challenges, design must acquire knowledge of these systems. Designing as 'working on the world' means resisting both the financialisation of the public domain and the consolidation of power by large (tech) corporations. She calls these developments 'dump', but though dump, they cannot be ignored. In fact, we have to work *with* and *on* it. With *Medium Design* Easterling advocates a pragmatic approach, by 'thinking with', in order to be able to change, if not disrupt, parts of the system. Easterling is a master at reversing perspectives. Mistakes do not necessarily have to be corrected, because they can provide opportunities; Problems do not have to be solved, they can be assets to change direction.

That V. Mitch McEwen has respect for Easterling is more than clear. Part of her work springs from a direct dialogue with her publications. In addition, she points out that *Medium Design* was written before the recent pandemic, but was not published until after it. The book remains current, McEwen argues – Easterling's plea has become even more necessary. The pandemic has only exacerbated unjust spatial phenomena, not least the widening gap between Black and white America. 2020 is not only the year of Covid-19, but also of the death of George Floyd, symbol of police brutality against the Black population, and for McEwen therefore also a symbol of what she calls the 'anti-Black world'. It is this experience of white supremacy that Easterling overlooks, or rather, does not define as one of the *superbugs*, although she does not leave racism undiscussed.

McEwen makes her point through a comment on a footnote. In a discussion about *blockchain*, capitalism and the housing market, Easterling

McEwen maakt haar punt aan de hand van een voetnoot. In een discussie over *blockchain*, kapitalisme en de huizenmarkt verwijst Easterling naar *Rebel Cities*, een standaardwerk van David Harvey.[3] Ze had ook – en misschien zelfs beter – naar Keeanga-Yamahtta Taylor kunnen verwijzen, schrijft McEwen, en naar diens boek *Race for Profit*, waarin wordt aangetoond hoe het racistische systeem van *redlining* nog altijd invloed heeft op de huizenmarkt en de zwarte bevolking op achterstand stelt.[4] McEwen schrijft:

> Het lijkt er misschien op dat ik moeilijk doe over een enkele voetnoot. (...) Ik sta er echter bij stil omdat voetnoten iets vertellen over de manier waarop we kennis opdoen van onze omgeving, en hoe we leren begrijpen hoe racialisering, inclusie en diefstal samenvallen.

Het is om deze opmerking dat ik blij ben dat ik doorlas, en het is hier dat de recensie mij raakte: ondanks vele pogingen mijn blik te verbreden, de afgelopen jaren, blijft mijn referentiekader beperkt en mijn voetnoten weerspiegelen dat.

McEwen blijft niet in haar opmerking over de voetnoot hangen. Ze pakt Easterling's ambitie op en reflecteert hoe *Medium Design* ingezet kan worden 'om te werken aan een wereld', een wereld waarin zwarten nog altijd buitengesloten worden, wel te verstaan. De recensie is niet zomaar een recensie, een kritiek, maar pakt op wat het boek laat liggen, en onderneemt wat Easterling wil bereiken: afzien van de focus op oplossingen, op principes waarmee problemen te lijf worden gegaan. *Medium Design* blijft dichter bij huis, bij ervaringskennis, bij persoonlijk verzet tegen stompzinnige commercie en techniek. McEwen voegt met haar recensie als het ware een hoofdstuk toe aan het boek, door *Medium Design* te reconstrueren als een geleefde tactiek, en te concretiseren aan de hand van alternatieve voorbeelden van wat deze ontwerpbenadering kan betekenen voor een wereld die blijvend gedomineerd wordt door afschuwelijke uitsluiting, afslachting, diefstal en achterstelling van de zwarte bevolking.

Terecht voorziet McEwen haar tekst van een waarschuwing. Ze refereert aan bepaalde ervaringen en verhalen die appelleren aan de zwarte gemeenschap. Hoewel ik die ervaringen niet deel, werd ik er niet door buitengesloten. Ik, als wit persoon, zal nooit de ervaring kunnen reconstrueren van wat het systemische onrecht de zwarte bevolking is aangedaan. Maar juist daardoor word ik

refers to *Rebel Cities*, a standard work by David Harvey.[3] She could also – and perhaps even better – have referred to Keeanga-Yamahtta Taylor, McEwen writes, and to her book *Race for Profit*, which shows how the racist system of *redlining* continues to impact the housing market and puts the Black population at a disadvantage.[4] McEwen writes:

> It may seem that I am quibbling about a single footnote. . . . But, I dwell on this because the footnotes tell the story of what we allow to become environmental knowledge and how we understand the intersection between racialization, inclusion and theft.

It is because of this comment that I am glad that I did continue to read, and it is here that the review touched me: despite many attempts, in recent years, my frame of reference remains limited. My footnotes reflect it.

McEwen doesn't linger on the remark about the footnote in her criticism, but actively picks up on Easterling's ambition, examining how *Medium Design* can be used to 'work on a world', a world in which Blacks are still excluded. The review is not just a review, a critique, but picks up what the book neglects, and undertakes what Easterling wants to achieve: abandon the focus on solutions, on principles with which problems might be tackled. *Medium Design* stays closer to home, to experiential knowledge, to personal resistance against 'dump' commerce and technology. McEwen's review adds a chapter to the book, as it were, by understanding *Medium Design* as a lived tactic, and concretising it through alternative examples of what this design approach can mean for a world persistently dominated by horrific exclusion, slaughter, theft and deprivation of the Black population.

McEwen is right to issue a warning to her text. She refers to certain experiences and stories that appeal to the Black community. Although I don't share those experiences, they nevertheless didn't exclude me. I, as a white person, will never be able to reconstruct the experience of systemic injustice that has been done to the Black population. But that is precisely why I am addressed by this text: show me your footnotes, and I will tell you what your world is.

aangesproken: laat mij je voetnoten zien, en ik zal je vertellen wat je leefwereld is.

1
Graham Harman, *Object Oriented Ontology: A New Theory of Everything* (Londen: Pelican Books, 2017); Joseph Bedford (red.), *Is There an Object Oriented Architecture? Engaging Graham Harman* (Londen: Bloomsbury, 2023).

2
Kelly Easterling, *Organization Space: Landscapes, Highways, and Houses in America* (Cambridge, MA/Londen: MIT Press, 2001); Kelly Easterling, *Extrastatecraft: The Power of Infrastructure Space* (Londen: Verso, 2014).

3
David Harvey, *Rebel Cities: From the Right to the City to the Urban Revolution* (Londen: Verso, 2012).

4
Redlining was een discriminerende praktijk in Amerika die pas in 1977 formeel werd verboden: diverse wijken werden gekwalificeerd als 'risicovol', waardoor het moeilijker (zo niet onmogelijk) werd om voor de aankoop van een huis financiering te krijgen. Zie: Keeanga-Yamahtta Taylor, *Race for Profit: How Banks and the Real Estate Industry Undermined Black Homeownership* (Chapel Hill, NC: University of North Caroline Press, 2019).

1
Graham Harman, *Object Oriented Ontology: A New Theory of Everything* (London: Pelican Books, 2017); Joseph Bedford (ed.), *Is There an Object Oriented Architecture? Engaging Graham Harman* (London: Bloomsbury, 2023).

2
Kelly Easterling, *Organization Space: Landscapes, Highways, and Houses in America* (Cambridge, MA/London: MIT Press, 2001); Kelly Easterling, *Extrastatecraft: The Power of Infrastructure Space* (London: Verso, 2014).

3
David Harvey, *Rebel Cities: From the Right to the City to the Urban Revolution* (London: Verso, 2012).

4
Redlining was a discriminatory practice in America that was not formally banned until 1977: several neighbourhoods were classified as 'high-risk', making it more difficult (if not impossible) to obtain financing for the purchase of a home. See: Keeanga-Yamahtta Taylor, *Race for Profit: How Banks and the Real Estate Industry Undermined Black Homeownership* (Chapel Hill, NC: University of North Caroline Press, 2019).

Authors/ Auteurs

Richard Anderson is professor of the history and theory of architecture at the University of Edinburgh, and the author of *Wolkenbügel: El Lissitzky as Architect* (2024).
Richard Anderson is hoogleraar architectuurgeschiedenis en -theorie aan de University of Edinburgh, en de auteur van *Wolkenbügel: El Lissitzky as Architect* (2024).

Gregorio Astengo does postdoctoral research at the ETH Zurich on construction manuals and speculative housing in early modern London.
Gregorio Astengo doet postdoctoraal onderzoek aan de ETH Zürich over bouwhandboeken en speculatieve woningbouw in vroegmodern Londen.

Johannes Berry is an architect and PhD candidate at KU Leuven, where he researches the inescapability of referencing materialisation and construction in architecture.
Johannes Berry is architect en promovendus aan de KU Leuven, waar hij onderzoek doet naar de onvermijdelijkheid van verwijzing naar materiaalgebruik en constructie in de architectuur.

Michela Bonomo is an architect and a PhD candidate at the EPFL, where she researches the typology of the holiday villa in post-war Italy.
Michela Bonomo is architect en promovendus aan de EPFL, waar ze onderzoek doet naar de typologie van de vakantievilla in het naoorlogse Italië.

Pierre Chabard is an associate professor of history and theory at Paris-La Villette and publisher for Éditions de la Villette.
Pierre Chabard is universitair hoofddocent voor geschiedenis en theorie aan Paris-La Villette en uitgever bij Éditions de la Villette.

Alan Cohl is an architect, interior designer, artist, curator, educator and the founder of Studio A.C.A. Ltd., a multidisciplinary practice in the greater Jerusalem area.
Alan Cohl is architect, interieurontwerper, kunstenaar, curator, docent en de oprichter van Studio A.C.A. Ltd., een multidisciplinaire praktijk in Jerusalem en omgeving.

Lucas de Mello Reitz is an architect, photographer and co-director of muq, a platform experimenting with the 'museum as a practice' in architecture, psychoanalysis and the arts.
Lucas de Mello Reitz is architect, fotograaf, en mededirecteur van muq, een platform dat experimenteert met het 'museum als praktijk' in de architectuur, psychoanalyse en de kunsten.

Alexander Eisenschmidt is a designer and a theorist, an associate professor at the School of Architecture at the University of Illinois Chicago, and director of the Visionary Cities Project.
Alexander Eisenschmidt is een ontwerper en theoreticus, universitair hoofddocent bij de School of Architecture van de University of Illinois Chicago, en directeur van het Visionary Cities Project.

Angela Gigliotti is a lecturer at DIS Copenhagen and a postdoctoral fellow at the ETH Zurich and Arkitektskolen Aarhus, examining architecture and labour, and neglected goods and agencies in transnational contexts.
Angela Gigliotti doceert aan de DIS in Kopenhagen en doet postdoctoraal onderzoek aan de ETH Zürich en de Arkitektskolen Aarhus over architectuur en werk, en over onderbelichte goederen en handelingsmogelijkheden in transnationale context.

Silvia Groaz is an assistant professor in the history of architecture at the Université de Liège and at ENSA Paris-Est, and the author of *New Brutalism: The Invention of a Style* (2023).
Silvia Groaz is universitair docent architectuurgeschiedenis aan de Université de Liège en ENSA Paris-Est, en de auteur van *New Brutalism: The Invention of a Style* (2023).

John Hill is an architect, the editor in chief of World-Architects.com, the writer of *The Weekly Dose of Architecture Books* newsletter, and the author of *Buildings in Print: 100 Influential & Inspiring Illustrated Architecture Books* (2021).
John Hill is architect, hoofdredacteur van World-Architects.com, schrijver van de nieuwsbrief *The Weekly Dose of Architecture Books*, en auteur van *Buildings in Print: 100 Influential & Inspiring Illustrated Architecture Books* (2021).

Maarten Janszen studied architecture at Delft University of Technology and researches the work and writings of Dutch architect and critic Joost Meuwissen.
Maarten Janszen studeerde architectuur aan de TU Delft en onderzoekt het werk en de geschriften van Nederlandse architect en criticus Joost Meuwissen.

Jayne Kelley is an editor and writer, and clinical assistant professor in the School of Architecture at the University of Illinois Chicago, where she directs the Architecture and Design Open Archive.
Jayne Kelley is redacteur, auteur en onderzoeksdocent aan de School of Architecture van de University of Illinois Chicago, waar ze leidinggeeft aan het Architecture and Design Open Archive.

Marson Korbi is an architect and postdoctoral researcher in the Laboratory for Theory and Project of Domestic Space (EPFL).
Marson Korbi is architect en postdoctoraal onderzoeker in het Laboratory for Theory and Project of Domestic Space (EPFL).

Elena Martínez-Millana is Margarita Salas Postdoctoral Fellow at Delft University of Technology and the Universidad Poltécnica de Madrid and a visiting scholar at the Jaap Bakema Study Centre.
Elena Martínez-Millana is Margarita Salas Postdoctoral Fellow aan de TU Delft en de Universidad Poltécnica de Madrid en gastonderzoeker aan het Jaap Bakema Study Centre.

Brendan Moran is a historian of design education, and teaches at Pratt Institute and the New York City College of Technology.
Brendan Moran is historicus van het ontwerponderwijs en geeft les aan Pratt Institute en het New York City College of Technology.

Dominik Müller is a PhD candidate at the ETH Zurich, where he researches the French, German and British reception of Gothic architecture in the eighteenth and nineteenth centuries.
Dominik Müller is promovendus aan de ETH Zürich, waar hij de Franse, Duitse en Engelse receptie van gotische architectuur in de achttiende en negentiende eeuw bestudeert.

Manola Ogalde Gutiérrez is adjunct professor at the School of Architecture of Pontificia Universidad Católica de Chile in the fields of history, theory and criticism of architecture and the city.
Manola Ogalde Gutiérrez is adjunct-hoogleraar aan de architectuurschool van Pontificia Universidad Católica de Chile en doceert geschiedenis, theorie en kritiek van de architectuur en de stad.

Barbara Penner is a professor at the Bartlett School of Architecture, UCL; in 2020 she contributed a foreword to the reissue of Catherine Bauer's *Modern Housing* from 1934.
Barbara Penner is hoogleraar aan de Bartlett School of Architecture, UCL; in 2020 schreef ze het voorwoord in de heruitgave van Catherine Bauer's *Modern Housing* uit 1934.

Lara Schrijver is professor of architecture theory at the University of Antwerp and author of *Oswald Mathias Ungers and Rem Koolhaas: Recalibrating Architecture in the 1970s* (2021).
Lara Schrijver is hoogleraar architectuurtheorie aan de Universiteit Antwerpen en auteur van *Oswald Mathias Ungers and Rem Koolhaas: Recalibrating Architecture in the 1970s* (2021).

Holger Schurk is a lecturer at the Zurich University of Applied Sciences and the author of *Project Without Form: OMA, Rem Koolhaas, and the Laboratory of 1989* (2022).
Holger Schurk geeft les aan de Zurich University of Applied Sciences en is de auteur van *Project Without Form: OMA, Rem Koolhaas, and the Laboratory of 1989* (2022).

Linda Stagni conducts postdoctoral research at the ETH Zurich on the complex and systemic relationship between architecture and its media in contested historical moments and cultural changes.
Linda Stagni doet postdoctoraal onderzoek aan de ETH Zürich over de complexe en systemische relatie tussen architectuur en media tijdens omstreden historische momenten en culturele veranderingen.

Hans Teerds is an architect and urban designer. He works at BenthemCrouwel Architects and and is a guest researcher at the ETH Zurich. He is editor of *OASE* and author of *De ruimte die we delen* (2023).
Hans Teerds is een architect en stedenbouwkundige. Hij werkt bij BenthemCrouwel Architects en is als gast onderzoeker verbonden aan de ETH Zürich. Hij is redacteur van *OASE* en auteur van *De ruimte die we delen* (2023).

Christophe Van Gerrewey is an editor of *OASE* and of *De Witte Raaf* and the author of *Something Completely Different: Architecture in Belgium* (2024).
Christophe Van Gerrewey is redacteur van *OASE* en *De Witte Raaf* en auteur van *Something Completely Different: Architecture in Belgium* (2024).

Kate Wagner is a journalist based in Chicago and Ljubljana and the architecture critic at *The Nation*, while she is also known for her satirical blog *McMansion Hell*.
Kate Wagner is journalist in Chicago en Ljubljana en architectuurcriticus van *The Nation*, terwijl ze ook bekend is van haar satirische blog *McMansion Hell*.

Richard Wittman is an associate professor at the Department of the History of Art & Architecture at the University of California and the author of *Rebuilding St. Paul's Outside the Walls in Rome* (2024).
Richard Wittman is universitair hoofddocent aan de afdeling History of Art & Architecture van de Universiteit van Californië en de auteur van *Rebuilding St. Paul's Outside the Walls in Rome* (2024).

Credits/ Colofon

Independent Peer-Reviewed Journal for Architecture, published by the OASE Foundation/ Onafhankelijk Peer-Reviewed architectuurtijdschrift, uitgegeven door de stichting OASE

OASE is made possible with the support of the Creative Industries Fund NL and the associated universities and institutions.

OASE wordt mede mogelijk gemaakt met de steun van het Stimuleringsfonds Creatieve Industrie en de geassocieerde universiteiten en instellingen.

stimuleringsfonds creatieve industrie

creative industries fund NL

OASE foundation/ stichting
p/a Sandra Mellaart
Baljuwplein 70
3033 XD Rotterdam
the Netherlands
info@oasejournal.nl
www.oasejournal.nl

ISSN 01696238
ISBN 9789462088955

OASE 118 is also available as/ is ook verkrijgbaar als e-book (pdf)
ISSN 01696238
ISBN 9789462088962

OASE editorial board/ redactie
p/a D'Laine Camp
Prins Frederik Hendrikstraat 107
3051 ER Rotterdam
the Netherlands

Editors of this issue/ Kernredactie
Christophe Van Gerrewey, Hans Teerds

Managing editor/Redactiesecretaris
D'Laine Camp

Academic editor/ Wetenschappelijk redacteur
Véronique Patteeuw

Associated Universities and Institutions/ Geassocieerde universiteiten en instellingen
Technische Universiteit Delft
Technische Universiteit Eindhoven
Academie van Bouwkunst Amsterdam
Rotterdamse Academie van Bouwkunst
ArtEZ Academie van Bouwkunst Tilburg
Academie van Bouwkunst Groningen
Maastricht Academy of Architecture
Katholieke Universiteit Leuven campus Leuven
Katholieke Universiteit Leuven campus Brussel
Katholieke Universiteit Leuven campus Gent
Universiteit Gent
Universiteit Hasselt
Universiteit Antwerpen
Bergische Universität Wuppertal

Illustration credits/ Beeldverantwoording
p. 34 Bibliothèque Historique de la ville de Paris
p. 48 Photographic Collection, The Courtauld, London/ Londen
p. 52 Izvestiia ASNOVA, Beinecke Rare Book and Manuscript Library, Yale University
p. 64/65 Missouri Historical Society, St. Louis
p. 74/75 RIBA Collections, London/ Londen
p. 80/81 Hans G. Conrad, René Spitz
p. 84 Rollin LaFrance
p. 91 Bibliothèque de Genève
p. 124 Stiftelsen Arkitekturmuseet
p. 130 Metropolitan Museum of Art, New York
p. 144 Luuk Kramer
All other images are from the public domain/ Alle overige afbeeldingen zijn afkomstig uit het publiek domein

Design/ Vormgeving
Karel Martens & Aagje Martens

Copy editing/ Tekstredactie
D'Laine Camp, Gerda ten Cate

Printing/ Druk
Wilco Art Books

Paper/ Papier
Holmen trnd 2.0
Munken Lynx

Font/ Lettertype
Grotesque MT Std
Times
Courier

Publisher/ Uitgever
OASE foundation/ stichting

Distribution
nai010 publishers/ uitgevers
sales@nai010.com
www.nai010.com

Subscriptions and administration/
Abonnementenadministratie
Abonnementenland
De Trompet 1739
1967 DB Heemskerk
the Netherlands
Tel +31 (0)251 - 257924
www.aboland.nl

Subscriptions/ Abonnementen
OASE is published three times a year. Subscriptions can be taken out via the website of Abonnementenland, see www.aboland.nl. OASE can be found under the 'Art & Culture' category. Students at universities and academies of architecture as well as holders of a *CJP* are entitled to a reduction in the costs of the subscription. For the terms and conditions of the OASE subscription, please consult the website of Abonnementenland.

OASE verschijnt drie keer per jaar. Abonnementen kunnen afgesloten worden via de website van Abonnementenland, zie www.aboland.nl. OASE is te vinden onder de categorie 'Kunst & Cultuur'. Recht op reductie op de abonnementskosten hebben studenten aan universiteiten en academies van bouwkunst, alsmede houders van CJP. Voor de voorwaarden van het OASE-abonnement verwijzen wij u naar de website van Abonnementenland.

Subscriptions for three issues in Europe/ Abonnementsprijs voor drie nummers in Europa

individuals/ particulieren	€ 70
organisations/ instellingen	€ 100
students/studenten	€ 50

Abonnementsprijs voor drie nummers in Nederland en België

particulieren	€ 60
instellingen	€ 100
studenten	€ 40

Subscriptions for three issues outside Europe/ Abonnementsprijs voor drie nummers buiten Europa

Individuals/ particulieren	€ 100
students/ studenten	€ 100
organisations/ instellingen	€ 120

Subscriptions for three digital issues/ Abonnementsprijs voor drie digitale nummers

individuals/ particulieren	€ 40
students/ studenten	€ 25

For professional and international (business) subscriptions, please send an email to oase@nai010.com/ Stuur voor professionele en internationale (zakelijke) abonnementen een e-mail naar oase@nai010.com.

Books distributed by nai010 are available internationally at selected bookstores and from the following distribution partners:

North, South and Central America – Artbook | D.A.P., New York, USA, dap@dapinc.com

Rest of the world – Idea Books, Amsterdam, the Netherlands, idea@ideabooks.nl

For general questions, please contact the OASE foundation directly at info@oasejournal.nl or visit our website www.oasejournal.nl for further information. For sales information and availability for bookshops, please contact nai010 at sales@nai010.com or visit www.nai010.com

Voor informatie over verkoop en distributie in Nederland en België, stuur een e-mail naar sales@nai010.com of kijk op www.nai010.com.

Printed and bound in the EU/ Gedrukt en gebonden in de EU